朴达作品系列

如彗星划过夜空

近距离看美国之四

林达 著

生活·讀書·新知 三联书店

Copyright ©2019 by SDX Joint Publishing Company.
All Rights Reserved.
本作品中文简体版权由生活·读书·新知三联书店所有。
未经许可，不得翻印。

图书在版编目 (CIP) 数据

 如彗星划过夜空：近距离看美国之四 / 林达著 . -- 3 版
 北京：生活·读书·新知三联书店，2019.11 （2025.4 重印）
 （林达作品系列）
 ISBN 978-7-108-06641-1

 Ⅰ.①如… Ⅱ.①林… Ⅲ.①美国－概况②书信集－
 中国－当代 Ⅳ.① K971.2 ② I267.5

 中国版本图书馆 CIP 数据核字 (2019) 第 132430 号

特邀编辑	吴　彬	
责任编辑	王　竞	
装帧设计	薛　宇	
责任印制	董　欢	
出版发行	生活·读书·新知 三联书店	
	(北京市东城区美术馆东街22号)	
邮　　编	100010	
网　　址	www.sdxjpc.com	
经　　销	新华书店	
印　　刷	三河市天润建兴印务有限公司	
版　　次	2006年3月北京第1版	
	2013年7月北京第2版	
	2019年11月北京第3版	
	2025年4月北京第26次印刷	
开　　本	880毫米×1230毫米 1/32　印张12.25	
字　　数	340千字　图片56幅	
印　　数	295,001-300,000册	
定　　价	40.00元	

(印装查询：01064002715；邮购查询：01084010542)

目 录

001　保守的革命

018　艰难的尝试行不通

033　到费城去开会

049　弗吉尼亚方案

067　民主的困惑

081　罗德岛的故事

095　难以调解的矛盾

113　伟大的妥协

127　半神半人的会议

139　第一届内阁

155　汉密尔顿的功绩

168　1804 年的信号

184　告别古典政治

206　民主先知杰弗逊

233　林肯和内战

255　报纸的使命

269　麦克纳马拉和艾尔斯伯格

293　柳暗花明找报纸

317　《华盛顿邮报》

344　终于到达最高法院

368　报纸为什么赢了

383　今夜没有星辰

389　资料来源

| 保守的革命

卢兄：

很久没有给你写信聊天了。就在这段时间里，我们彼此的生活发生了许多变化，我们各自生活的地方发生了许多变化，而这个世界，更已经发生了巨大的变化。

几年前，在我向你讲述美国故事的时候，朋友们对这些介绍还感觉很新鲜。可是现在，我想，那些有关自由的故事、民主的概念，大家都已经很熟悉了。甚至，在很长一段时间里，我都觉得，没有什么必要再像以前那样，絮絮叨叨地给你长篇写信了。再说，我们都像蚂蚁一样，还各自忙碌着我们自己的生活。

就在这个时候，台湾发生了一场"大选"风波。这场风波之后，你也随之来信，问了一系列问题。内容涉及一个民主政府在建立和成熟的过程中，与民众的互动关系；美国政府在发展历程中遇到的问题等等，还问到民主制度在今天面临的一些挑战。你提的又是一些"大"问题。我想了想,几年来,忙里偷闲地看些书,脑子里也有过一些飘飘零零的碎片,或许,也就趁这个机会,一边和你聊聊,一边收拾整理一下自己的想法。可是,我还是像以前一样,散漫惯了,没有什么系统的理论,还是只能在给你讲故事聊天的时候,顺手牵出一些想法来。也许"解决"不了你的大问题,可是,至少提供更多的视角吧。

在今天,大家热衷讨论民主和自由的大话题,我在一边看着,有时很是困惑。因为我常常发现,民主、自由这样的概念,已成为非常奇怪的东西。就是说,那是大家耳熟能详、张口就来的名词,在讨论中被参与者频频地运用,可这并不是说,大家在讲的就一定是同一回事。在民主和民主、自由和自由之间,可能存在很大的认知差异。所以,争论在有时候就是鸡讲鸡的、鸭讲鸭的,似乎在使用同样的语言和名词,实际上讲的却不是一回事儿。这时,我忍不住就会冒出个念头:假如先把大家在讨论着的对象描述清楚,或许就可以不浪费时间,省去许多无谓的争执了。

可是,我发现,要解释清楚并不容易。先是概念就来自外来的文化。当它被引入中国,用"民主"、"自由"这样的"汉字"来表达的时候,这些"字"本来已经有了自己的灵魂,开始自我表述,在我们脑子里形成固定印象,形成新一轮的概念。它们和原来的本意,可能就不完全相同了。

再说,这些概念本身又是在发展的。从它们进入中国到今天,都一个多世纪了。在这漫长岁月中,"民主"、"自由"的概念,在它们的发源地,也在变化、发展。将来,还会有新的内容补充进去。这些似乎简单的词,其实是一个很复杂的、不断在丰富的"进程"。这些词是在这个"进程"中，渐渐面目清晰起来的。

以前给你写信的时候，提到过美国建国先贤们为他们的新生国家制定了一部稳定的宪法。现在，我觉得应该把它复杂的过程展开，使得我们都可以从中看到更深一步的东西。

这个想法，是我在看到一个朋友转来的信之后，产生的冲动。他谈到美国的先贤们是依据理性设计、创建了一个新的政治制度，可是，他也进而认为，一整套政治制度是可以凭借着智慧的头脑，就这么凭空"设计"出来的。他似乎忽略了背后支撑这种"设计"的、正在生长着的社会。这时，我突然想，我以前给你的信，是不是写得太简化了？因为，没有一个成功的政治制度，是可以完全割断本地的发展历史，完全凭空地从头脑中产生的，不论他们的脑袋瓜有多灵。

我在以前的信中已经写过，在美国建立之前，这块土地上，已经有了漫长的英国殖民地历史。就是说，在美国之前，有这么一拨人，已经以某种方式在这片土地上生存，甚至有的都上百年了。那么，他们在过着什么样的日子呢？

那个时候，北美这一块土地上，有十三个殖民地，同属大英帝国，可相互之间的关系，却和国家之间的关系差不多。它们各自为政，自顾自地过着日子，形式也不那么一样。

最普遍的是领主制，就是英王封地。比如宾夕法尼亚，就是英王查理二世欠了英国贵族威廉·宾一万多英镑，就把这一大块殖民地送给他的小儿子威廉·宾，权充是王室还债了。马里兰也是这样，是英王欠了贵族巴尔的摩的钱，就把这块殖民地封给他了，现在美国的马里兰州，至今还有个以他的名字"巴尔的摩"命名的大城市。在这十三块英属北美殖民地中,这样的领主制占了七块呢。

可是,你可别误会。千万不要把北美的"领主制"想象成它原来在欧洲时的样子。领主制在欧洲,可是很沉甸甸的东西。领主下面管着一群农奴或者说半农奴,他们对领主有着很强的人身依附。欧洲农奴自己没有土地,活得不好,可走又走不掉。关键在于领主掌握了农耕时代的命根子——土地。这些辛勤的耕作者,日子是痛苦但还是过得去,全看领主个人的慈悲与否。

"领主"这个词一到美洲就全然不是那么回事儿了,关键也在土地。北美和欧洲相比,即使在今天,都是疏朗得多,更不要说是当年的新大陆了。美洲有的是地,反而愁的是没人种。欧洲领主一到美洲,就再也端不住他那欧洲贵族的架子了。这是一片开放的土地。领主在这里,只是个行政官。移民们假如对自己的处境不满意,拔腿就走了,他们的前方有的是无主的土地。所以,美洲有欧洲的贵族移民,美洲却没有欧洲式的贵族阶层。因为他们存在的必要社会条件,在美洲荒芜的丛林里消失了。

曾经有一个欧洲的记者写了报道回去,说是他在北美遇到一些离开家乡,出去寻找新机会的年轻农夫,使记者非常吃惊的是他们对前景的自信。他之所以吃惊,是因为欧洲的农夫被领主的土地束缚,没有这样自信、自由的物质基础。

还有一种是由开发公司建立的殖民地形式,最早的弗吉尼亚就是这样。那时伦敦成立了一个商业开发公司,就叫弗吉尼亚公司。在英王批准之后,就在弗吉尼亚建一个自治政府,按照公司章程管理。后来,这变成美国一个很有意思的建制传统。因为这里长期以来地广人稀、荒无人烟,一个大得莽莽苍苍的州,经常是有了疆界轮廓,里面却还是个空壳子。就像我们居住的佐治亚,在十三块殖民地中,算是面积最大的一个了。当时的疆域有现在的两个半州那么大,整整三十七万平方公里。可是,你信不信,在美国独立之前五年,住着还不到一万人,就是人均占地三十七平方公里,基本上全是原始森林。这个地方之所以那么留不住人,不仅是因为它建立殖民地的时间晚,还因为它的管理模式不好,移民们感觉不满意,呼呼地就都走掉了。

长期以来,在北美,土地是现成的,谁有能耐谁开发,开发了就是你的。于是就鼓励大家自己组织起来,成立开发公司,在没有人的地方,建个自治小镇、小区什么的,只要公司章程得到批准就可以了。直到现在,我们家附近的小镇,都竖着牌子,写着这是个"公司制"的小镇。既然是公司,当然自治,也自负盈亏。以这种方式建立的殖民地有两个,除了弗吉尼亚,另一个是马萨诸塞。这两个都是老殖民地了。

另外还有契约制的形式,就是一些已经自然形成的自治城镇,联合起来,达成盟约,形成一个大的自治联盟,盟约也要寻求英王的批准认可。罗德岛和康涅狄格,就是这样的自治殖民地。康涅狄格后来被英国皇家收回,这就成了第四种殖民地形式,所谓英国皇家直属领地,由英王派出的总督管理。

这些殖民地成立的方式各式各样。可是,从制度来说,它们几乎都是在参照模仿英国当时的体制。

那么,你一定要说了,那个时候的英国,总不能算是民主制吧?我想,"民主"一词大概在这里"第一次"需要说一说了。说"第一次",是因为可能一次说不清楚。

国王签署《大宪章》

　　我想，我们至少要先找出一个明确的东西来作为参照。这么说吧，完全专制的帝制，是一个比较清楚的东西，一切天经地义地都是皇上说了算。那么，我们现在先非常简化地认定，我们在讲的所谓"民主"，是指一个和"绝对专权"对立的东西。这样，至少在说的时候，就有点摸得着边际了。

　　就这个意义来说，英国的专制向民主转化，就是一个渐进的、像蜗牛爬行那么缓慢的过程，这就是我们平常在说的渐进改革吧。可是，这英国式的制度改革真是慢啊，慢到什么地步呢？

　　回顾西方的民主制度，很关键的一步，是 1215 年 6 月 15 日。那一天，在离温莎城堡不远的兰尼米德，贵族们将一份文件面呈国王，国王在文件上加盖皇家封印，也就是双方签字画押，签下了英国历史上也是西方政治史上最重要的文件之一《大宪章》。那是英国国王和贵族们，就长期对外战争、对内分封以及劳役和赋税等方面的矛盾，以文字协议的形式，作出的有关双方权利、义务的规约。

　　《大宪章》甚至有一些有关司法制度的条款。例如，第 40 条承诺："任何人的权利和公正都不能被出卖、被否决、被拖延。"你这么读着，是不是能闻到点"公民在法律面前人人平等"的气息了呢？在

第39条中,国王还承诺:"未经法律或陪审团的合法判决,任何自由人都不能被拘捕、囚禁、没收、驱逐、流放,或受任何其他形式的伤害。"你是不是已经从中看出了司法程序的概念?要知道,那还是1215年,中世纪啊。它象征着人性在觉醒,不能说你是国王,我就任你宰割了。当然,有了条约,国王还是要知法犯法的。可是,这些概念、思想的诞生,这些制度条文的形成,实在是人类举足轻重的进步。

我常常想,这也是文字的力量。在漫长的历史中,英国王室和贵族,恐怕不是第一次试着相互制约、讨价还价了。可是,文字使得思路变得清晰,也使得契约文化能够开始和巩固下来。嘴巴说了可以耍赖,写下来的要赖账就要困难一些。文字,也给后面的进步留下了清晰的依据。

此后,君王当然想赖账,早期契约都是实力较量的结果。渐渐实力达到平衡,契约稳固了,双方也尝到了"双赢"的甜头,契约文化也就逐步形成了。在这个过程中,有毁约的,也有毁约后的武力讨伐。可是最后,《大宪章》经过一次次修订,竟然奇迹般地稳固下来了。

那么,这些国王和贵族,他们争权夺利的故事和我们正在讲的"民主"有什么关系呢?你看,我的简单"民主"定义现在开始起作用了。

这个过程,就是在削弱"绝对我说了算"的专制君权。这就是一个民主过程的开端——一个绝对权力终于有了制约它的对立面。反对派的存在,在人类文明史上是一个象征,象征着绝对专权的动摇。而王权和反对者对权利和义务达成协议,对他们之间的服从和反对关系建立互相承诺,这是制度史上影响深远的成就。从英国《大宪章》与法律相关的那些条款,你还会发现,《大宪章》的获益者,远远超出了贵族的范围。这是一件非常有意思的事情，人类文明可能在一部分人中间先创造出来，而它被称为是"文明"的原因之一，就是它有能力超越自身利益的局限，有了抽象的人道、人权的思维，而且，还在设计"制度"，保障这样的权益。

这个发生在英国的民主开端，当英国人开始在北美洲建立殖民地的时候，已经持续渐进改革了四百年。它的母国的政治制度，已经有了行政、立法、司法三权分立的雏形。而这套政治制度，也是随着私有经济和自由贸易的发展而缓慢生长的。

这一套制度，被领主们、开发商们，大形不变地照搬到了北美殖民地。因为对他们来说，照搬管理制度，是最省事的方式。北美，也就在一片蛮荒之中，拥有了最先进的欧洲文明。一个典型的故事就是"公司建制"的弗吉尼亚。这是由最早抵达北美的一批商人，在1607年5月13日在弗吉尼亚上岸后，建立的英国人在北美的第一个居民点和第一块殖民地。这些人几乎是照搬了故乡的法律制度，建立了北美殖民地最正规的政府。

以后，政府迁移到一个叫威廉斯堡的小镇。在美国独立之前，就是在这个小镇上，从英国移植的管理制度，通过议会形式，训练了一大批优秀的政治家。其中包括第一任美国总统乔治·华盛顿、第三任总统托马斯·杰弗逊、第四任总统詹姆斯·麦迪逊。整整一代美国早期政治家，几乎多半是从这里走出来的。

再说我们佐治亚州的邻居南、北卡罗来纳州，殖民地初建时期，这两块土地合在一起，就叫卡罗来纳。它是英王查理二世封出的第二块领主殖民地，封给了帮助他复辟的八个大臣。卡罗来纳一直被看作是南方蛮荒之地，可是，你别看它不起眼，它在殖民时期的那部《卡罗来纳基本宪法》，还是写出《政府论》的著名英国政治学家约翰·洛克的杰作呢。

因此，这新大陆的十三块殖民地，它们都大同小异地移植了英国体制。这种体制，正行走在"英王的权力越来越小、议会的权力越来越大，司法越来越独立"的一个民主进程的半道儿上。而它之所以能够轻松移植成功，就是因为北美当时上上下下，主体是来自英国。它们只是搬了个家而已。

它们都有一个总督，虽然并非个个都是英王亲自委派，可是，总督不论怎样产生，都象征着英王在统治殖民地。但是，就像在英国，英王已经不是唯一的专权者，北美殖民地的总督也一样。殖民地都有相对独立于总督的立法机构和司法系统。相对英国国内，这里更是天高皇帝远，他们没有英国沉重的传统纠葛和负担，百姓更分散，上上下下的自治程度都更高。

自然发展起来的私有经济、自由贸易，在生长着私人的利益。我们刚才说过，北美并没有什么真正意义上的像英国那样世代承袭、在领地内像个小皇帝一样的贵族。而商人阶层在壮大，在天然地代表自己，生出要保护自己权益和英王讨价还价的念头来。所以，美国独立，虽然直到今天，在这里还是被称为"革命"，可是，殖民地的所谓"革命诉求"在制度上真是再保守不过了。殖民地当时爆发的最大不满是英王征税过度，他们表示反抗的口号是"没有代表不纳税"。

英国国会有上院和下院，上院是贵族的代表，下院是社会贤达们的代表。英国人通过议会，有了表达自己声音、争取利益的渠道。要交多少税，也可以在国会先据理力争，理论一番。然后，再按照议会通过的税法税率交税，倒也罢了。可现在，北美殖民地在英国议会里根本没有代表，那些对殖民地利害完全无关痛痒的英国议员，却随心所欲地给他们制定税法，说交多少就是多少，没有还价余地，还越交越多，这太没有道理！所以，不干了。

不干，不是要推翻英王，也不是要推翻英国的议会和政治制度，他们只是从逻辑推理，既然他们和英国的民众一样，是英王的臣民，他们就应该和母国臣民享有同样的权利，议会应该有他们的代表。要求这样的权利，是为了什么呢？只是为了维护个人利益。

他们是在维护他们在辛勤劳动和经商之后，个人所得不被无缘无故剥夺的权利，也就是追求个人幸福的权利。所以，后来托马斯·杰弗逊在起草《独立宣言》的时候，一打头就是"人人生而平等，都有生命、自由和追求幸福的权利"。这实在是有的放矢、针对殖民地人民切肤之痛发出来的宣言。

英王不让步，就引发了独立战争。打出来的结果就是建立了美国。想当初，是独立、从英王手中夺得自由的共同目标，把这十三块原来的殖民地联合在一起的。历经八年的艰苦战争，取得了胜利，可是，以后他们何去何从？

首先，在最简化定义的"专制"和"民主"之间，他们必须有一个抉择。你也许会说，殖民时期，他们已经有了半生不熟的、有着一定民主成分的改革版英国制度，顺应下去不是很自然的事情吗？可是，我们假如回过头，看看许多国家在战争导致的变化当口作出的选择，就会明白，延顺以往的制度，并不是必然的。战争就像是一颗炸弹，以巨大的、具有破坏性的震撼力，把历史炸停在那里。而枪炮已经显示了它夺取政权的威力。它可以顺势扭转历史，满足一个个人或者一些人改造国家的政治抱负。你可以把这样的抱负表述为一个善意的动因——现在,"他",要为"他的"百姓,谋福利了。权力就这样在武力之下得以集中到一个人或一小群人手里。这样的结局,对新生的美国仍然是一个可能。

一场战争下来,站在这块土地上,最有力量的就是军队,最有力量的个人,就是指挥掌握这支军队的司令,在美国,就是乔治·华盛顿将军。因此,甚至可以这样说,美国的第一个抉择,就是华盛顿将军的抉择。

经历了八年艰苦战争,1783年年初,虽然外交上还在谈判,《巴黎和约》尚未签署,可是,美国已经独立在望。在这个时候,军中就已经有人在酝酿一个扭转历史的时刻了。这就是美国历史上很有名的纽堡政变。

军官们手中有枪,英国人都打走了,要打掉个大陆议会易如反掌。他们想除去他们不满意的文官政府,代之以军政府,同时也有人在考虑君主政体。可是,八年仗打下来,作为军人,他们服从自己的统帅华盛顿。于是,一名军官,刘易斯·尼古拉上校,给华盛顿写信谈了他们的设想,也谈到对政变之后政体的考虑。他说,现在有人把君主政体与暴政混为一谈,使人难以区别,可以先给君主政体首脑一个温和头衔,待条件成熟,再改为国王。

乔治·华盛顿将军在人们的回忆录中、在历史记载中,从来不是一个丰富多彩的人。他既不能口若悬河,也远非学识渊博,就连当将军、成为总司令,都没有什么特别出彩的故事。他基本上是靠自学,十几岁就找了一个当土地丈量员的工作,名副其实脚踏实地、走遍了波托马克河边的山峦和森林。他是一个谦卑甚至刻板的人。珍惜个人荣誉，追求人格完美，是他终其一生要去努力的事情。他总是认真地在为公众服务，就像一板一眼地丈量着土地那样。他严格要求下属，可是他也在更严苛地默默要求自己。这是他在军中威望的重要来源，并不仅仅是依仗战场上的功绩。

尼古拉上校并无恶意。在当时，君主制可以采取君主立宪，也不是一个很"反动"的建议。可是，在华盛顿将军看来，这封来信似乎是在暗示：他为公众付出的背后，其实有着暗藏的个人权力欲望。同时，华盛顿将军对君主制极为反感。所以，他几乎如条件反射一般，把这看作是一个羞辱。华盛顿的反应十分强烈，他回信说："我极其厌恶并且坚决否定这个建议。我百思不得其解的是，我到底做了什么错事使您误以为可以向我提如此的要求。"

军官们对文官政府的不满和愤怒由来已久。参加这场独立战争的都是义务兵，可是整个战争期间，这个临时文官"政府"——大陆议会，根本没有能力提供必要的军饷和供给。结果造成前线士兵的冻馁和无谓死亡。其原因之一是，大陆议会虽然向国外募款，可自身并没有什么权，特别是没有财权。没有收税的权力，也就没有充足的财源。能够说明这个状况的一个经典故事是，1781年约克镇大捷。代表美国的独立义军在那里大败英军。消息传来，大陆议会大为振奋，待到喜气洋洋的议员们略为平静下来，才注意到站在一旁的信使还没有拿到酬劳。他们这才想起，所谓的"国库"空空如也，就连这点信使酬劳都付不出来。最后，议员们只好各自掏出腰包，每人拿出一元钱才总算应付过去。事后，大陆议会苦恼地向各州要钱，筹款信发出，杳如黄鹤。

战争打的是钱。以这样的财政状况应付战争，就连一向以沉得住气著称的华盛顿将军,都在给国会的催款信中怒气冲冲:我们的士兵"有病没病都光着膀子,就连被敌人俘虏时,都光着膀子"!如此捉襟见肘的战事,也真难为他们,居然还能打赢。

现在,仗打完了,老问题没有解决。由于没有收税权,大陆议会的财务状况并没有改善。所谓的美国政府,还欠着一大笔士兵的军饷和伤亡者的抚恤。军官们回来一看,自己出生入死打下政权,却让一群穿着齐整、怎么看都是养尊处优的文官给管着,居然还要不下钱来,气自然不打一处来。他们起初希望华盛顿将军领着大家去要钱,可是将军坚决反对这个行动。

当时,一个军官写了煽动的匿名信件,在军官中流传,攻击国会,要求得到军饷,号召在1783年3月11日开会商讨。华盛顿宣布,禁止这个私自组织的军官会议,可是,他同意让大家在3月15日的军官常务会议上,就这个议题诉诉苦。3月12日,那名军官再次传布匿名信,宣称华盛顿背叛了他们。

3月15日,常务会议如期召开。此刻,要向国会讨公道的很多军官,对华盛顿也很不满。一些军官计划自己带兵进军大陆议会,要不下钱来就把议员们赶走。这样的常务会议,华盛顿一般不参加,而且,军官们知道华盛顿将军一贯注重自己荣誉的风格,就估计他会回避这种场合,以和谋反的军官撇清关系。可是,就在千钧一发之际,华盛顿将军闻讯赶到,从后门进入会场。

军官们战功赫赫,为国家出生入死,自然是有权得到军饷和抚恤。一片愤慨声中,华盛顿将军苦苦劝说阻挡仍未奏效。眼看着军人们就要出门,这时,华盛顿将军从口袋里掏出一张纸来,要求给大家念一封议员的信。他手持信纸,却读不出来。军官们渐渐静下来,看着他们的统帅在一个个口袋里摸摸索索，找他的老花眼镜。他只是轻声地说，"先生们，请等我戴上眼镜。这么些年，我的头发白了，眼神也不济了"。

一瞬间，军官们以满腔怨愤支撑起来的激昂情绪，突然崩溃。他们想起了将军和他们一起在树林里挨冻受饿的日日夜夜；是的，他们是劳苦功高，却没有拿到军饷，可是他们知道，从一开始，就规定了华盛顿将军本人是没有俸饷的。八年共同的生生死死，现在，将军也老了。他就站在他们面前，不是为自己，而是在为一个他信奉的原则祈求自己的部下：不要用武力威胁文官政府的议员。那些从战争开始就跟随华盛顿的军官，突然有人开始失声痛哭。

就在这一刻，新生美国的一场可能的兵变，被化解了。

在战争年代，华盛顿将军的高明之处，是他在打了几个败仗以后就明白，在北美这块远离英国的土地上，对于义军，定出的目标不可能是"消灭英军或把他们赶出去"，而是要用自己的军事存在，向英王表明北美独立的决心。北美义军的关键是"存在"，只要持久存在，目的就达到了。事实上，北美最终获得独立，正是由于这支军队存在的坚韧。可是，在华盛顿将军心中，"枪杆子"只是带来了追求自由的一个可能。唯有民众的授权，才是政府权力的合法来源。

事后，华盛顿将军代表这些打下美国的军人，和议会商定，解散军队，给复员军人再发五年军饷。半年后，巴黎和谈达成协议，英国终于承认了美国的独立。又三个月后，华盛顿将军向大陆议会交回他作为军队指挥的委任状。那一幕，我已经在几年前的信中，向你讲过了。华盛顿回到了自己的家乡，回到一个平民的身份。他为此后美国

乔治·华盛顿雕像

武装力量在国家中的位置,定下了不可动摇的原则。

我们见过历史上的许多领袖,几乎是本能地娴熟运用自己的声名,来达到自己的目的。在历史记录中,这是华盛顿将军利用自己的威望做的最重要的一件事情。他替新生的美国作出的第一个选择:不要国王的专制,也不要以枪杆子维持的军政权。

可是,为什么不要专制而要民主制度呢?我们再次做一个简单的定义，民主制度，就是能够帮助民众得到自由的一种方式。具体操作中，民主制度是一整套管理国家的运作。所以，"民主"当然不会只是一个简单定义，它必定是一个很复杂的东西。我想我们先从简单理解开始，渐渐接近它的复杂性。这也是美国民主走过的历程。

相对来说，绝对君权，才是千年来自然形成的、比较单纯的社会统治方式。当人们开始摒弃绝对君权，试图对它进行制约，即是所谓走上"民主化"的道路之后，就一直是在面对一个复杂的目标，并且试图搞清楚自己要的究竟是什么东西：究竟什么才是他们所要的自由？他们又打算通过什么样的机制，才能够获得自由？

我曾经告诉过你，美国在八年独立战争之后，从华盛顿将军开始的一大批上层军官、文官和政治家，所谓美国的创建者们，为保障民众自由，想到的第一个措施是："散。"军队散了，军官和文官们散了，那些建国者们，都散了。原来的十三块殖民地，现在成为美国的十三个州，也在散开，各自自己过日子。

他们认为，现在好了，各州有了自己"追求幸福的权利"，这些州原来就充分自治，现在也可以遂自己的心愿，自治地自由地过下去。所谓联邦，只是一个"牢固的友好联盟"。这个说法来自1777年11月15日，那是他们策划独立时成立的大陆议会所通过的章程《邦联条款》（1781年生效）。其实，这个"友好联盟"的松散程度，比今天的联合国有过之而无不及。联合国还有钱有人办事，美国联邦差远了。

人若是飘散的，就不需要什么政府。可是，人是社会的动物，人必须扎堆才能生存。没有管理机构，一扎堆就混乱。所以，就逐渐形成了高于社会的上层管理。可是，最终，管理反过来变成了对民众的压迫。历史上曾经有过的帝制专权令人生厌，民主思想由此产生。而任何政府，它掌握的权力和它的规模有关，政府越大，军队就越大，警察就越多；管理越有效，百姓的自由也就面临越大的威胁。所以，警惕专制的人们，最自然产生的念头就是对政府的警惕、对政府发展规模的警惕。甚至，产生对政府本身的厌弃。

所以，作为一个联邦国家，美国建国者最早的思路，是联邦小政府、弱政府的思路。这是对自由非常看重的人们很自然产生的想法：政府即使非要不可，也要个小的、弱的。州自治，老百姓自己做地方管理，不要强有力的、凌驾在上的联邦政府，这就是1783年的美国人理解的自由。

结果呢？试下来效果并不好。为什么呢？这封信太长，下次再给你聊下去吧。

祝好！

林　达

艰难的尝试行不通

卢兄：

上次聊到，美国建国初期，进行的是一场弱政府的实验。

"弱政府"的念头，起于最早一批美国独立的推动人，这是他们对自由的理解。他们的口号就是"政府越小越好，各州组成邦联，各自为政，国会听各州的"。在美国民间，自治的观念更为彻底。民众对自由之最直观、最朴素的理解的典型，就是发生在美国北方一个小镇上的故事。《独立宣言》刚刚发表的时候，这个马萨诸塞州的小镇，随即在镇民大会上通过他们的自由宣言："除了上苍的主宰，我们无须任何统治者。在上帝之下，我们设一个议会，面对合众国其他成员，共谋幸福。"美国老百姓很多人这样想，他们种地打粮食，什么领导也不需要。

可是，不要说无政府，就连弱政府的实验效果都并不好。

原因很简单，如果要建立所谓的美利坚合众国，事实上就不是以前分散的殖民地了。以前各殖民地之间没有什么联系，它们各自为政，都归属英王,自成系统。英王的政府是各殖民地的协调力量。现在,英王没有了。假如它们是同一个"美国",各州就会有纠纷需要调解,还会出现国家和外部世界、中央和各州的关系。

可是,除了大陆议会的上层精英们从独立战争开始,就以美国的名义,向各个国家派出代表,并且为战争筹款以外,所谓大陆议会只有很少的一些来自各州的代表,他们本身也是各州的骨干,开完会,他们就都回去了。至于各州的政府和民众,在很大程度上还是把自己看作一个独立的小国家。它们各有自己的利益,相互冲突,却缺少有力的联邦一级的政权力量来协调。而且作为国家,联邦政府需要一定的财力人力,来处理各种事务。如果政府太弱,问题就一大堆。

先是联邦政府没钱。联邦不仅欠着答应了的复员军人的军饷,更紧迫的是,独立战争期间积累的国家债务,引发了国家的信用危机。打仗靠钱,独立战争期间,发行债券是美国主要的筹款方式之一。各州和大陆议会都发行了一些债券。这些债券,有的卖给了"看好美国独立和前景"的外国人,有些发给士兵作为军饷,有些付给商人用来交换军队需要的物品。现在,手里捏着债券的,当然就是美国的债权人。不能兑现债券,美国作为一个国家,就没有信用,就是欠债不还的无赖。现代贸易关系全依赖于信用。失去信用,下一步的生意还怎么做?

各州更是各行其是。它们也发行各种债券和纸币,过后又各自用不同的方式结算。债券还像钱一样在流通。由于没有贵金属的支撑,战时发行的债券和纸币一起,马上都开始贬值,信用就开始崩溃。雪上加霜的是硬通货短缺。那时候,还没有什么美元。所谓硬通货就是外国钱,通常是欧洲货币,用英镑换算。独立战争之后,和平了,生

西部的拓荒者

活和建设需求大增。接着几年,在这个几乎没有工业的国家,大家需要什么,都只能拼命向欧洲去买,硬通货大量外流,导致短缺。

你想,这情况就相当于好多老百姓手里不但没有钱,还攥着一大把"白条",生生地等着政府兑现,而政府也没有钱。你说这国家是不是要出问题?

战争一结束,十三个州之间的关系马上变得复杂起来。它们各自的主要贸易对象都是欧洲国家。这些州明明大家讲好的同属美国,却事实感觉自己是个独立小国家。有港口的州,就向没有出海口的邻州收"过港税"。像纽约州就大收新泽西州的过港税。新泽西州觉得实在太冤,就告到大陆议会,要求给个公道。可是联邦政府正弱着,哪里管得了纽约州。一怒之下,新泽西州就宣布,他们以后再不给联邦政府交那份规定的份子钱了。这一下,其他州又气得跳起来,指责新泽西州违规。

当时的美国西部边界模糊,人烟稀少,拓荒者还在向西面挺进,创造着我们在电影里看到的那些西部故事。看着那些电影里野蛮的西部牛仔,你就可以想象,西部边界上,相邻各州如何经常发生冲突。比如说，佛蒙特的拓荒者，就干脆决定从纽约州分离出来，另外成立一个独立的州，但是大陆议会没承认它，议会中也就没有他们的代表席位。

不仅内部问题矛盾重重，美国还存在边防和外交问题，更需要一个强有力的联邦政府。

当时的美国周围都有强敌。北面是英国人，西面是法国人，还有冲突不断的印第安人，西南面还有西班牙人。西进的拓荒者们，和印第安人也频频发生冲突，相互都有攻击行为，常常酿成流血战事，仇恨也在随着流血而积累。虽然美国作为联邦，和印第安人订有条约，可是政府根本没有实力去约束各州的拓荒者。拓荒者们浪荡惯了，只要自己的无拘无束，根本不把美国看成自己的国家，更不把"邦联条约"当回事儿，看作什么"国家法规"。他们有时还听自己州的，假如从自己的州政府得不到帮助，他们就连州里的管束也不认，干脆转向周边的外国。

这是一个个人有着极大自由，而社会组织却极为松散，松松垮垮、磕磕碰碰的国家。难怪美国当时完全被欧洲人看不起。觉得这个蛮荒的地方，有着一大群野蛮人的"国家"，随时都要散架。

于是，欧洲各国纷纷私下盘算，这美国"国不成国"，和它签了条约也等于白签，也看不到联邦政府的执法能力，所以，要签订条约还是和各州打交道，看上去还可靠点。结果弗吉尼亚州就真的"跳过美国"，自己单独核准了对英国的条约。在南方，佐治亚州因为土地往西伸展到密西西比河，和西班牙殖民地相接，心里一直打鼓。因为佐治亚州地方极大、人口极稀，一旦有什么风吹草动，自己根本对付不了，就希望联邦能够帮忙抵抗西班牙人，保护自己的土地。可其他几个州没有这样的威胁，事不关己，自然一心想和西班牙人保持和平友好关系。当时的这个"美国",在外交上,都找不到什么一致的"美国态度"。

独立之后,美国军队已经基本不复存在。到1787年,战争部长诺克斯将军手下只有三个书记官,下面只有象征性的七百个装备不良的"美国兵"。各州还开始抱怨,说是既然没有军队了,还征税干什么?联邦的大陆议会还是没有直接征税权,本来讲好各州出钱养联邦政府的,各州又纷纷开始拖欠,甚至拒绝交钱。没有钱,联邦政府本身都岌岌可危。

今天,全球化是热门话题,我也觉着够稀罕。世界的全球化其实早已经开始了。它的标志是国际贸易的发达。十八世纪末年,在一个拓荒者乐园的美国,尽管各州之间陆路交通不便,可也在趋向于越来越多的交往,和欧洲的水路货运已是一天都不能中断了。这是很有意思的现象:美国各州和欧洲的联系,有时比它们相互之间的联系还多得多。当时绝大多数美国人还是农夫,处于一种自然经济状态。可是,美国已经是外部世界的一部分,不可能"闭关自守"了。你一定很难想象,在那个时候,新生的美国不过是一个经济和各方面都落后的国家,面临如何与外部发达世界"接轨"的问题。

那时,最基本的贸易交往,到了美国都会成为问题。由于硬通货紧缺,欧洲的制造商只好先把货物赊给美国的进口商,进口商再分给各地的零售商,零售商给了本地农夫。一路赊欠下来,到了收钱的时候,反向的路却行不通了。因为这些美国农夫,平常过日子,现金短缺不是什么大问题。农夫们在附近小镇上用记账的办法做交易,等到农产品出来,再交给商人来抵账。农夫没有现金也能对付过日子,每年过手十来英镑就打发了。但到了要还钱的时候,农夫们没有信用稳定的硬通货,只有土地、房屋、牲口,还有的就是正在混乱贬值中的债券、纸币。

农夫赊账在美国乡下其实持续得很久。我们的朋友安琪,才三十多岁,她说起小时候在我们附近镇上的生活,都还是样样赊欠,连汽车加油都记账,到一定的时候结清一次。但是在建国初期,现金还是少不了的。除了购物,还有交税,虽然有时候也用农产品来抵税,但税务官逼着要现金交税的时候,就行不通了。现金短缺不但贸易成问题,还造成美国的社会动荡。因为大量农夫拖欠商人和银行的债务,无钱偿还,恶性循环就开始了。商人当然把欠债的人告上法庭,法庭依法允许债主拍卖欠债人的房屋土地,甚至把他们关进债务监狱。没钱当然也交不出税来。这样的问题个别出现倒也算了,一普遍,就说明整个社会在出问题。

头脑并不复杂的民众会想,不是说民主了吗?民主不是多数人做决定吗?这好办!于是,欠债的农夫一多,就群起要求州议会通过立法,允许他们缓偿债务,要求州里加印纸币,还要求立法强令债权人接受纸币作为还款。可是,信用不良,纸币贬得飞快,债主当然坚决不肯接受,认为这简直就是抢劫。

在另一些州里,债主们游说州议会,不要通过这样的法律。可是,这样一来问题并没有解决。欠债的农夫们走投无路,开始造反,他们愤怒地成群冲进当地的法庭和拍卖场,迫使它们关门。从1784年开始,新泽西等好几个州,都发生了这样的农夫骚动。虽然一一平息下去,但美国社会是不安定的。

最震动的一次冲突,是1787年1月的马萨诸塞州农夫暴乱,这就是美国历史上有名的谢思暴动。一个叫丹尼尔·谢思的农夫领着抗债的农夫们真枪实弹地动了武,试图攻占州政府的军火库。他们和州

丹尼尔·谢思

国民兵打起来,当场打死三个人。最后农夫们被驱散,领头的丹尼尔·谢思躲了起来。

丹尼尔·谢思本人是参加过独立战争的英雄。也许是战争留给他的影响,他没有带领农夫走向合法途径,却走向了火药库。马萨诸塞是最早的殖民地之一,有着漫长的法制传统,因此,这一事件在美国政界、知识界都造成极大心理冲击。人们对诉诸暴力的方式感到震惊和厌恶,但是,又不得不承认农夫有自己的苦衷,是国家本身没有管理好。

在国家制度不完善、管理不当的时候,处理这样的案子是非常需要智慧的。当时的州政府认识到了,既要强调法治,但又不是杀鸡儆猴。他们尽量克制地处理此案。谢思暴动逮捕的十四名领头者,因为打死了人,经法庭判处死刑。但到了1787年1月,还是获得了州长的赦免。州政府也劝导参与暴动的农夫冷静下来,引导他们回到合法求诉的道路,派出农夫代表,到州立法机构去申诉和力争。他们的要求后来在州立法中得到了相当一部分的满足。但是,从美国来说,问题没有根本解决,"积弱的社会"本身显得没有出路。

那些许多国家后来一一遇到的所谓"农夫问题"、金融问题等等,在新生的美国都未能幸免。

从后人的眼光来看,当时美国的问题虽然复杂,但并不是没有办法解决。只是,美国人必须认识到,这已经是一个幅员辽阔、成分复杂的大国。世界在向前发展。人们已经不可能仅仅依靠分散的、自然的状态,应付一个需要良好政府组织的现代社会。假如说,民主不是一个简单的理想,而是一种帮助人们取得自由的制度,那么这个制度必须经得起复杂的、发展着的现实的考验。

美国对于自由的简单理想，以及对于民主制度的最初尝试，在现实中屡屡碰壁，首先使得一些精英开始反省。在这些精英里，有一个奇特的、几乎像是先知一样的天才，他就是亚历山大·汉密尔顿。他一生全是戏，可惜多半是悲剧。

汉密尔顿是个移民，曾经是华盛顿将军的侍从官。这军中的一老一少，始终维持了很深的友谊。我想，这不仅是战场上的生死与共，还和他们两人都是实干家有关。汉密尔顿很早就给历史留下了一封著名的给友人的信，洋洋洒洒，长达十七页。在那封信里，他已经在期待一个有实权的国会，呼吁一个制宪会议，希望建立一个强有力的联邦政府。

那还是1780年，战争还没有结束，更是在开费城制宪会议的七年之前，而年轻的汉密尔顿还只有二十岁出头。他只是在战争中，深切体会到"大陆议会"的软弱无力，不堪一个大国的重负。此后的七年中，他几乎没有停止地四处呼吁制宪会议的召开。当然，最后还是内外交困的局面，才真正把大家逼进了费城的制宪会议：除了惊心动魄的谢思暴动外，当时还有两个州为一条河的航行权，僵持不下，争得不可开交。

那是历史遗留的问题，话要回溯到一百多年前的英王那里。1730年，英王把和弗吉尼亚相邻的马里兰，封给贵族巴尔的摩的时候，规定以波托马克河为界。但是英王偏心巴尔的摩，就把波托马克河的整个水面全部划给了马里兰。这种划分界河的方法实在是少见。弗吉尼亚人挨着河边望洋兴叹，连打条鱼、过条船都不行。两个州从殖民地时代开始，就为河的使用权争论不休。那个时代，没有像样的公路，陆运千难万难，马车送个把人还可以颠簸一下，要运送货物就非得靠水运不可。所以，航运权就是生命线。

美国独立以后，两州关系更为紧张。1785年3月，两州商量各派委员，在弗吉尼亚的亚历山大镇开会协商。这个小镇现在是美国首都华盛顿附近最漂亮的小城。小城就在河边，那片水面美极了，老街很有味道，一条条横街挨着起名字：国王街、王后街、王子街、公主街，特别有趣。华盛顿将军解甲归田，他的家弗农山庄，恰在亚历山大镇附近。此刻他正过着农家生活，这是他在独立战争的战场上时天天梦想的日子。将军是弗吉尼亚人，当然关心这个调解会，就干脆把会议请到家里来开。华盛顿没有官职，却希望为家乡出把力。

会议并没有谈出什么结果，原因是各州都认为自己有"主权"，不必受他人的制约。一些政治家仍然认为，州的强大是自由的保障，哪怕一丝一毫削弱本州的政治权力，都会威胁本州民众的自由。再次协调时，他们干脆拒绝出席，遂成僵局。而弱小的联邦政府，对这一类争执完全没有裁决权。死结无法解开。

这只是千头万绪、此起彼伏的州际矛盾之一。要是把当时美国发生的所有这些冲突矛盾、内外交困的故事讲一遍，大概几天几夜也讲不完。

政治精英们意识到了症结所在，就是缺少一个强有力的全国性政府。现有的政府大陆议会，是根据战争时期的邦联条款成立的。要纠正，就必须从修改这个条款着手，改革才是合法的。于是，他们号召各州派出代表，于1787年5月，在宾夕法尼亚州的费城召开会议，议题是"修改邦联条款"。

于是，1787年，在美国尝试了四年的联邦"弱政府"之后，各州商定，再次派出代表，聚在一起。在以往教训的基础上，试着重新为未来的美国，建立一个有力的联邦政府组织。那就是美国的费城制宪会议。

你也许会说，原来美国独立之后有那么多问题，美国的建国者们怎么不负责任呢。

在读历史的时候，我也这么想过。可是，我很快明白了当初他们的"散"是如何重要。要知道，打完独立战争，那还是1783年。不要说中国还在乾隆年间，就是全欧洲，包括欧亚之间的俄国，也都在帝制之下。当时，在这个世界上，皇权还是主要的统治方式，专制也是绝大多数国家的制度。欧洲国家虽然在学界吹拂着改革之风，深刻地影响着宫廷，政治制度也在缓慢变革，可是，他们都有着沉重的历史包袱，举步维艰。

在当时的人类历史上，还没有过一个民主制度的大国。所以，在那个时代，一个大型战争的胜利者，要站出来当个独裁者的话，真是再天经地义不过的事情。就是在此后的两百多年里，这个世界上的独裁者还少吗？看了他们，再看美国的国父们，你会发现，他们例外地有着一种欧洲学者式的思考、新大陆人的朴实和一份当代政治家少有的天真。

他们理解各殖民地原有的社会状态和制度，是有其历史必然的。他们并不想以革命的方式，也就是剧烈变革的方式去过度推进。美国革命的结果，仅仅是英王离开，各州原有的法律制度一点没有破坏。而这四年的"散"，却给各州带来了制度实践的空间，民主制度先在地方城镇和州一级开始尝试、实施，给国家层面的民主制度的建立，垫了底。

他们的"散"，首先是对民众自由的尊重。他们既没有那种负面意义的"个人野心",没有要愚弄民众、谋一己私利的那种控制欲;同时,也不过于自信地、持有那种被看作正面意义的"个人抱负",不认为"我"有能力为人民"谋"幸福。"散"的潜台词就是,创造尽可能宽松的条件,让民众"自己追求自己的幸福"。

你知道的,"野心"和"抱负"在英语里是同一个词,或许这样的理解还是很有道理的。因为这只是对主观意愿的描述。而政治人物持有怎样的主观愿望,是善是恶,只能根据他的自述,很难客观评判。做了最糟糕的事情,也可以辩解说是好心办了坏事。人们能够评判的,只是客观结果。政治人物对权力的过分崇拜,不论是出于"抱负"还是"野心",都是危险的。美国的国父们看上去缺乏自信,却正是当时政治家很难得的谦卑。

费城制宪会议召开的目的,是要建立一个强有力的政府。这不是因为他们对权力的欲望突然增强,而是他们发现"过弱"的"弱政府",并不起作用,这是他们要修改政府组织的原因。可是,当初这个弱政府的产生,又是因为他们非常害怕"强政府"会自我膨胀,最后吞噬民众的自由。因此,现在的局面很尴尬,当初对强政府的忧虑,一点没有消失,而弱政府又不管用,他们被逼着要造出一个可能会恶性膨胀的怪兽来。

反省最初发生在上层精英之中是非常自然的事情。因为这些人所处的位置对全局纵横交错的问题看得更清楚。而当时的大量美国民众,还局限在自己的蜗牛壳里,不知道自己遇到的问题,就是追求绝对个人自由所导致的无政府状态带来的。因而,反对强政府的观念仍然在美国民间风行。制宪会议消息传来,也就引出许多反对意见。农夫的道理很简单,有政府就要抽税,抽税的家伙就可能欺压百姓。

因此,参加会议者,一方面要不顾民众短视的干扰,一方面还不知道制宪的前景如何。这就是费城制宪会议的基调——美国的建国者们忧心忡忡。

而这次会议的主席华盛顿将军,一开始就不想参加这个会。当时各州互不相让的景象,使将军心灰意懒。根据前几次州际矛盾协调的情况去看,没有一点理由可以对这次费城会议持乐观态度。更大的可能是会议失败,或者貌似成功,结果却无法推行。战争令将军身心疲惫,如今好容易如愿在家务农,他何苦吃力不讨好,去和又一个前景堪忧的会议搅在一起。

可是,同为弗吉尼亚人的詹姆斯·麦迪逊知道,正因为制宪会议困难,没有把握,华盛顿将军更是一定要出席,甚至没他不行。因为,这是一个大陆议会之外的各州代表会议,有华盛顿的出席,才能够消除民众的疑惑,相信他们是堂堂正正在共商国事,而不是在搞什么阴谋诡计。看到华盛顿将军也去开会,大家会想,他连做皇帝的机会都放弃了,他主持的会议还会有什么问题。在当时的美国,几乎没有人会质疑华盛顿将军的人格和道德。

在美国历史上,华盛顿将军无疑是一个传奇。美国没有崇拜领袖的传统,难得竟有这样一个政治人物,能够在美国得到大家一致的信任,真是前无古人,后无来者。以前没有过,以后也断断不会再有。在当时的美国,也没有另外一个政治家,能够得到这样的殊荣。许多国家有过如日中天的领袖,多以能够叱咤风云、号召甚至煽动民众为荣。而华盛顿将军却是美国历史上最沉默寡言、以严谨自律闻名的一个政治家,他最担心的事情就是自己逾越权力的分寸了。他来自辛勤

詹姆斯·麦迪逊

工作的阶层,对现实生活有深切的了解,他的信念建立在经历、经验和常识基础上。华盛顿将军视自身荣誉为生命,和那个时代的很多美国绅士一样,他们把荣誉和道德人格看成是一回事儿。追求荣誉,也就是在道德人格上追求完美。那是一个令人叹为观止的时代。今天回首去看,不仅这些绅士已经逝去,就连那个时代,也已经一去而不复返,就像是被他们随手带走了。

竭力劝说华盛顿与会的麦迪逊,也是这些绅士中的一个。他出生在一个虽不非常富有,却衣食无忧的家庭,身体瘦弱,性格文静内向,是一个书生型的人。他在普林斯顿大学读书,受教于著名的约翰·威瑟斯庞。这位大学校长给美国培养了一大批政治家,他的学生中后来有五十六个州议员,三十三个法官,其中三个是最高法院大法官,还有十二个州长,二十九个众议员,二十一个参议员,一个副总统,还有一个,就是麦迪逊,未来的美国第四任总统。

麦迪逊就是在那儿接受了"自由精神"的教育,在美国本土间接感受了"苏格兰启蒙思潮"的熏陶。约翰·洛克和大卫·休谟的著作,都是麦迪逊熟悉的经典。

独立战争期间,麦迪逊虽然也报名当过义军中的文职官员,但由于身体病弱并没有去打仗。他对政府的运作很熟悉,1776年,《独立宣言》发表的那一年,他才二十多岁就被选进弗吉尼亚议会,并且参与了新的弗吉尼亚州宪法和《权利宣言》的制定。1780年,他被选派到大陆议会,成为弗吉尼亚州的代表。

麦迪逊知道,假如华盛顿将军出席并且主持会议,会议的公正就有了保障。他坚信只要华盛顿将军在场,事情就会有所不同。对他来说,能不能把华盛顿将军请到费城开会,就像当初大陆议会任命华盛顿将军为北美义军总司令一样,有着决定成败的分量。

最后,华盛顿将军终于被劝动,决定要到宾夕法尼亚州的费城去开会了。

那是出远门。弗农山庄在波托马克河边,现在的首都华盛顿市附近。从那儿到费城,如今沿高速公路开车北上,用不了几个小时。在华盛顿将军的时代,却只能坐马车,还花了五天时间。

自从带领大陆军队打赢独立战争,解散了军队,在1783年向大陆议会交出了带兵权,华盛顿回到弗农山庄已经四年了。他做着自己最喜爱的事情,照管着山庄的庄稼。当时美国的土地得来之易,真真羡煞欧洲人。在革命以前,将军自己就有了很多土地,结婚时,妻子带来了更多的土地。可那个时代,把出产的农产品卖到欧洲,再从欧洲买回必需的工业品,一进一出,并无多少收益。带兵打仗的几年,他没拿一分钱军饷,回到山庄后手头更为拮据。为这次出门去费城,华盛顿还预先给表兄路特写信,借一些现金以备出门之需。

在费城制宪会议代表中,借债来开会的还不止一个两个。这并不是说他们就是穷人,而是在当时,很多美国人的财产都是土地,过着半自给自足的生活,手头现金短缺的现象非常普遍,代表们也不能幸免。

　　家里的事让将军牵挂。他自己身体不好，又刚刚失去最亲密的一个兄弟。临行几天前得到消息，他七十八岁的母亲病得很重，他不得不带病急驰去母亲那儿探望。母亲的状况让他不放心。他把农庄委托侄子照管，那是春耕的要紧时刻，一年的收成得靠春夏两季的细心照料。他要侄子经常写信向他报告，一定是因为担心着秋天的收成。

　　他牵挂着家事，却还是在1787年5月9日上路，离开了弗农山庄的家。按照历史学家的描绘，他一早出来，登上自家的马车。马车由两匹马拉着，车夫坐在前面高高的驾座上，将军坐在有玻璃小窗户的车厢里。他的坐骑，备着马鞍，跟在车后。

　　想来将军心事重重。后面是一个舍不得离开的家，前面是前景难测、困难重重的制宪会议。

　　不知他是否想到，此一去，他又将重返公职，弗农山庄的乡居生活，再次被推开，成为一个遥远的梦。

　　在乡间的林中小屋给你写着华盛顿将军的故事，仿佛听着马车走在山林小路中寂寞的声响。我也尝试着追随体味两百多年前，在美国南方疏朗的乡村里，绅士政治家的状态和心情。

　　今天就写到这儿吧。

　　祝好！

林　达

到费城去开会

卢兄：

  制宪会议召开的费城，我们去过两次，非常喜欢那个城市。最近收到 DZ 的来信，他总是问起你，并让我向你转达问候。他和他的钢琴家妻子，刚刚搬到那里。以后再去，我们就可以去他们家落脚了。我们喜欢费城，大概是因为我们一直转在老城区，也就是制宪会议举行的独立宫附近。相对来说，老城区街道不那么宽，建筑物也没有那么尖利炫目，历经岁月的红色砖墙，温和、给人以亲近感。

  当然，今天费城的老城区也已经发展了。虽然独立宫附近的街道，还保持了二百多年前的大致格局，路面的设施，却完全现代化了。唯有独立宫门口这一段路面还铺着小石块，其余街道都是平整的水泥路面了。遥想当年，这里还都是土路，过着马车，下雨天一片泥泞，远不是那么干净。为了制宪会议，独立宫前面的道路曾经给撒上一层小石子，这已经是非常考究的待遇了。

1787年的费城

1787年,费城是美国最大的城市。多大呢?人口四万。你也许会问到纽约,纽约当时比费城还小,只有三万三千居民。波士顿更是只有一万八千人。这就算是美国的几个最大都市了!只要做个比较,你就可以知道美国在当时世界上的"地位"了。当时的巴黎有六十万人口,伦敦有九十五万人口。根据今天专家的考证,当时北京的人口大致是一百万,面积据说比刚刚扩建的伦敦城还要大,是十八世纪世界上最大的城市。所以,很好理解,为什么当时的欧洲人眼中没有美国,因为直到今天还有这样的规律:没有多少人会在意一个穷乡僻壤发生了什么事情。

我提到过华盛顿将军本不想来开制宪会议,另一个原因是,在制宪会议同时,还有一个"辛辛那提"退伍军人协会,也正在费城聚会。协会由独立战争的退伍军官们组成,华盛顿将军作为当年义军总司令,理所当然就成了协会的名誉主席。虽说那是民间团体,可是不论古今,军人团体,又都是打下江山的功臣,在政局不稳的时候,人们总是会担心他们提着枪出来影响局势。尽管华盛顿知道没有这种可能性,可是,他毕竟是唯一一个跨越"两会"的人,他本能地就想避嫌,内心非常顾虑。

华盛顿最后决定出席制宪会议,就想让自己小心翼翼地避开辛辛那提协会。战斗岁月刚刚过去四年,他一定也很想和昔日军中袍泽聚会,可他还是给协会写信说,自己身体欠佳,不能出席。不过,当华盛顿将军到达费城的时候,辛辛那提协会的弟兄们,还是在诺克斯将军的带领下,骑马列队迎接了他们昔日的统帅。费城人也热情洋溢地欢迎这位独立战争的英雄,教堂为此敲响了钟声,礼炮齐鸣,费城人在马路边,看着辛辛那提协会的军官们,簇拥着华盛顿将军,把他一路送到他的住处——豪斯夫人开设的小旅馆。

华盛顿抵达费城的时候,当时三十六岁的詹姆斯·麦迪逊,已经在那里等候着他了。是的,你一定觉得他年轻。我上次提到的那位天才汉密尔顿,也是制宪会议纽约州的代表,他那年才三十岁,五十五位代表的平均年龄只有四十三岁。最年轻的二十六岁。而年纪最大的,就是那个用风筝从天上扯下雷电、发明避雷针的富兰克林,他那年八十一岁了。

在小旅馆等着华盛顿将军的麦迪逊,是召开这次会议的主要发起人,也是个非常仔细认真的人。他第一个到达费城,想趁机有更多时间读书和思考。

在弗吉尼亚州的政界,麦迪逊和托马斯·杰弗逊的关系非常密切。他俩有一个共同点,就是都爱好读书,都熟悉十八世纪的欧洲启蒙运动,不同的是杰弗逊比麦迪逊稍年长,长期被美国派驻在法国。杰弗逊简直是热爱法国,他受法国思潮的影响就更深;而麦迪逊是在普林斯顿大学受的教育,更多地接受了那儿二手的苏格兰启蒙思想。

1784年,杰弗逊以美国驻法大使身份去巴黎的时候,他们俩约定互通信息。麦迪逊给杰弗逊送去了北美大陆特有的动物、植物,以便向欧洲人证明新大陆是一块丰饶的土地;而杰弗逊给麦迪逊运来欧洲先进的器物,还有一大批法国和欧洲的政治法律书籍,其中有狄德罗新出的《方法论百科全书》。

麦迪逊通读了这些著作。他常常从早到晚读书,一天只睡三四个小时。也许是因为美国有"实用"的需要,他特别注意研究西方历史上的各种政府形式,特别是共和制政府,研究它们的结构和运作状况。1787年年初,他开始注重将历史上的政府和当时的美国政府加以比较。他把自己的思路写下来,写成一篇《美利坚合众国政治制度之缺失》,这篇文章就被当时的人称作"麦迪逊缺失"。

与许多十八世纪的思想家一样,麦迪逊的思考建立在对人性本质的理解上。他接受当时流行的一种观点:国家及其政府建立在"社会契约"的基础上。这个理论认为,权力起源于人人生而具有的自然权利。人有权自由地处置他们的权利,他们相约联盟,这就是国家。然后,他们在自己内部达成契约,把一部分权利转让给管理者,这就有了政府;另外一部分权利保留给自己,这就是政府所不能侵犯的个人权利。

社会契约论只是一种理论。人类历史上的国家和政府,都是历史地自然地形成的,而不是依据理论、依据纯粹的契约过程建立起来的,现实和历史中充满了血腥污秽,根本没那么理性。这是政治家们常常抛弃契约论的原因。他们想，算了吧，就算理想中的政府应该是这样形成，可是事实并不按照理想发生啊。

麦迪逊当然也知道，历史不是照着理想化的理论发生的，但是他相信，通过人的努力，契约论的理想是可能实现的。在合适条件下，一群有理性、有智慧、有道德的人，完全可能坐下来达成协议，按照契约构筑一个管理自己的形式。他相信，只要做得好，他们完全可能建立一个比历史上所有政府都好得多的政府。他的信念的基础之一，就是美国各州这些年的制度实践。

麦迪逊并不把人性理想化。他知道，人性是复杂的。人有自私、妒忌、自我膨胀的本能。他赞同苏格兰思想家大卫·休谟的看法，人在孤处时比在公共生活中更诚实，"良心，这唯一残留的纽带，在个人身上实为不足。在稠人广众之中，人们对良心实无期待"，大家一起做事，如浑水摸鱼，对个人行为的制约力反而消失了，结成群的人会互相为不良行为提供虚假理由。这就是一些平时看看还蛮善良的人，一进入群体就表现得十分邪恶的原因。

所以，麦迪逊认为，组成一个好的政府的关键，是控制好权力。他说："如果人人都是天使，那么政府就根本没有必要……在构筑人管理人的政府时，最困难的是：你先得让政府有能力控制百姓；接下来，你还得让它能控制住自己。"

也就是说，一个好的政府，它的权力既要强到能够管得了下面的人和事儿，却又不能过强，以致去侵犯公民们保留给自己的自然权利。道理是对，可是，又怎样在"制度上"使这个"好政府"的权力，就恰到"好"处呢？在麦迪逊看来，这就是费城制宪会议要解决的问题。

麦迪逊只是一个代表人物，同时代的绅士精英们，大多和他一样，长期地在欧洲的知识源流中学习、积累、相互交流，也在自己州的建制中实践，为美国的宪政制度做准备。

这是费城制宪的思想基础。同时，从英国移植过来的管理方式，历经在北美的百年演变，推进是扎扎实实的。费城制宪的社会实践基础，是美国宪法之树生长的丰饶土壤。

北美这块土地，当它还在英国统治之下的时候，共和的萌芽已经在生长了。

英国在向殖民地移植制度的时候，由于皇帝太远，出现了一个非常具有意义的间接权力，这就是总督的产生。在英国，国王是一个非常真实的存在，传统力量以及那些看上去只不过是繁文缛节的皇家典仪和排场，有效地构筑了民众"服"的心理。而殖民地民众是从来就看不见什么皇上的，当然也就看不到那套皇上的漂亮排场。他们能够看到的，就是总督。可是，对总督的"服"就大打折扣了。

当时英属殖民地的总督，在功能上很像是现在的英国首相。他名义上是女王的代表，事实上，在他所管辖的范围里，他具有非常大的行政权力。他给了殖民地的民众一个行政官加议会统治的示范。这种殖民地模式，其实是在进一步地实现英国式的渐进改革，使得北美在独立的时候，民众对"行政官加议会"统治模式的认同，远高于对一个新皇帝的期待。

这一批美国的开国先贤，并非草莽英雄。他们大多是原来殖民地体制内的政治家。美国宣告独立后，他们还是回到自己家乡，回到议会，在过去叫作殖民地、现在叫作州的小国家里，继续自己在独立战争之前就从事的参政工作。

独立之后，没有遥远的英国君主了，就连英王派来的总督，也走了。在费城制宪会议之前,联邦政府虽然仍是战时的孱弱状态,但从独立战争开始,各州政府就扎扎实实在基本维持原来格局的基础上,开始立宪、立法并完善议会。他们普遍地推出了一个州长,替代原来的总督,作为州的行政长官。也就是说,在制宪会议之前,初步的共和制,已经是各州在实行中的实际政体。比起殖民时代,从总督到州长,州一级的政体就悄悄地又进了一步。

你可别小看这一步,这步一跨出,共和制就初具规模了。

在费城制宪会议上,各州纷纷拿自己本州的政府体制来做参照,这实在是很自然的事情。因为在此之前,十三个州都已经通过了他们各自的州宪法,有些甚至是基本沿用殖民地宪法,只是把里面跟国王有关的字眼去掉。在美国制宪会议七年前的1780年,马萨诸塞就已经采用了州宪法交全民讨论批准的形式,这正是后来美国宪法通过的方式。

费城制宪会议的一个最重要的宪法方案,就是弗吉尼亚州提出的方案。而这个州在殖民时期,就已经有了多年的宪政历史。在费城制宪会议之前,托马斯·杰弗逊就和麦迪逊合作,在弗吉尼亚州议会,通过了保障政教分离的"宗教自由法案"和保障个人自由的"权利法案"。所以,当时是弗吉尼亚州代表团,围绕着麦迪逊的思考,对新的宪法准备得最充分,这也是非常自然的事情。

因此,从制度上来看,费城制宪虽是一个创新,却不是一个斩断传统、开天辟地的事件。他们只是对现有的文明成果,适度做出进一步改革而已。

这些参加会议的绅士们知道,美国再次面临生死存亡。决定命运的不是外部敌人,而是他们自己能不能找到一条出路,建立一种能经得住今天的，甚至是遥远未来的社会复杂运作考验的制度。制度不是什么抽象的东西，它是社会在探索管理自己的办法。看看容易，可是，就像制宪会议的马萨诸塞州代表、美国的第二任总统约翰·亚当斯说的那样："击败欧洲所有炮舰军队易，管理好自己难之又难。"

费城会议定于5月14日开会，可是，或路途遥远、盘缠不足，或本州的事务繁忙，种种原因使代表们姗姗来迟，会议不能如期举行。因为照规矩，这样的会议必须达到法定出席人数。十三个州相约开会，必须有超过半数的七个州到会，才能开起来。

1787年5月25日，新泽西州代表赶到，终于达到法定数目，会议开始了。地点就在费城的市场街和第三街之间的市议会大楼，一栋二层楼砖房。会场在东厅。如今，这个市议会大楼被大家叫作"独立宫"，十一年前，就在这同一个地方，北美各州的代表通过了《独立宣言》，宣告了美国的诞生。现在，是在同一间房间里，各州代表再次聚会，这次是要解决美国怎么生存的问题。

那是夏季，天气有时十分炎热，对于来开会的代表们，真不是什么舒服的事情。他们戴着假发，穿着正式场合必需的礼服，挤在一间并不那么大的房间里。房间里面是十三张铺着墨绿色台布的桌子，每州的代表各围一桌。幸亏那是公共建筑的一个大厅，屋子足够高敞，空间虽不算宽敞，却并不压抑。最里面是一个高高在上的椅子，那是会议主席华盛顿将军的雕花座椅。

我们都见过许多国家的高层会议，总是有一个一言九鼎的人物，在那里气吞山河地主导会议方向。而华盛顿将军，却因为自己被选作会议主席，反倒做了一个奇怪的选择：自己不发表意见。

也许在华盛顿看来，德高望重是一个额外的砝码，一压上去，天

费城会议的会场

平马上倾斜。他若一开口,别人很可能就因为不想违拗他,而不再说出自己真正的想法,或者不再坚持自己的不同意见。所以,他干脆不发表自己的意见。

我们也见惯了这样的场面,一旦没有重量级人物压阵,一群意见各异的人们马上就要吵翻天。是啊,我们都知道,人实在是一种很难说服的动物,人不仅会趋向于自以为是,而且常有虚荣、固执的一面。一旦争执发生,不要说认为自己没错,就是明明知道自己是错的,也会因为放不下面子,就非要坚持自己错误的主张。

华盛顿这个会议主席,是被麦迪逊和其他人花了很大力气才劝来的。那么,这样一个不吭气儿的主席,是不是让大家很失望呢?其实他们都是华盛顿多年的好友或政界同事,他们对他再了解不过。再说,这些美国绅士对会议主席的理解,也本来就不以为他应当是自以为是的领袖,而只应当是一个谦和的"公正"的象征。他们之间的这种默契,其实已经是一种文化习惯。

这个会议本身就是一个民主实践。他们在会议之前,先制定规则。

规则规定,代表发言,必须站起来面对主席,先称主席"先生",然后把会议主席作为表达自己意见的对象。在提到在场的他人时,要用第三人称。

　　这样一来，即使有非常对立的不同意见，看上去发言人也是在向主席正面表述自己的意见，而不是和不同意见的人在直接争执。主席按照惯例是中立的，于是针锋相对的观点，被隔在了主席这堵防火墙的两边，想吵也吵不起来了。这些规则来源于英国的国会规则，一直在英国保持到今天。现在每次电视转播他们的国会辩论，我们都要稍稍看一会儿，因为实在很有趣，他们几百年练下来，已经非常熟练。议员们一个个伶牙俐齿，飞快地把自己与对手的争执，转化为面对主席的陈述。激烈，却很有秩序。

　　规则中还有现代辩论中的"同等时间"原则，对一个议题，每个人的发言时间是同等的，一圈一圈地轮过来。甚至有对礼仪的规定，规定发言者要文雅礼貌。别人发言时，不可喧哗走动，不可看书看报。每次会议结束，等主席起身离开，代表们才能起立离座。

　　他们还仿照自己在各州议会的长期经验，搬来一些议事程序。例如，委员会的制度。这个制度在美国议会一直保持到今天，而且在发挥越来越大的作用。今天的美国国会，都组成不同的委员会，像外交委员会、预算委员会等等，让议员们能够根据自己的专长，内行地对一些国事专题深入探讨、提出建议。

　　让内行的委员会在小范围里讨论出推荐方案，表决通过，再提交大会讨论和表决，这种做法比较好理解。可是，在今天的英国议会下议院，还有一种全体委员会，出席的是所有的人。就是同样一拨人，以委员会的名义先作出一次决议，这个决议只算是委员会的推荐方案；还是这拨人，在全体大会上再表决一次，才算是正式通过的决议。

英国议会下议院

这听起来简直就是多此一举,可是,在英国议会历史上,却有重要的理由。

当英国国王还出席议会的年代,平民百姓是不能太过放肆地议论国家大事的,不小心说过头就可能被入罪。一旦龙颜大怒,议员就麻烦了。也就是说,没有现代议会的"议员豁免权"。后来王权渐弱,英王不再出席下议院会议,妥协的做法是,议长面前的桌子上,必须放着代表国王的权杖,以示王权威慑还在。英国下议院的对策就是,另设委员会。委员会开会,就可以把权杖收起来,表示国王不在,而且,议员们的发言和表决都不予记录,国王被蒙在鼓里,也就无从发怒。这就是"全体委员会"的来历。

熟悉英国议会制度的代表们,在费城会议中也设立了全体委员会,作用却不一样。它只是一个矛盾的缓冲设置。全体委员会讨论时,华盛顿不再"高高在上"做主席,而是坐到自己那个州代表的桌子旁。讨论一阵,就表决一次,看看结果如何。这时的表决结果,只相当于委员会推荐方案,是对可行方案的试探。可以一次一次地表决、试探。这种尝试接近的感觉,使大家比较容易放松,互不相让的意见也容易渐渐平衡。一直到统一得差不多了,才作为方案提出。然后，原班人马，再开全体大会，华盛顿回到主席椅子上，再次正式表决。

代表们多数任殖民地议会或战后州议会的议员多年，执行这些英国式规则，可以说是轻车熟路。这是绅士们的规则，典型地表现了英国式的经验主义智慧，也在证明着民主作为一种文明成果，是怎样在有教养的阶层中生长出来，因为它是不可能从街头市井的吵架中诞生的。规则虽小，背后却是漫长积累的文明。

这些规则，也让我又一次想到那个"民主"概念。

现在人们常常说民主是一种生活方式。这有时候让人很是丈二和尚摸不着头脑，搞不清这民主明明是一种制度，怎么又变成了生活方式？但从这个思路推衍，也许更容易理解，民主制度背后，是一种思维方式。

制度背后，是一种思维的表达。它主张人的平等、宽容，主张一种自由意志与另一种自由意志之间的相互不干预、妥协、礼让、双赢等等。我们把这样一种思维方式称为民主式的思维。一个人的个体生活，是不需要什么民主的。

也许不必把"制度"二字看得过于高深莫测，制度也可以是非常小的规则。例如，文明产生了符合民主思维的开会原则，就是"让我说话，也让你说话"，"谁也不能一个人说了算"，"我有说话的自由，你也有说话的自由，我的自由不能侵犯你的自由"，"要相互尊重"，"要遵守大家规定的程序"等等。

这样的规则，可以用来开费城制宪会议，也可以用来开非常小的会议。这些思维方式，可以在大大小小的社会交往中都形成一些规则，最后，逐渐成为人们自觉遵守的行为准则，成为一种习惯。个人养成这样的习惯，我们会说，这个人有"民主性格"，而一个社群以这样的习惯交往，就是"一种生活方式"了。以这种思维方式去主导建立一个政治制度，就是民主政治制度了。

今天人们在讨论民主，往往都是指政治制度。为什么要去牵扯出"民主是一种思维方式"或者非政治领域的"生活方式"呢？我想，政治制度，其实是需要一个相应的社会文明程度去配合的。在民主制度自然生成的国家，是文明的土壤长出了这棵制度之树，而不是相反。也就是说，没有这样的土壤，压根儿长不出这棵树来。

你想想，我们就说这个费城制宪会议吧，假如会议本身是以一种"专制的思维方式"在举行，假如华盛顿将军什么都要他说了算，谁都要听他的；或者里面开会的人个个膨胀着"专制性格"，互不相让甚至争斗得你死我活，你还怎么指望由他们为一个"民主社会"制定一部能够认真实行的宪法？在初生的美国尤其如此，他们不是在移植一个现成的制度，而是在自己孕育。假如他们的文明程度还没有达到，那么，美国宪法这个新生儿，也许根本就不会在费城独立宫，在那间挤着一些铺着绿台布桌子的房间里诞生了。

也许你会问，那么，对那些移植他人文明制度的地方呢？我想，制度是容易的，因为已经是现成的了，例如可以去抄一部宪法，可是制度之树生长的土壤，仍然是需要改良的。

费城制宪会议的另一个规则，是一条条地分别表决提案，任何一条通过之后，都可以再返回来提出异议，要求重新表决。他们还在讨论后同意，表决时只以州计数，却不记录各代表的投票，这样就使代表们在改变自己的看法时，没有那么多的顾虑。

这一规则非常罕见，是这次费城会议很特别的地方。因此，在我们看制宪会议笔记的时候，会发现他们不停地在一个个条款上返工，简直就跟车轮大战一样，不断地重新一次次表决前面已经有了决议的条款。我一开始也想，这不是自找麻烦吗？

当时的美国局势，你已经看到了，费城会议是被内外交困的局势逼出来的。他们的面前摆的是一个立宪、建立大政府的任务，将有许多创新，同时，还牵涉到未来联邦政府的管理规则，是否能对各州都公平。前者，有对宪政理念的分歧；后者，隐含着各州对自己的未来利益是否受损的担心。

说实在的，就像我给你讲过的两个州在波托马克河争航运权的故事，小小的一个单纯的具体问题，尚且达不成协议。就算费城会议只有一半的任务，都艰巨得看上去无法完成。因为可以料想，相互之间的看法矛盾重重，州与州之间在利益冲突之下，也充满猜忌和不信任。每走一步都会出现分歧。

面对这样一个可以事先预料的困难局面，人们可能很自然会走到这样一条路上，就是私下做些手脚，玩一些政治手腕，来一点阴谋阳谋。在火候差不多的时候，就赶紧投票，投完之后，决议出来，就是定局。事后发现上当的人，悔断肠子也没用了；而上了当的人，又会通过教训学会更高明的手段，三十六计，在下一次再"玩"回来。几经循环操练，也形成一种文化习惯。在这样的文化中，人们自然开始厌恶政治。政治不再是对良好的人类管理方式的探索，而是一场道德沦丧、追名逐利的肮脏游戏。

而这些衣冠楚楚、重视荣誉的绅士们，关在一个房间里，他们的思路相对笨拙和单纯。他们想，事情复杂，意见不同，就要多多讨论、好好商量。本来是因为各州有矛盾才要开这个会，要达到统一就只能先避开民众,在代表们之间,依靠交流,彼此沟通。不能依靠实力较量,也不能依靠机巧运作。

这不仅是我们刚才说的个人的绅士风度、"民主性格"在起作用,这个规则的背后,还有美国的"民主背景"在起作用。哪怕强大的联邦政府建成,各州还是拥有自己一定的"主权"的实体。为了防止各州出门反悔,他们寻求的不是各州政府的批准,而是民众对宪法的投票认同。把"政权的合法性"落到最基础的层面。

因此,在各州代表背后,站着全美国的民众。代表们耐心的原因之一,是他们知道,他们每一个人最终要回到自己的州里,公开他们制定出来的宪法,得到每一个州的民众的认同。在讨论时,假如一个代表希望条款成为事实,那么,为了它能被本州百姓通过,你必须坚持你的原则;同时,为了也能被其他州的百姓通过,你又必须做一定的妥协。

事实上,这一规则发挥了极大的作用。所有代表都在不断地认真平衡自己和别人的观点,就同一问题,重复投票表决。一时达不成结果的,就暂时搁置,先议论表决其他问题,等到达成结论,再回到搁置的问题。如此反反复复,有一个议题甚至表决了有七十次之多。

有一个人,在整个会议过程中格外辛苦。他就是詹姆斯·麦迪逊。会议一开始,他就找了个好座位,可以听清楚各个角落的发言。他要做一份笔记。也许,他的笔记只是为了自己,有助于他对会议的分析和进一步思考。而我相信,深思熟虑的麦迪逊,也一定有这样的历史感,要为未来的美国留下一份历史记录。

夏天的费城非常闷热,他们经常连窗子也不打开,以免从街上能

《辩论：美国制宪会议记录》

听到会议上的争论，也避免成群讨厌的马蝇涌入。冗长的会议和湿热的气候，把与会代表折磨得痛苦不堪。令人难以置信的是，在这样的情况下，麦迪逊竟从头到尾记录了会议的发言和一次次表决，同时还积极参与讨论。白天，他用各种速记符号记下代表的发言，入夜之后，他独自埋首工作，重新整理成文。

他的完整笔记，还有其他几位代表的简要笔记，为后世提供了1787年费城制宪会议的全过程。

两百多年后的今天，这些枯燥的会议记录，却在我们面前展现着一个谜一般的年代，让我们看到一群谜一样的绅士。他们普普通通、认认真真，读书、思考、做事。"麦迪逊笔记"的存在，让我们相信，它真的发生过——它真的曾经如此发生。

祝好！

林 达

弗吉尼亚方案

卢兄：

让我们再回到费城会议，回到那关起门窗、与众隔绝的会场。

会议开始的时候，富兰克林曾经建议请一个牧师，每天清晨来一次，以祈祷作为每天会议的开端。也许，他希望在一个矛盾重重的会议上，大家不要每日揣着一团"争"的火气来。这是他们在那个时代，面对内心和外部的困境时的精神出路，上苍的存在，使他们打消霸气，也时时避免过度的自我膨胀，以致认为自己"天下第一"。

可是，针对富兰克林的建议，北卡罗来纳州代表的一句回话，让大家立即看到了当时联邦政府的窘迫。这位代表很简单地否决说，"我们根本没有请牧师的这笔钱"。所以，只好大家每天回去自己祷告吧。

决议召开费城会议，目的只是"修改"原来的政府结构。也就是修改《邦联条款》。可是，大家都明白，以前这"友好联盟"的弊病，不是小修小补就能解决。所以，他们心里都有"大动"，甚至另起炉灶建立一个全新政府的思想准备。各州宪法近几年已经纷纷出笼，代表们又都是各州的政府中人，对一般的共和政府构架，并不陌生。可是，现在要端出来的，是一个凌驾在各州之上的联邦政府，究竟如何是好，大家也心中无数。比如说，一个最基本的困惑就是，弱政府不行，是要强一些，可是，多强？它和州政府的关系又是什么？

这种情况，非常像联合国的建立。美国今天毫无疑问已经是一个国家，因此，我们常常会忘记，当初，它是农商时代的十三个独立小国家的微弱联邦。没有这个联邦，小国家们感觉一样可以自己过日子，对联邦反倒是顾虑重重。它们在历史上一直有独立的殖民地主权，习惯了自己是独立的"国家"，习惯了我行我素。现在，说是要有一个联邦和联邦政府，就像突然要出现一个联合"国"和联合国"政府"一样，人们怎么看待它？

难道我们不再认为自己是中国人，而成了"联合国人"？还是我们又是中国人又是联合国人？这个问题你一定觉得听上去很奇怪。可是，这正是当年美国人的问题。他们甚至无法接受自己突然成了什么劳什子"美国人"。

接下来的问题是，这个"联合国政府"对我们有什么样的约束？联合国既然诞生，当然是因为有需要，是时事所迫，可是，我们应该把它作为政府的能力维持在怎样的强度上？弱了不管事，过强了，是不是会动辄干涉我们的内政？这也正是当年美国人的担心。

促成会议的詹姆斯·麦迪逊，怕会议变得没有头绪，他觉得要先有一个建议的文本，一个讨论的基础。更何况，他也想试试，把久远以来的读书思考，结合弗吉尼亚州的管理实践，整理成一个自己的方案。他和弗吉尼亚代表团的同事早来了十几天，一起工作、讨论、成文。最后，带着一个史称"弗吉尼亚方案"的文件，来到会场。

弗吉尼亚州长爱德蒙·伦道夫

他们推出年仅三十三岁的州长爱德蒙·伦道夫，宣读和解释这个方案，他一口气讲了三四个小时，这个方案有新政府的十五条提纲。

"弗吉尼亚方案"描述了这样的一个全国性政府：这个政府设有一个国家元首，或者说国家行政长官；有一个国家司法机构，还有两院制的国家立法机构，其中，第一院是众议院，由民众普选产生，第二院是参议院，由第一院选出。对于立法机构的产生，弗吉尼亚方案提出，两院的议员人数都依各州人口的多寡，按照比例分配。

在伦道夫讲完之后，来自南卡罗来纳州的代表平克尼，也站起来发表了自己的构想。他的方案和弗吉尼亚的构想非常接近。他的方案分出章节，非常细致。主要内容听上去简直就像是把"弗吉尼亚方案"的主要思路重复了一遍。

查理·平克尼所代表的南卡罗来纳州，紧挨着我们住的佐治亚州，就是今天，在美国都算是个落后的地方。平克尼那年才二十九岁。那么，是不是有人会怀疑他抄袭了"弗吉尼亚方案"呢？不会。在场的诸位，彼此都在大陆议会相熟，都知道那是聪明的年轻人在偏远的南方，自己闭门造车的杰作。因为远在一年之前，他就已经在大陆议会建议和宣读过一次了。

大家之所以没有在费城会议上特别重视平克尼的方案，就因为他的方案和率先宣布的"弗吉尼亚方案"撞车了。这是一个非常务实的会议，不是在做方案评奖。所以，大家没准儿还在想，你没有不同意见，就别再浪费大家的时间重复一遍了。平克尼因为年纪轻，实在很为自己骄傲，舍不得埋没了自己。多年之后，他还高兴地对别人提起：在制宪会议上，大家还叫我"宪法查理"呢。

提到这样一个细节，是想让你知道，在美国制宪之前，精英们普遍地对于欧洲传统的政治学就有研究、实践的风气。甚至早在独立战争的年代，各州已经有一批人，很仔细地在做"立"的工作。例如，早在1774年，即美国宣布独立前两年，宾夕法尼亚的詹姆斯·威尔逊，就对未来国家的发展提出过设想。他说，理想的形式是，各个不同的国家，在同一主权下，彼此独立，互相联合。这就是后来合众国的形式。

对一个从旧制度向新制度过渡的国家，试图去"破"的一方，对"立"有什么程度的关注，这对"破"之后的局面非常重要。否则，在"破"了之后，就可能青黄不接，带来大的动荡和伤害。

"弗吉尼亚方案"就政府结构本身来说，对这些与会的代表们，并不是什么新鲜的东西。因为他们都是州政府的成员，对类似的共和政府结构并不陌生。可是，他们还是吓了一跳。为什么呢？那就是我前面说的，他们中的大多数人知道要加强联邦政府，可是，真的一个如此结构完整的、大一统的、强大有力的美国中央政府端出来，大家又看到，这完全颠覆了原来的联邦概念。

在此之前，联邦的概念就是各州各自为政，所谓联邦政府，就是大家出点钱，设立一个办事机构略为协调而已。它是不立法、不干预州的统治的。虽然事实证明行不通,要加强,可是,"弗吉尼亚方案"中如此庞大的、完整的政府,眼看着要对各州人民做直接统治。假如是这样的话,历史上长期存在、从"独立殖民地"进化成的"主权州",就可能要被彻底改变了。一个他们陌生的大"美国"将站起来。这个"美国"要自己立法,让"美国人"遵守。那不是要把主权州的政府统统取代掉?是不是矫枉过正了?在此之前,美国是"有美国而没有美国人",民众只是一个个像个小国家一样的主权州的公民。现在,大家都是"美国人"吗?

再举个例子,你或许就能够更容易地理解这个变化的震动烈度了。这个变化,相当于欧洲独立的国家们,走向今天统一货币、没有边境、拥有宪法的欧盟。然后,再进一步,走向一个统一的"欧盟国家",由欧盟政府直接管理全欧洲人民,而原来的国家政府,退为一个省政府的地位。在欧洲,这最后一步,在我们今天看来,还是难度大得几乎不可能实现的事情。而"弗吉尼亚方案",就是要一步完成这几乎不可能的三级跳。

伦道夫说完,全场一片寂静。大家心中暗惊,却并没有真的跳起来。因为大家知道,根据会议规则,"弗吉尼亚方案"还只是一个建议。他们若有不同意见,还有的是时间和机会表达。

其实,"弗吉尼亚方案"只谈联邦政府的建立,却一点没提最棘手的州的主权问题。但是,方案中的"立法机构实行比例代表制",已经触痛了小州们。这是美国制宪会议中,最为敏感的议题。

代表们不追逐个人在联邦政府的私人权力,可是,这并不意味着费城制宪会议就没有利益之争。他们是各州民众的代表,代表了一方民众的利益。民主并不是大公无私,民众也不是"公",不是抽象的人民，不是铁板一块。他们是一个个的个人，由不同个人利益的组合出现，所谓"地方利益"，就是其中最基本的一种。更何况，美国相对"中央"的"地方"，就是"主权州"。他们以前样样都自己说了算的，当然更重视联邦政府增强之后，自己对"地方利益"还有多大的保护能力。

人们最开始理解的"民主制度"，都是简单的"多数定规则"。对这个基本"民主原则"大家都没有异议。既然这样，应该很简单。可是，美国的情况，偏偏连什么是"多数"，都会成为难题。

你知道，论面积，今天的美国和中国差不多大，已经大得有五十个州了。成立之初的美国要小得多，国土就是今天的东海岸，细细窄窄的，只有十三个州。这些州来自于不同年代自然形成的英属殖民地，大的大，小的小，很不整齐。这里的大小还不仅是指面积，更是指人口的多寡。例如成立最早的殖民地弗吉尼亚，在1780年是七十四万人口，而我们居住的佐治亚州，面积虽大，在那年只有五万六千人，不到弗吉尼亚的十分之一。算起来，基本上是三个大州、十个小州。

既然立法就是大家推选代表在国会定规则，这样，要保护自己州的百姓利益，就是在未来的国会立法投票时，要有举足轻重的分量。那么，什么是多数呢？国会若以"州"为单位计数，大州一个代表，小州也一个代表。这样，小州联合起来，就可以轻易通过对小州有利的立法。小州就不会"人微言轻"。可是，这个"多数"只是"州数"的多数。以人口计算，"多数州"就可能还是"少数人"。大州觉得，民主的多数，当然以"人"为计数单位。否则，大州那么多人，却让顶着"州"的大帽子的少数人定规则管理，还算什么

"民主"?

这在今天欧盟成立的过程中,我们都可以看到和体会到,有英、法、德这样的大国在,小国们何以放心自己的未来?

这就是世界上第一个民主制国家,面对"多数决定"时,从自然冒出来的"大州小州"议题中,凸现的此后将会不断遇到的"少数"的担忧。显然,了解民主制度这个基本原则的人,谁也不想在社会中,成为利益被忽略的"少数"。一开始,问题就出来了:少数也应该有他们的生存权利和合法利益。他们怎么保护自己?

在当时,有各种各样的"少数"的问题存在。而在初生的美国,最先提出的问题是"少数州的地方利益"。各州都要避免成为被忽略、被多数吞噬的少数。所以,小州的方法,是坚持"未来的国会,必须一州一票",避免自己变成"少数"。小州虽小,一联合,就是有力的"多数",这是依靠民主制度、以小变大的魔术。而提出第一个方案的弗吉尼亚,本身是个大州,自然会提出按人口计算的比例代表制,也是为避免在"一州一票"之下,大州变小,"变"成"少数"。

所以,对"比例代表制"反应最强烈的,就是小州特拉华。按照人口比例,弗吉尼亚要选出十六个国会代表,特拉华才能摊上一个。按照总体人口计算的话,他们只占九十分之一。所以,在费城会议一开始宣读各州对代表的任命书时,他们的任命书就非常特别。由于这个会议本身的表决,也有如何计数的问题。特拉华州议会有先见之明,在任命书上规定,假如费城会议上的投票,不是一州一票,而是要实行什么"比例代表制"的话,"州"就不给这些代表授权,他们就可以马上退出会议回家了。

好在，方案不是决议。大会的"委员会制"和"全体大会制"，又给所有的代表留下了充分讨论、反复决议的空间。所以，虽然不同意，但还可以商量。有着最大冲突的难题，一开始就先搁下了。

另一个最受质疑的问题，就是联邦和现有的主权州的关系。按照麦迪逊对"弗吉尼亚方案"的解释，他认为，所谓联邦制，就是以州为运作基础的政府，而所谓国家制政府，则是直接统治民众个人的政府。我刚才提到过，这个跨越对当时的美国，实在太大。大家马上要问：国家制？州怎么办？其实问题后面是大家对"美国"本身的认同困难。

到底是国家制还是要联邦制，其实是"要松散的'联合国'，还是要美国"。这样大的讨论马上会僵住。大会再次避开难题，先易后难。这种做法在这次会议上一再使用：僵住了就拐弯讨论其他容易的条款，再僵住就再拐弯，等解决了容易的问题再回头讨论难的。所以，费城会议的讨论，就像螺旋一样一圈圈地转着讨论，直至最后全部议题都化解开来。

有时候，我们看来很容易的议题，都不那么容易。例如，是不是要设立一个国家级的元首。按说，州有一个州长，国家也就该相应地设置一个行政长官，叫作总统，不是就完事了吗？事实却不那么简单，因为一个小地方有一个行政长官，感觉比较自然，而在当时的世界上，挑出不论哪个大国来，若是有个站在权力顶尖上的人，那肯定就是皇帝了。现在美国这个大国，在行政权力的顶端，站上个人，说是叫总统，怎么看都叫人不放心。就让他统治我们大家了吗？凭什么相信他不渐渐地变成皇帝？

费城制宪会议最根本的困扰，就是是否真的建立一个大政府。在大政府势在必行之后，最大的忧虑，又是如何使得政府权力不变成专制。为了防止这一点，他们出过的方案，现在看来，都有些可笑。比如说，不让总统沾钱——根本不给他发工资。这其实也是美国的一个传统，当时除了一个州之外，都不给公职人员发工资。就是今天在一些美国小镇上，镇长都是义务的，反而是具体的工作人员有工资。因为镇长工作量也不大，自己另外有一份谋生的职业，只是业余当官，为居民服务。这和高薪养廉的思路恰恰相反。

另外，他们还提出过，设立三个并列的行政长官，就是相当于三个权力相等的总统，组成一个执政小组。这个想法其实还是在追寻古罗马的遗迹，他们实在没有同时代的民主大国可以参照。总之，按照富兰克林说过的那句著名的话，就是，我们知道第一个总统会是个好人，可是，谁知道后面会选出什么家伙来呢。而那个大家都知道的"第一个好人"华盛顿，正默默地坐在那儿，一声不出。

这些今天看来并不复杂的问题，在两百多年前，却是很费推敲的困难的事。

宾夕法尼亚的詹姆斯·威尔逊起来主张单一元首。威尔逊出生在苏格兰，在苏格兰启蒙思潮的大本营爱丁堡大学等三所大学接受教育，在美国宣布独立之前十年的1766年，当时才二十四岁的威尔逊，已经受聘于费城学院，任拉丁语教授。之后，他师从约翰·迪金森，学成一位出色的律师，也是一位法学专家。美国历史学家称他为费城会议上最深刻的思想家和最精确的理论家。他也是当年《独立宣言》的签署人。他认为，行政长官办事必须快、决断，而这只有单一元首制才能做得到。

但是也有人反对。讨论到后来，就连宣读"弗吉尼亚方案"的伦

本杰明·富兰克林

道夫,也改初衷,开始发言反对单一元首制,主张三元首制了。

富兰克林是东道主宾夕法尼亚的代表,已经八十一岁,正生着痛风病。他是当地人,就住在两条街以外的地方。我们曾经去参观过他的家,楼下就是他自己开的印刷厂。他每天坐着特制的轿子来开会。他多年在欧洲担任外交工作,是当时美国罕见的具有国际声誉的人。在这个分歧重重的大会上,富兰克林以他独有的智慧、名望,总是在关键时刻起着"和稀泥"的作用。

可富兰克林也反对单一元首制,他认为单一元首制风险太大,一方面是要防止这位元首自我膨胀,再有,万一他生病、去世了又怎么办?缺任期间,谁来管行政?

富兰克林年事已高,但是脑子很清楚。他经常是写好了发言稿,让威尔逊代读。他也不赞成给总统发薪水。他认为,不管行政长官是一人还是多人,都不应该有薪水,因为人都会受野心和贪欲的诱惑,开了这个口子,他就会利用权力给自己涨薪水。他说,英国的高官就是没有薪水的,宾夕法尼亚的教友派也是这样,把担任公职看成荣誉,荣誉重于酬劳。从这里,你也可以看到美国民主政体的欧洲传统。它自然地从上层精英向下逐步扩展。一开始人们都认为,参政者不会来自底层,不会有养家糊口的问题。

在制宪会议上,对于行政、立法、司法这三权,要平衡和制约。从理论追溯的话,原则在古代就有了,可是具体怎么做?其中讨论得最多的,还是立法者和执行者,就是立法和行政的关系。原则上,是立法的一方定规则,身份上是主人,总统照规则做,就是个管家。原则是这样,事实上却并不那么简单。

在当时的欧洲,民主在渐进中,就是从国王大权独揽,到渐渐产生立法议会。立法议会本身,又是从贵族独占议席,到作为平民的上层绅士和商人逐渐分占席位。然后,是君权渐弱而立法议会渐强。直到美国的制宪会议时,欧洲那头的民主演进,还在君权和议会争高低、求平衡的阶段。这样的演进是利益分配的过程,一头觉得不合算了,就会有摆脱对方的念头冒出来。

例如在法国,它的议会是所谓三级会议,出现的年头并不晚,也就是说,就渐进改革的"起步"来说,它并不落后于英国。只是,路易十三的摄政王一强,就把议会给停了。如此打破权力结构的平衡,在英国也屡次上演,只是英国没有像法国那样,出现议会中断一百六十年,也就是政治改革中断一百六十年的糟糕局面。

在北美殖民时期,作为行政分支的总督与议会之间,从来没有过欧洲本土那样兵戎相见的血腥冲突，可是，议会和总督不一致的时候，"法律和秩序"最终得由总督说了算。争议还是靠一边压倒另一边来解决，权力偏大的一头，经常是总督。

这些经验，使得美国的国父们看到，行政分支，似乎总是隐含着很深的皇帝、总督的历史根源和专权倾向。自然渐进的制度改革，就是专权者逐步向民间让权。在一个民主制度下，议会的立法，也不可能有许多执行细则。这些细则往往是留给行政分支制定的。行政这个管家在执行过程中，有相当大的权力膨胀的余地。再说，行政一头是具体操作，对大展宏图自有一套看法，却必须受到议会的约束。事实上，也常常有这样的事发生，就是行政明明觉得自己是对的、议会是错的，却说服不了议会。这种权力制约的机制，也会演变成降低工作效率的牵扯。行政一方干着干着，受不了约束，心生"踢开议会"的想法，这是很容易发生的"正常情况"。

这使得他们对总统很不放心。最后经过充分的辩论，权衡利弊，好不容易才通过了单一元首制，也就是今天美国的总统制。

不仅是总统让他们不放心。北美的形势，也使得他们对所谓代表人民利益的立法议会一头，同样充满警惕。在美国这一段各州的共和制实践中，他们看到，一些州里因欠债者占上风，就通过立法缓偿（stay law）；不想还债，就立法迫使债主接受贬值的纸币（tender law）。所以立法机构的权力膨胀，也同样危险，因为他们可能既损害了自己的长远利益，也忽略了少数人的死活。

再三平衡之后，他们作出的选择，是让这两个分支尽可能没有牵扯。在来源上，不是由国会推出总统，而是国会、总统都分别由各州选出。在决策上，他们相互制约。总统虽然可以提出议案，但必须由议会超过一半的多数通过才能立法。

那么,假如总统不同意国会的立法,又怎么办?他能不能有否决权?富兰克林根据宾夕法尼亚的经验,认为行政否决权不好。因为在殖民时期,总督就有否决权,这往往成为总督敲诈州议会的手段:不同总督讲好条件,议会的立法马上就会被他否决掉。他们在权衡,如果总统没有否决权,行政长官可能沦为傀儡;可是,如果有了行政否决权,行政长官又会不会权力膨胀?

又经过半个月的争论,一致认为,解决的方案是,不给绝对的行政否决权,而是给相对否决权,否决之后,国会还有一次再否决的机会。就是说,在议会立法后,总统可以行使否决权,表达自己的不满。主人吩咐怎么做,作为执行的管家,也有权说,这规矩我根本没法执行。总统否决之后,议会若要再次通过,一半的多数就不够了,就必须要三分之二多数通过,才能压倒总统否决权。这时,总统就必须执行了。这就是直到今天还在运行的做法。

行政、立法两大分支,命定就是不断地在"斗法"。在此后实际的运作中,美国国会就有一些立法,被总统否决之后,永远也休想达到三分之二的强行通过票数。结果,他们就把总统不肯签字的立法,和总统急着需要的立法捆在一起,算作同一个法案。总统按照规定,不能部分签署立法。就是说,同一个法案,总统要签就全签,而不能局部否决其中的条款。迫使总统为了促成自己需要的立法,也就只好把自己不喜欢的立法也一起签下来。这种法案在美国被称为"猪肉桶"。反"猪肉桶",也是今天美国政治改革的一个细节内容。

和行政分支相关的,还有一个任命和解雇的问题。总统虽然是最高行政官，有权任命他自己手下的行政内阁官员，各部部长、外交大使什么的。可是，任命都必须得到参议院的通过。

可假如总统出大问题，又有谁有权力来解雇总统呢？最后他们决定，为了防止行政权力腐败，如果总统有叛国、受贿等不轨行为，作为人民代表的国会有权弹劾。弹劾总统的程序，必须由较为草根层的众议院以多数通过而启动，由更为精英层的参议院模仿法庭形式展开审理，审理过程要由最高法院首席大法官主持。最后经过参议院的三分之二多数通过，才能成功弹劾总统。

弹劾制的来源是英国，可是今天的英国已经废除了这种制度。弹劾制在费城会议进入美国宪法，是他们担心总统万一要发展成皇帝、为所欲为的时候，国会可以合法地把他赶下台。

可是，这也有危险的一面。美国总统由民众普选，而不是从议会诞生，所以，占国会多数席位的政党和总统所属的政党，经常不是同一个党。国会和总统有重大分歧不稀奇。假如国会没有自制能力，那么，弹劾制很可能被滥用，造成国会动辄赶总统下台，政局就不稳定。

可是，在美国两百多年的历史上，国会只有两次动用弹劾程序，而且都没有成功。其中最出名的，就是我们都看到的几年前对克林顿总统的弹劾案了。

"案情"你都已经很熟悉了。克林顿总统在执政期间有了婚外情，非常不巧的是由于其他案子，当时他正好面临独立检察官的调查。于是，他在总统任期中的私人生活问题，被无孔不入的检察官列入了司法调查范围。最后，克林顿内外交困，在大陪审团面前、在誓言之下，面对自己的隐私问题，有了一次"誓言之下"的谎言。

美国法庭要求作证者发誓保证证词都是实话。"誓言之下"的谎言,在美国就是"作伪证",就是刑事重罪。因为证言的可靠,是司法最重要的支柱之一。假如司法证据任凭伪造,作伪证不受重罚,就根本谈不上什么司法公正了。

因此,追究的是伪证行为本身,而不是伪证的内容是否重要。而克林顿总统的伪证行为,最终被事实揭露,导致国会对克林顿总统启动弹劾程序。这是美国历史上的第二次。

现在,一切时过境迁。人们已淡忘了当年的那场大风波。克林顿总统也在正常任满离职、回归平淡之后,出版了他的回忆录。回顾往事,他一方面表示了对个人行为的反省,一方面,却憋着一口气,在回忆录中强烈抨击了国会的弹劾运作本身,指责这是对立政党在政治上的恶意炒作。

这也令我再次回想这个弹劾案的意义。最初引起我注意的,是国会在弹劾案当时的投票结果。在启动弹劾的时候,就"伪证"本身来说,事实已经非常清楚,几乎没有什么疑问。这是弹劾案启动的依据。假如这是一个似有似无、模棱两可的事情,相信弹劾案根本不会启动。

所谓对总统的弹劾,是一个立法机构对行政首脑实施的类似司法审判的机制。审理过程是由最高法院首席大法官主持。参议员作出非常近似于陪审团的投票。但是,这是公开的投票,电视全程转播。后果的差别是,弹劾成功的话,总统受到的处罚只是丢官,而不是判刑。

在这个弹劾案开始之后,我就一直有些疑惑,因为,按照它的程序,参议员们是对克林顿总统"是否做了伪证",投出"事实与罪名相符"或者"不相符"的选择票。根据当时公布的确凿证据,"伪证"几

弗吉尼亚方案

美国国会会议厅

乎已经是一个人皆尽知的事实。

通常来说,正因为参议院的投票是公开的,那么,他们的态度,其实是在选民面前的一个亮相。我在想的是,假如依据对事实的判断来投票的话,全票通过也不是什么奇怪的事情。可是,弹劾没有被通过,几乎又是大家事先都已经预料到的结果。这里的重要因素之一,是美国政坛面对从未料到的、已经走得十分尴尬的棋局,依据他们对宪法的理解,运用了他们政治实践的智慧。

站在今天,我们回头去看这个事件。一个总统犯下"伪证罪",假如国会什么都不做,听之任之,这个国家的立国根本——法治,就形同儿戏了。因此即使在今天去看,弹劾程序的启动,都不是过分的。对总统来说,弹劾启动本身,已经是一个警戒或者说惩罚。但是,是否弹劾成功、废黜总统,又是另一回事儿。

弹劾总统成功,美国历史上还从来没有发生过。追溯费城制宪会议的制度设置，最基本的出发点之一，是防止政府的行政、立法两大分支失去平衡。最危险的事情，是一头过大。也就是说，最怕的是总统可以轻易地合法解散国会，或者是动辄国会能够合法地赶总统下台。这样的事情经常发生的话，说明政府的建制本身是失败的。国家也就可能随之动荡。

因此，在真的面临是否弹劾的时候，议员们又是在非常谨慎地对待这个美国历史上的先例。好在，弹劾本身并不是司法程序，而是一个类司法的国会投票。因此，参议员们有一定的法理上的回旋余地。毕竟克林顿不是卖国贼，事件是一个非常特殊的情况，慎重地对待弹劾，其实是慎重地对待两大分支的平衡。

因此，虽然你可以说，一方面，这确实是两百多年前，费城会议设计制度的成功。因为，宪法规定了，弹劾必须达到三分之二的票数，方能成功。根据两党席位，当时在野的共和党一方，还没有占到三分之二。

可是，从投票情况来看，参众两院的两次投票，分别有百分之二十和百分之十的共和党参议员，投了否决票。也就是说，假设当年的费城制宪会议，定下弹劾不是以三分之二，而是以超过一半的多数票为准，那么，在这个共和党占多数席位的参议院，对克林顿的弹劾仍然不会成功。因为在对手党中，也会产生相当比例的、以克制的态度，来对待可以名正言顺、合法地把对方党总统赶下台的机会。而当年定下众议员以半数票启动弹劾，参议员以三分之二票实现弹劾这样的比例，表现了制宪者保持政治稳定的智慧和技巧。

给你讲着费城会议审慎对待两大分支平衡的过程，我重提克林顿的故事，是让你看到，一个宪法条文的精巧设置，固然重要，可是，它依然只是"纸面文章"。它需要执行者的自律，来完善制度实践的另一半。

这一点，也是费城会议最担心的地方。因为他们知道，要使一部宪法在十三个主权州的联合体、在一个复杂的移民国家正常运作，大半的成功，不是纸上的制度构筑，而是在今后的实践操作。

他们知道，每天，一船船的移民还在到来。他们知道，贫困的美国人正怀抱着希望，兴致勃勃地向西部开发挺进，在日日开拓扩大美国的疆界。他们因此在讨论着新的州如何加入美国的宪法条款。他们在预料一个迅速成长的美国。可是，他们仍然无法料到，美国今天会是这样的规模。因此，他们一边在起草宪法，为管理美国打下基础，一边又很悲观，其中一位代表的想法很典型，他说，"我们的宪法能有二十年的正常运作，就算很不错了。"

结果是，这个宪法成功地运作了二百年，仍然保持着生命力。

好了，下次再把费城制宪的故事聊下去。

祝好！

林 达

民主的困惑

卢兄：

你来信提了个问题。你注意到费城会议在避开民众，你问：这是不是违背民主原则呢？

你确实问在点子上了。除了美国开会议事的老规矩，费城会议还有一条很不寻常的保密原则。会议一开始就约定不公开，议事的内容、过程、结果都不能随意向外界透露。会议代表们都是美国最杰出的社会名流，费城又是当时美国最大的城市，会议开始之后，费城的上层社交圈子，经常把他们当作贵客，轮流邀请。人们至少是好奇吧，都会试着打探会议的内情。可是，一提会议，代表们都王顾左右而言他。

华盛顿将军作为会议主席，从来不发表什么讲话，也是出名的沉得住气的人。可是，在会议中间却发了一次脾气，起因是有代表捡到一页不知是谁遗落在会场中的会议记录，交给了会议主席。第二天，

法国大革命中狂热的民众

华盛顿严肃地重申了会议的保密原则,告诉大家,他不愿意再看到这样的失误发生。之后,他把那页记录留在桌子上,走开了,要"失主"自己领回去。

宪法制定的过程,牵涉平衡协调十三个州的利益。你可以想象,这一点不比把今天的欧盟变成一个"国家"的难度更低。他们估计,就这些代表自己讨论,要达成协议都千难万难,假如会议过程外传,再被媒体渲染一番代表们为各州利益发生的争执,就很容易酿成民众的激愤情绪。假如民众再涌上来逼迫自己的代表:非要如何,或者一定不能如何;那么,任何妥协就都休想达成了。而各方的妥协,看来是会议唯一的出路,他们可不希望这仅有的出路,被外面无端滚来的大石头堵死。所以,保密规定在费城会议期间得到了很严格的遵守。

这条保密规定我也想过很多次。和它非常鲜明的对比,就是在法国大革命期间,民众经常冲进议会、参与议政,把议会变成群众大会。结果,民众的狂热和激进最终把一切逼进死角,法国的制宪和民众暴乱相互交相辉映。宪法是出来了，却没有效力，不能依据宪法建立一个稳定的法国政府，也控制不了混乱的局面。那是和美国费城制宪会议几乎同时发生的事情，晚了没几年。

可是，我们也看到，在两百多年后的今天，美国的议会又是非常公开的。在这里专有两个电视频道，总是在现场报告美国国会的辩论、投票、重大议题的调查听证会等等。并不是说，现在议会讨论的，就没有对民众造成重大刺激的题目。例如，在前一段日子，就有美国国会举行的有关在"9·11"恐怖袭击时，政府对民众是否尽了保护之职的调查。这样的议题除了总统的作证之外，其余的听证过程也是全部公开的。

那么，费城会议的这样一个措施，究竟说明了什么问题？他们瞒着大多数民众，却在讨论着一件和民众密切相关的大事，就像你问的，是不是违背了"民主原则"？

写到这里，我突然想起了这辈子对我影响最大的一位长辈，他曾经一次次地对我这样说过，"在你去分析一件事情的时候，千万不要忘记三大要素：时间、条件、地点"。很高兴我能在这里和你分享他的经验。

因此，你看，所谓民主原则其实也是一个过程，在不同的"时间、条件、地点"之下，是不同的。在两百多年前的美国，在民众的文明程度对于充分民主还没有准备好的时候，已经先走一步的政治精英们，能理智地承认这个事实，避开民众可能发生的情绪激昂的非理性干扰，关起门来，理性制宪。然后，再把一个理智的结果，向民众公布，对民众进行解释和劝导、说服，最终得到民众大多数的认可，投票通过，使宪法得以批准。这是一个既尊重了民众意愿也务实的做法。

他们决议：宪法由各州民众认可批准。这个做法，在美国并不是首创，马萨诸塞州在七年前，就已经采用了州宪法交全民讨论批准的形式。可是，要分别在有利益冲突的各州这样做，困难重重。更何况，他们对当时民众的认知水平很不信任，也坦率地说出对民众的疑虑。所以，我还想对你讲讲他们对"民主"议题的讨论过程，很有意思。

"弗吉尼亚方案"的最后一条，讲的是批准权。所以，他们远在宪法出来之前，就因讨论"弗吉尼亚方案"而开始探讨：如果这次会议有幸达成比较一致的意见，出来的决议就是未来的宪法了。那么，由谁来认可呢？

当然，首先需要现有的邦联政府，即大陆议会的认可。否则，就成了两个政府了。这一认可大家估计不会有问题，因为费城会议几乎囊括了当时美国的全部政治精英，已经包括了大陆议会的骨干。问题是，随后到各州，是由州立法机构批准宪法，还是要由各州民众选出代表专门批准，即所谓"全民认可"。

看上去只是手续问题，实际上回到了前面麦迪逊关于国家制政府和联邦制政府的解释上。麦迪逊认为，费城会议的决议一定要经过"全民批准"，因为如果是各州议会批准，将来的政府又将和现有的松散邦联一样，是一些独立州的联盟，批准的东西只是各州之间的合同，想参加就参加，想退出就可以退出，联邦政府本身没有权威。就像今天的联合国，会员国只是"会员"，国民都是只属于自己国家的，不是"联合国人"，会员说退出就退出了。联合国叫成一个"国"，其实满不是那么回事儿。这正是以往美国邦联的经验。可是，更多的代表对于

"全民批准"、"人民的政府"这种说法本身,又深表疑虑,甚至不同意"全民批准"的做法。所以议题一度被搁置。

这一系列的讨论和搁置,花去很多时间。尽管有了"弗吉尼亚方案"这么一个政府雏形,尽管麦迪逊已经深思熟虑,可是代表们意见分歧,疑虑重重,都表现得优柔寡断,反映了他们内心双重的忧虑和防范心。他们既要防止一个英国历史上克伦威尔式的政府专制,又要防止多数的暴政。

出席费城会议的五十五名代表,有三十四位具律师身份,都精通法律。很多人在州政府的立法、司法部门工作过,还有如伦道夫这样的州长。他们熟悉英国的普通法系统,又富有实际经验。他们有一些人熟悉法国卢梭、伏尔泰、狄德罗、孟德斯鸠的理论,更多的人熟悉约翰·洛克、大卫·休谟和亚当·斯密的理论。尽管他们也各有自己的理念,或者说理论上的侧重点,可是他们知道,理论最终要落到实际才有意义。

现在他们要解决实际问题,理论必须让位于实际,让位于经验。所以,当他们谈起这些欧洲先贤,提得比较多的是孟德斯鸠的三权分立。他们提到,未来政府只能是"共和形式"的,而不可能是"民主形式"的,也因此而引出了费城制宪会议留下的一个最大疑点,就是美国的国父们"反对民主"。

现在大家对民主制和共和制也会有困扰,有时会听到"我们应该要的不是民主制,而是共和制"的讲法。这种说法相当大的一部分来源,就是费城制宪会议。因为在这个会议上,确实一直在说,他们要建立的是一个"共和制"的国家,提到"民主",反而是非常负面的批评。你一定会奇怪,"民主"在费城会议上怎么成了一个贬义词。这确实叫人犯糊涂。那么,所谓"民主"和"共和"的关系究竟是什么呢?

在我提到过的简单定义中,"民主"是和"专制"对立的。那么,"共和"就是和"君权"对立的。在现代民主制度中,各国正在实行的,其实都是有议会的所谓"代议制",也都是宪政制度。可在形式上还是有差别,最基本的两大类是这样的,有皇上的叫作"君主立宪制",没皇上的就是"共和制"。也就是说,在今天,共和制只是民主制的一种形式;君主立宪也一样。

在费城制宪会议的时候,法国大革命还没有发生。欧洲存在着历史悠久的君王。英国的民主过程又是一个渐进过程,所以,君主始终存在。君主立宪制对于他们来说,是最自然的一条路径。君权逐渐弱化之后,君主最终成为一个象征。

到今天,英国人还在讨论:是不是就干脆废除"君主立宪制"的君主,走向共和。总比有个皇上听上去好像要更"民主"一点。因为在今天,英国女王已经没有任何权力,锦衣美食,却好像只是个摆设。我们在电视里,也看到英国记者在采访老百姓,问他们对废除君主的意见。听上去大多数人都觉得,现在的君主像个童话故事:女王要出来的时候,不仅有美丽的车队和卫士,有时还真的像莎士比亚的戏剧舞台上那样,有号手在高高的角落里,吹响那长长的金色喇叭,这么好玩的文化景观干吗要。再说,算下来,养活皇室的费用,摊到每个人头上,一天也就两杯牛奶钱。对于英国人,这实在算不了什么。所以,废君的意愿并不强烈。在我看来,这不仅是个文化上的历史保存,还是政治历史的活化石,皇上又不碍着民主什么事儿,废了实在太可惜。

可是，在过去非常漫长的岁月中，英国王室却不是存废随意的。但是在几百年渐进推动民主过程的初期，对一个千年来已经完全熟悉、习惯了君权的民族，对于这个民族的军队和民众来说，君主的存在，就是民心稳定和服从的理由。这也是一个保证改革过程平稳的条件。所以，英国人的智慧实在不能小看。

既然共和制只是一种没有皇上的民主制形式，那么，在1787年的费城会议上，美国建国者们在选择共和制之后，为什么还会说，我们不要"民主"呢？那是因为，他们当时使用"民主"这个词的时候，表达的并不是我们今天的民主概念，而是指非常容易过激的"希腊城邦式的直接民主"。

美国虽有以州为基础的丰富的"小国共和制经验"，但在1787年，他们面前并没有一个现成的民主制的大国样板，更何况还是这么个复杂的"联合国"。他们也没有你我现在随手就可以拿到的一套一套的现代民主理论。他们的样板往往要到古代的制度雏形中去寻找。

在他们读到的历史文献里，"民主"这个词，就是小小的希腊城邦，什么事情都是大家在广场上，举手表决说了算。在他们看来，那其实是把过多的决策责任过早直接放到了还处于蛮荒状态的民众手中。

"过激民主"就是民众掌握了超越其水平的决策权。这才是美国制宪会议在反对的事情。在他们眼中，这种"民主"几乎就等同于无政府、无秩序、无法律，"过激民主"就可能是暴民做主。在他们看来，"过激民主"与"暴民政治"，其实只有一步之遥。更何况，希腊城邦只是小国寡民，将要建立的美国，可是一个大国。怎么敢随意"过激"，掉以轻心。

要理解十八世纪末期适度保守的民主概念和过激民主，其实很容易，只要看看同时期的美国革命和法国革命，就很清楚了。今天的人们读法国革命历史，会看到革命付出了民众暴乱的血腥代价。而且这样的事情，在各个国家、在不同的历史阶段一次次地重复发生。

一个重要原因，其实是经久不息的、内在的"民主困惑"。民主制度是需要有一个相应的社会文明程度去配合的。这个"社会文明程度"，既是指处于社会上层的政治家，也是指身在底层的民众。事实上，人类社会从专制走向民主的过程，是从文明积累最厚实的那个部分开始推动的。底层民众是社会的最弱势，是最值得同情和关怀的群体。可是，通常人们闭起眼睛不看的是由于文明积累层的薄弱，底层同时也是社会最危险的一个部分。因此，看上去是以民众为主题的民主，在它的源头发展的时候，实际上却是一个自上而下的过程。

民主意识的一个重要来源是人性的觉醒，从而自然地引发出对底层悲惨状况的同情和不平，进而为他们争取权益。正由于这种同情大多发自有比较优越的社会地位、文明程度较高的阶层，或者说发自知识阶层，因此他们的民主意识从起源来说，都是带着原罪负担的。他们非常容易进入的一个误区，就是会不由自主地要美化底层，以平衡自己的原罪意识。他们会在表达对底层苦难同情的时候，在赞美底层的时候，表现得煽情和夸张，以支撑自己的道德感。他们中的一部分，会要求竭力降低自己的文明水准甚至在行为上表现出反文明和粗俗。在法国大革命开始之前，激进的僧侣、贵族们纷纷在三级会议上放弃自己的等级地位，要求和第三等级的平民在一起，其重要原因之一，也是源于这样的心态。在这种心态的支配下走到极端，就会甚至连民众不理性的行为也会加以认同,直到最后形成一个互为因果、首尾难辨的怪圈。

这种倾向具有强烈的道德评判意味,因此,只要一迈腿,就往往走过头。退回来,就比较困难。因为这种倾向符合道德出发点的原始冲动。从法国大革命对平民杀贵族的支持,到一代代的民粹倾向,直至现代美国走到极端的"政治正确",都是源于同样的出发点。在原罪负担之下,承担原罪感的人群往往是不自信的,他们需要他人对自己作出道德上的肯定。结果就是以过激的平民认同和平民倾向,来达到心理和道德需求上的平衡。

所以,我以为知识阶层的所谓道德勇气,一部分应该是表现在对强权的批判上,但更为困难更难做到的,是表现在他不迎合、不取悦于民众上。前者是很容易理解也相对更容易做到的。可是,只有非常少的人,能够有智慧有勇气做到,对强权和民众,都保持应有的独立和批判。这和他是否同情弱者,是否保护弱势人群,其实是两回事儿。

在两百多年前的费城会议上,麦迪逊非常冷静地指出知识阶层和民众的本质差异,他说,有人好像动辄就喜欢提到"人民",奉人民的意见为宗旨,可是,有没有想过,假如人民能够拥有"在座诸位的知识和见识",他们又会是什么想法?

这是法国制宪会议和美国费城制宪会议,在一开始就出现的最明显差别。而这种保守主义精神,至今仍是美国最核心的价值。

可是,美国制宪会议曾经用"民主"一词来表达了"过激民主",使得后世的读者们,常常概念混乱。因为我们往往习惯了死死地盯住"民主"这一个词,而不去看几百年来,它的内涵发生了多么巨大的变化。

美国的建国者也读着法国人充满激情的启蒙文字，可是却沉稳地留在了他们原来的位置上，冷静地和民众保持应有的距离。这是怎么发生的？也许，一方面，美国革命在北美的制度上没有产生任何质的变革。看上去他们废除了君王，可是，那是一个早就被大洋距离推远了、弱化了的君王。而且，他们只是远离君王而去，不是废君，更不是弑君。各州的宪法、议会等，在革命前后大同小异。而美国制宪会议的参加者们，都是这个稳定制度的参政者，是改革过程的决策人，他们对其中出现的实际问题，有切肤之痛。

这就是我已经告诉过你的，在美国立宪之前的四年里，发生过许多问题。其中典型的是罗德岛的问题。罗德岛的议会，那一段时间掌握在"农夫代表"手中，他们是多数，为维护自身的利益，就立法规定，债主一定要接受那些像废纸一样的纸币。假如不接受的话，你不仅拿不回自己借出去的钱，还要罚款。这种借着"多数"侵害债权人的做法，被费城制宪会议的代表们看作是"流氓行径"。就连温和的华盛顿将军，都曾在信中指责罗德岛的行为是"无礼、不当、下流、可耻"。费城会议当然也邀请了罗德岛，可是他们拒绝参加。

基于当时的民众水平，康涅狄格州的罗杰·谢尔曼曾经提出，人民和政府之间的联系越少越好，人民总是想知道得多一点，结果知道了反而会迷失。来自马萨诸塞州的杰瑞一针见血地指出，"人民非常容易成为被假爱国者欺骗的愚民"。还有人说，根据经验，以往的最大毛病都是因为"过多的"民主。他们几乎都同意，如果说贵族专制是一种恶政，那么，无限制的民主也一样糟糕，也会是恶政。

麦迪逊在"弗吉尼亚方案"中的思路，是费城会议的主流。他认为,一个公平的政府不能只由这个社会里的一种人组成,不能只代表社会里的一种利益。在任何社会里,人群的不同,利益的不同,是永远存在的;公平的政府必须代表所有的人群,代表不同的利益,而不是让一种人来统治另一种人。他认为,大多数政府官员应该间接选举产生,使得官员和投票者之间保持一定的距离,从而使得政府不受民众不稳定情绪的操纵。

麦迪逊并不轻易信任民众,他说,"在所有社会里,一旦多数被一种共同利益或共同激情联合起来,少数人的权利就会处于危险之中","在希腊和罗马,富人和穷人、放债者和借债者、贵族和平民,轮番压迫对方,彼此都毫不留情",双方都可能是残忍的。他直言不讳地举了美国当时多数对少数压迫的例子,"即使处在今天这样一个非常启蒙的时代,仅仅因为肤色不同,就构成人类最残酷压迫的基础"。

在费城会议上,仅有的三四个出身底层的人,以亚历山大·汉密尔顿为代表,全部表现出了他们对民众的不信任,强烈主张精英治国。而仅有的几个大声疾呼要信任民众,警告要警惕过分贬低底层民众倾向的人,却是出身名门望族,家产万贯。其实这是非常好理解的,前者从底层挣扎出来,深知其复杂的底细,而后者远离底层阴暗面,就更容易从人道理论出发,更带着民主理想的色彩。

另一件很有意思的事情,是在美国的建国者中间,最有"激进民主"倾向的,其实是当时没有来开会、留在巴黎当美国大使的托马斯·杰弗逊。他有关民众自主权利的言论,在现在看来,是几近完美的现代民主经典。例如,他说过,共和政府的真正基础,在于每位公民都享有平等的权利,包括人身权和财产权。而他当时对民众民

托马斯·杰弗逊

主的热情颂扬,听上去就像是一个法国浪漫作家的翻版。

托马斯·杰弗逊有民主理想的严肃思考,也有浪漫性格和巴黎沙龙结合的情怀。费城会议的"保密规则"传到巴黎,杰弗逊就表示很不满意。

对谢思暴动,当时远在巴黎的杰弗逊,给当时在伦敦的约翰·亚当斯夫人写信,说自己喜欢这样隔三差五地有点小叛乱:"这种抗拒政府的精神非常可贵。"他还写信给亚当斯的一个晚辈亲戚:"假如我们每二十年没有这样一个骚乱,那才是叫糟糕!在一两个世纪中牺牲少数几条生命又算得了什么!自由之树,必须不时地靠爱国者和暴君的鲜血灌溉,方能得到新生。鲜血是自由大树的天然养分。"这大概就是革命前后的法国知识界普遍的气氛。有着浪漫气质的杰弗逊深受感染。直到多年以后,在他和亚当斯著名的通信中,老年的杰弗逊,才开始反思自己当时的看法,他向老朋友承认,自己那时是过于激进了。

杰弗逊有许多非常精彩的民主议论,让今天的学者感叹他思想的超前。然而如若"超前"实践,即突破时间限制的实践,又会是危险的。所幸的是,美国建国初期是保守的主张集权的联邦主义者执政,在费城制宪会议后的十余年时间里,成功地建成了一个共和政府的平台,恢复了美国的信用,建成了法治,然后才轮到托马斯·杰弗逊当选总统。这一"时间表"是美国建国初期的幸运。

可是,往另一个方向走,也同样有值得警惕的问题。

六十岁的梅森是华盛顿将军的老友,"弗吉尼亚州宪法"的起草人之一,"弗吉尼亚权利法案"的起草人,一个坚定的共和主义者,还是一个拥有大片土地的富人。他提醒说,他虽然也和别人一样,对人性弱点表示疑虑,却也担心,是否会因避免过度民主而走向另一个极端。他说:"我们必须兼顾各阶层人民的权利。不管他们的地位高低,要保障每一个公民的福利。"为此,他明确主张,国家立法的第一院众议院,应该是来自民众,同情和代表我们社会的每一个人。他很动情地说:"所谓一般大众,不是很快就会包括我们自己的子孙吗?"富兰克林也一再表示,反对过分依赖精英和过分信任富人。

因此,在他们的意识中,最重要的是不要"过分",是分寸的把握。

必须指出的一个非常重要的事实是,这样辩论的基础,是双方都站在民众利益的基础上,他们是在追寻一个"共和梦"。即便是对民众的能力充满疑虑的一方,也相信自己的立场,更符合大多数人的长远利益。在这个前提下,在这样的辩论基础上,才可能导致在此后美国的发展历史中,两种观点不是走向对立极端的轮换,而是走向互补和平衡。

如何适当处理自己心中涌动着的道德感,如何克制对自己在公众面前树立道德形象的追求,如何维持常识、保持一颗平常心,说出事实，这看上去是知识阶层属于个人修养的小问题。可是，因为它的群体放大效应，成为现代社会知识界最大的问题之一。即使在今天的美国，那些著名的历史学家，在写到这些故事的时候，提到他们前辈的"不够民主"的言论，他们常常会有点害羞也有点抱歉地做着解释。

今天民主进程已经大大深入，知识界对专制的批判已经非常彻底，而对民众的弱点可能导致的暴力和非理性，却常常还是闭着眼睛绕开，或是为其寻找理由。在这个问题上的反省，越来越艰难。因为民主大潮的副产品，就是知识界日益把批判专制、强权，看作是为众人称道的独立精神，而没有勇气悖"民众大潮"而行，持独立思想言论于民众和知识界同行。他们不再有费城制宪者们自然的道德自信。

下次再聊！

祝好！

林　达

罗德岛的故事

卢兄：

昨天你来信说,我在上封信提到了罗德岛的情况,你希望知道更详细的情况。那我就先给你插一段罗德岛的故事。

罗德岛虽然有一些小岛,但是整个州并不是一个岛,而只是一个沿海的州,有着漫长的海岸线。在传统上,罗德岛很少认真执行什么航海法之类,一直是个走私天堂。

在北美殖民地和英国的冲突中,罗德岛最早出来公开暴力抵抗,也最早出来呼吁各殖民地召开一个联合会议,来抵御英国的殖民地政策。1774年6月15日,大陆议会召开的时候,罗德岛派了他们的代表前往出席会议。1776年5月4日,罗德岛是第一个宣布不再效忠英王乔治三世的殖民地。十个星期之后的7月18日,大陆议会批准了美国《独立宣言》。在独立战争开始以后,罗德岛很有名的是他们由印第安人和黑人奴隶组成的团队。罗德岛也一度是支持美国的法国援军的

美国独立战争中的罗德岛英雄雕像

基地,在一些城市里曾经到处是法国军人。

独立战争开始之后,美国独立本身引出的平等、自由观念,给罗德岛的立法带来了变化。罗德岛在它的创始人罗杰·威廉斯的领导下,曾是北美殖民地最早领悟宗教宽容的地方。可是,宽容在人的观念和行为中,实在是一件最困难的事情,所以,罗德岛的宗教宽容后来也曾历经反复。1719年,罗德岛曾立法反罗马天主教。直到独立战争尾声的1783年,他们终于废除前面的立法,给了罗马天主教徒以同等的宗教权利。

在独立战争时期,最具意义的变化,还是一个逐步废奴的立法,提出"应该给予所有的人以生命、自由和拥有财产的权利",该法规定,在1784年3月1日以后由奴隶母亲生养的孩子,将是自由人。在这个"解放法案"之后,罗德岛有了一系列的禁止奴隶市场等等的措施。可是,罗德岛在制度上有一个致命伤,就是它原来殖民时期的政府结构没有什么变化,在一定的气候和条件下,就可能出现危机。

独立战争结束后银根紧,虽有种种原因和解释,其中最直接的原因,是在战争期间,大量正常的债务偿还被中断。现在仗打完了,一切恢复正常,债权人当然开始索债。这时,罗德岛以州本身独立自治的州权主义者的主张,占了上风。罗德岛从1724年开始,就实行有地产有财产的人就有选举权。在北美,农夫普遍拥有自己的土地,而民众也多为农夫。所以可以说,罗德岛是相当超前民主的一个州。罗德岛的州政府,与当时的美国其他州相比,也更容易选出代表底层农夫意愿的州议会来。可是,没想到,这也会出现问题。

在1785年手头紧,又需要还债的情况下,就有人提出以印纸钞的办法来解决。那些懂得金融,说"使不得"的议员们,在报纸上被骂得狗血喷头。1786年春天议会选举,也就是立法机构选举时,这些议员纷纷落选。选出来的新议员们,占压倒性多数是"纸币派"。由农夫们选出来的罗德岛议会,很自然地顺从农夫的民意,顺从了滥印滥发纸币的民众主张。农夫们当然并无恶意,他们只是不懂金融和经济规律。他们不明白,作为钱,印出来的纸币与银币,只要政府说可以用,它们之间还有什么差别。他们不知道,对付经济萧条,就和对付饥渴一样,渴了只能喝水,不能喝毒药。否则,最终承担更大伤害的,还是他们自己。

与此形成对比的,是弗吉尼亚。1785年夏天,弗吉尼亚议会主席理查德·亨利·李警告华盛顿将军说,州议会有人在酝酿,下一次开会的时候,要提出印发超量纸币来解决经济困境。李对华盛顿表达了自己的观点,他认为"哪怕是世界上最强大的敌人,也很难发明如此有效的计划来摧毁弗吉尼亚。可以想象,整个州所有的朋友,每个诚实的、头脑清醒的人,都会来斥责这个恶毒的投机计划"。

华盛顿将军在八月回信说,"我希望永远不要听到有人在这个州提出滥发纸币。愚昧是这种计划的工具,愚昧总是会意想不到地突然发作。"就在同一年,乔治·梅森写道:"他们可以通过立法来发行纸币,可是,就是建立二十个法律,也休想让人们接受它。滥发纸币只是欺诈的恶棍行为。"

就在罗德岛闹得不可开交的1786年8月,华盛顿将军在写给杰弗逊的信中,提醒他注意"其他一些州正在落入滥发纸币的愚蠢而邪恶的计划中"。

后来,弗吉尼亚州的众议会,果然有人提出这样的提案。在议会中,麦迪逊对议员们指出,滥印纸币,"对债权人是不公正的"。麦迪逊还指出,"说它违反宪法,是因为它影响了财产权",用无价值的纸币还债和支付给商人,是剥夺他们的私人财产,"就像在无偿剥夺农夫的一块同等价值的土地一样。那是致命地在摧毁人与人之间的信用;打击交易;奖励无赖;挫败政府的目标;也是在众目睽睽之下,与别的州合谋,使得共和国蒙受耻辱"。

他们的话打动了弗吉尼亚州众议会,1786年11月,众议员们以八十五票对十七票否决了纸币提案。并且宣布,滥发纸币是"不公正的、不当的,会摧毁公共和私人信誉,也会摧毁共和政府赖以生存的美德"。

立法是需要智慧的,可惜的是,1786年的罗德岛议会还缺少这样的智慧。1786年5月,新选出来的罗德岛议会通过立法,大开印钞机,一下就印了价值十万英镑的纸币。

这些完全没有坚实贵金属储备做后盾的纸币,自然从一发行,就开始贬值,最后价格就跌得只剩十分之一,只是一堆被称为是"钱"的纸。政府把"纸钱"作为政府贷款发给民众,让他们用来还债和买东西,而无视债权人、商人的权利,说是这就"解决"了民众还债和购买时现金短缺的"经济问题"。商人和债权人当然不赞同,可是在民众中,他们是少数。

农夫们一开始欢天喜地,可是马上就变得十分失望,他们拿着纸币去还债,债权人不肯按照面值接受,而要求扣除被跌掉的面值。商店要么不肯收,要么按照纸币实际价值换算,标出一个极高的物价来。民众先是大吃一惊,接着怒不可遏。他们真心地认为,一切经济麻烦的根源,就是那些恶意的商人存心捣乱,居然不肯按面值收"钱",商人们反政府的行为理应受到惩罚。

罗德岛的解决方法,还是"立法"。立法机构既然是"民意代表",就回应愤怒的民众要求,在纸币发行一个月后的六月紧急立法,强制使用纸币。该法违反长久以来保护私人财产的传统,强令债权人接受急贬之中的纸币。"法律"规定,那些不肯按票面价值接受纸币的人,或者在出售商品时对银币和纸币的支付,标价不一样的商人,或者试图贬低纸币面值、阻碍其流通的人,初犯者都要接受一百镑的罚款。第二次违反此法,将被剥夺选举权。如果是政府官员,将被革职,也就是剥夺被选举权。该法律的另一个条款是,假如债权人拒收纸币,负债者可以把纸币交到法庭去,法庭就判定你的债已经一笔勾销了。

此法一立,消息顿时传遍北美。于是在具有悠久法治传统的北美,大家都把罗德岛的立法机构当作无赖看待。罗德岛(Rhode Island)被大家叫成了"罗哥岛"(Rogues' Island),就是流氓岛的意思。

为了逃避纸币,小店主吓得纷纷关闭商店。1786年夏天,罗德岛的首府普罗维登斯和它的重要城市新港,所有商家几乎都停业了。平常生意繁忙的商人,现在都聚在一起讨论政治。经济不正常,也必然

罗德岛的街景

引起社会不安宁。商店关门，农夫们就威胁要饿死城里人，他们说，商人不收纸币他们就再也不送食物进城。城市的食品开始严重短缺。水手买不到东西就酝酿武力抢劫商店，愤怒的农夫也在酝酿暴动。

这个强制使用纸币的法律，实行得并不顺利，因为大量的案子一下子蜂拥而来，法庭的审理需要时间，罚款太高，也总是拖延。于是，八月份，罗德岛议会又召集了一次会议，对六月份的这个立法做了一次补充修正。这个八月版本的法令减少了罚款的数额，但是，却制定了这样一条法律：凡是违反该法者，都立即进入一个简化程序的特殊的法庭审理。这条追加的条款规定：任何人如若违反上述法律，拒收纸币，纸币的支付者可以直接到高级法院，或者到案发地县民事法庭的一位法官那里寻求公道。由接案的法官，直接召唤拒收纸币者，在三天之内到特殊法庭接受没有陪审员的审判。该特殊法庭的判决，即为终审判决，裁决结果不得上诉。假如被判定有罪，被告必须立即支付罚款和费用，否则将被县监狱收押，直至判决得到执行。

罗德岛议会认为，所谓法律，只不过就是立法机构的多数决定。他们的立法甚至可以高于正常的司法程序。这项立法，立即就遇到了一个案子的挑战，这就是1786年的"特莱维特诉威顿案"。这个案子成为这场纸币冲突的高潮,成为美国司法史上一个非常重要的案例。

那是在新港市,一个叫作约翰·特莱维特的木匠,曾是独立战争时期的海军英雄,去找一个叫作约翰·威顿的屠夫买肉。这两个约翰看来命中注定是冤家了。威顿拒绝特莱维特递上来的纸币。他说他不能用肉去换一张没用的纸,假如一定要用纸币,纸币就必须根据它贬值的程度,对面值打一个很大的折扣。结果生意就没有谈成。第二天一早,威顿被通知说,他被告上了高级法院。根据这个纸币强制法,假如他输了官司,特莱维特作为检举者,可以拿到一半的罚款。

接案的是高级法院的首席法官蒙弗德。代表被告的两个律师,是罗德岛最能干的两个律师,一个是前州司法部长马侃,另一个律师是当时罗德岛在大陆议会的代表范努将军。

这个时候,许多人,尤其是那些反对纸币的人们,都注意到了罗德岛在殖民时期遗留的政府结构问题,那就是,它的司法分支不是独立的。作为立法分支的罗德岛州议会有罢免法官的权力。议会手中捏着法官的饭碗,法官又怎么敢否定他们的立法呢?

而对于这个案子,这个法庭又是如此重要,因为它就是终审法庭。如果在今天,案子还可以指望上诉到美国联邦最高法院,只要是被最高法院接受,而且是明显违反宪法的案子,几乎十拿九稳可以胜诉。可是,这是1786年,费城制宪会议还没有召开,联邦宪法还八字没有一撇,州就是小国家。自己想办法吧。

1786年9月22日,此案在高级法院开审,由首席法官蒙弗德主持,共五名法官参与审理。这个案子吸引了本来就激动万分的民众。法庭外面,甚至延伸到大街上,到处是拥挤的人群,热闹非凡。不仅是民众,就连议会都不断地在对法官发出威胁。法官面临巨大的压力。

罗德岛的故事　　*087*

谁也不知道审判结果会是什么。

案子最引人注目的，是范努律师为被告做的辩护发言。范努律师指出，按照这个法案，此案审理不受州最高法院的控制，这违反了长期以来的原则，就是最高法院有权复审下级法院审理中超越权限等等错误。

还有一个问题，就是州最高法院即使要判定违宪，也必须有一部宪法。可是，罗德岛在当时的各州中偏偏是两个例外之一。此话怎么说呢？就是在美国最初的十三个州里，只有罗德岛和康涅狄格两个州，是没有现代意义上的成文宪法的。所以，假如法官要判定违宪，也必须先认定，只要是违背了英国传统的普通法，就是违宪了。

什么是普通法呢？说简单也简单，就是它不同于成文法，而是建立在判例的基础上。也就是说，前面案子的裁决，可以成为法律，被后面的案子援引，成为后面案子判决的依据。所以，它有时候被人们叫作"判例法"。可是，它又不那么简单，它是一系列原则和规则的总称。普通法更是长久发展的文明结果，它的背后有公平、保障人的自然权利等一整套观念和制度来支撑。制定法令不能违背这些最基本的观念，法律的至高无上是建立在这个基础之上的。它强调程序公正，其中最具有特色的一条原则，就是"审判必须经过陪审团"。普通法体系认为，陪审团制度是宪政和政治自由不可分割的一个部分。

范努律师针对这一点辩护说，这个案子所依据的法律本身就是错的。因为它剥夺了被告的经陪审团审判的基本权利。"审判必须经过陪审团"，这是罗德岛所依据的英国宪政制度中"最首要、最基本、最起码的一条"。而英国将这条被告的"神圣权利"，通过当年建立殖民地的皇家章程，转到了北美。其中，也包括1663年的罗德岛基本法。

他当庭背诵了当年的皇家章程。他指出,正是因为后来英国政府违背了章程的一些原则,才引发了美国的独立,而当时美国要求独立的起因,很重要的一条正是英国国会企图剥夺北美殖民地人们"审判必须经过陪审团"的权利。这是美国人民在独立战争中捍卫的基本权利之一。

范努律师说,根据殖民地章程,不容许立法机构建立与英国的正常司法制度"矛盾的和不一致的"所谓"法律"。而美国革命"并没有改变"立法机构的权限。

他说:"根据这个法案建立的特殊法庭,不受州最高法院的复审;根据这个法案,这个法庭不被授权挑选陪审员,不让陪审员找出真相。我们想说的是,提供这些条款的这个法案本身,就是无效的。审判必须经过陪审团,是最基本的宪法权利。这是我们一向宣言的权利,一向被认可的权利,也是我们一向拥有的最珍贵、最神圣的权利。立法机构作出的所有授权,都必须来自宪法权利。不是法案在制定原则,而是法规服从原则。立法机构无权破坏、违反宪法权利。因此,这个法律本身是违宪和无效的。因此,这个法庭有权决定,议会的哪些立法是可以接受的、合宪的。也就是说,这个法庭有最严肃的责任,执行最根本的法律,因此,不能也不可以把这个所谓法案,认可为是符合根本法的。"

虽然这是在州一级的层次上,可是,范努律师先于任何联邦文件,提出这样一个思想,就是立法机构通过的法案,必须建立在司法复审的原则上。就是说,法律不是多数人随心所欲的任意规定,它必须符合一定的司法原则,必须"合宪"。

结果，五名法官不顾议会和民众的压力，宣布议会的立法无效。可是它的正式理由，不是纸币强制法违宪，而是它不应该由这个高级法庭来审理。

大众的怒火突然转向，冲着这五名法官去了。于是，议会扬言要弹劾这五名法官。罗德岛议会召集了一个特别会议，要求高级法院的五名法官到议会，面对质问，提供解释。

拖了两个星期之后，1786年10月初的一天，三名法官：霍威尔、哈查德、迪林哈斯特，出现在罗德岛议会，蒙弗德大法官和另一名助理法官，称病而没有去。

在到场的三名法官中哈查德法官其实从政治观点来说，是支持发行纸币的，可是，他也坚决反对立法分支干扰司法。霍威尔法官在议会回答说，他坚决主张，司法分支的判决只对上帝和对法官的良知负责。判断法庭的规则是否合适，已经超出了立法分支的权限。霍威尔法官愤怒地说，制定如此法律，剥夺公民接受陪审团审理的权利，"是把立法分支当成了最高的司法机构——这完全是破坏公民自由的权力堕落"。

他声明，司法独立，法官除了犯罪当受审，对他们判案的质问根本就无须作答。

霍威尔法官还在立法议会面前提到，代表威顿的辩方律师在抗辩中，已经指出这个强制法是违宪的，因此无效。作为个人意见，他也认为该法案违宪，不应具有"法"的效力。而法庭的裁决本身是简单的，还没有涉及违宪这一点。

当时罗德岛议会的水平，和法官的水平实在相差很远，也许根本没听懂里面的道理。于是他们宣布，他们对法官的解释不能满意，并且作出一个提案，罢免法官。他们的意思是，罢免的提案是议会的一个简单表决,只要当场举举手、点点数,就可以通过了。就在议会对罢免法官表决之前,三名法官递交一份由他们签名的请愿书,当场宣读。因为议会早就发出要罢免他们的威胁,所以他们事先就准备了这份文件。法官们要求享有作为一个自由人和州的官员应有的基本权利。他们要求按照必要的程序,来对待和处理他们的离职。也就是说,他们要求"在任何对他们的处理判定和裁决被通过之前,在任何他们的权利被损害之前,必须有一个专门的、合法的裁决机构,对他们进行听证,必须有明确的、特定的指控,并且容许辩解"。在这个请愿书宣读之后,曾担任威顿辩护律师的范努将军,也发表了一个为法庭辩护的讲话。

罗德岛的州司法分支表达了他们对立法分支坚决的抵制。议会变得犹豫起来。他们延缓了罢免的表决,而是通过了另一个动议,就是指示司法部长和够格的律师研究一下,根据法律,在没有特定的起诉、没有犯罪的证据,不依照司法程序、没有审判的情况下,议会究竟能不能罢免法官。

事情变得滑稽起来。一开始是威顿这个被告,被剥夺了经过合法程序和陪审团审理的权利,弄到最后,连法官的这些权利都被剥夺了。

负责接受此项咨询的司法部长切宁和其他律师们,断然否定立法分支有任意罢免法官的权力。可是,在罗德岛,司法是不独立的,他们还是捏在议会的手心里。因为他们每年要被选择一次,他们的抵抗没有实际的意义,虽然议会没有罢免他们,可是,仅仅两个月后,参与这场审判的五名法官,有四名给刷了下去。

罗德岛议会还准备了一条新的提案,内容是:凡是没有宣誓承认纸币面值的人,没有选举权,也不能担任政府职务。可是,实际情形是纸币不仅没有挽救经济,反而打击了经济。商人们纷纷宣称要离开罗德岛,准备移民去外州,而五月份发行的纸币,在十一月份,一元面值已经一泻千里地跌到了一角六分。这条新法案最终没有通过。

在此后的很长时期里,罗德岛在制度上和政府结构上没有产生实质改变。尽管在"特莱维特诉威顿"一案中,范努律师提出了"司法复审"的思想,可是在罗德岛,不仅没有在此后推动州最高法院对议会立法的司法复审,而且司法分支还是在立法分支的掌控之中,不顾改革者们持续的抗议,还是由"多数"来年年选出法官。直到"特莱维特诉威顿"案件过去五十七年之后的1843年,罗德岛有了成文宪法,年年选法官的状态才终结,但议会干预司法的情况仍然存在。直到1856年罗德岛的最高法院,才从立法机构的手心中真正挣脱出来。

罗德岛州议会大楼

那已经是"特莱维特诉威顿"一案七十年之后了。

"特莱维特诉威顿"一案的第二年夏天,就是1787年的费城制宪会议,罗德岛议会拒绝参加。宪法在费城制宪会议被通过以后,要求各州通过。罗德岛整整三年拒绝通过宪法,拒绝参加联邦。当罗德岛终于在1790年通过美国宪法的时候,它已是美国最初十三个州中最后一个正式进入联邦的。回想起它当年第一个起来反抗英国的光荣历史,人们总是说,罗德岛是"第一个参战,最后一个得到安宁"。

1786年的整个罗德岛事件,对于美国的建国者们来说,最触目的不是民众在金融知识上的无知(在其他个别州,也有过短暂的滥发纸币的现象),而是整个过程中,立法分支仗着民意的蛮横。它使得美国在一开始就对"多数的暴政"保持警惕。

这是费城制宪会议的前夜。虽然罗德岛拒绝参加制宪会议,范努将军却非常希望,不仅他的思想对家乡的改变可以产生影响,更能够为当时的建国者们提供参考。他把自己在"特莱维特诉威顿"一案中的辩护状,加上此后法官们在罗德岛议会的自辩,编辑成一本小册子,特地在制宪会议各地代表们进入费城的时候,在费城报纸上刊登出售小册子的广告。虽然在当时的十三个州里,罗德岛是一个异数,是一个非常独特的例外,可是,如范努将军所愿,从这一事件中所引出的种种问题,对这些问题引发的争论,给正在准备中的费城制宪会议,给即将新生的宪法,给即将组成的联邦政府,给美国的建国者们对政府各个分支之间关系的考量,提供了非常丰富的经验和教训。它甚至也影响了一些细节的斟酌。例如,联邦最高法院大法官们的终身制就出于这样的考虑。

美国宪法前十条修正案,也就是"权利法案"中,陪审团制度成为一个重要的内容。1803年，当马歇尔大法官在"马布利对麦迪逊"案子中，历史性地确定美国最高法院的司法复审原则时，清楚地重申，立法分支的立法，并不是权力无限的。在这个时候，虽然美国已经有了成文宪法，可是，美国仍然是一个成文法和普通法结合的、普通法法系的国家。

"权利法案"第九条指出，"宪法中列举的某些权利，不得被解释为否认或者轻视人民所拥有的其他权利"。因为在普通法法系下，这些权利对美国人来说，已经不必细细一一列出。

从此，在美国联邦的层面，判定立法机构是否越界立法，是否侵犯了公民的最基本权利，是独立的司法分支的权力。

好了，这就是罗德岛的故事。下次再回到我们制宪会议的费城去。祝好！

林　达

难以调解的矛盾

卢兄：

谢谢你来信说喜欢罗德岛的故事。你说对费城会议上代表们对"民众"的讨论很有兴趣。是的，这个讨论几乎贯穿会议始终。

读着费城会议的辩论记录，你会发现，他们很自觉地在构筑世界上第一个大共和国，民众的长远利益，是最基本的出发点。读着他们的辩论，常常可以看到大段大段的、完全站在民众立场上的精彩"民主言论"。例如，在讨论立法机构"议会"的时候，有着典型国家主义观点的詹姆斯·威尔逊一边坚持要有一个强势政府，一边表示，这个政府的权力"直接来自一切权力的最终法源——人民"。他说："政府不但应该拥有一般人民授予的权力，而且应该拥有一般人民的想法和愿望。国家的立法机构就应该是整个社会的缩影。"

弗吉尼亚的乔治·梅森说，在现有的邦联体制下，大陆议会代表的是各州，而不是人民。未来共和国的体制完全不一样，它代表的是人民,因此,应该由人民选举产生。"一个真正的共和政府,最重要的条件就是代表们必须和他们的选民看法一致,以人民的想法为想法,以人民的愿望为愿望……天下没有一种政府是绝对完美无缺的,若要成立一个共和政府,选举多少会有一些弊病,这是无法避免的。"

麦迪逊表示,立法机构里至少有一院,称为下议院或众议院,应该是人民直接选出来的,"这是自由政府体制里最明显不过的道理"。

这些话,在今天,我们已经听到千千万万个人在重复。可是,看着费城会议代表的言论,感觉却非常不一样。

当然,人人都会注意到两百多年的时间差距,可是,即使在那个时代,欧洲学者们也已经多次阐述过类似的思想。让我感觉特别的,是他们辩论的氛围。他们在表达的时候,立足点不是在证明自己的思维能力、显示自己立场的正确,而是在一个非常实际的社会管理问题面前,试图理清思路,现实感很强。那不是夸夸其谈,他们谈的是一个马上就要投入运作、必须具有操作性的"实体"。这是他们发言的背景。

因此,他们为每一条规则争得不可开交,他们是在强烈意识到"民智尚未完全开启"、"暴民政治可能形成"的前提之下,发表的"民主言论"。又是在清醒评论政府和民众双重危险性的前提下,坚持共和原则的。费城会议的言论氛围没有一点虚饰的成分,在发言维护民众利益的时候,在强烈批评过激民主的时候,他们都是自然的。读来的感觉,那是一个敬业的也十分职业化的工作状态。

所以,一方面,他们坚持那个时代政治家的概念,共和国的国会是主权所有者,是权力中心。他们同意国会两院里至少有一院直接由选民选举产生,相信"人是理性的动物",相信"社会人"有这样的能力,管理好自己。这时,美国与其他国家相比,还是那么落后的乡土。在最早开发的马萨诸塞州,有些地方选州议员,还在用玉米粒、黄豆计数。约翰·亚当斯却说过,这有什么关系,民众要是愿意,用死鳕鱼计数也没关系。

可是另一方面,他们非常清楚,大量底层民众还在认为,"自由"就是可以无法无天了。

同一个约翰·亚当斯,1775年也曾在费城开会,那是十三州商定独立的大事,当时自由是他们心中的大旗。在回家的路上,他遇到一个熟人,那人显然已经得到北美殖民地要宣布独立的消息,激动地感激着亚当斯,对起义倍加赞赏,他说,你们可真是做了一件大好事,从今往后,我们就可以再也不要什么法院了!这是很典型的民众对自由的理解,令原来兴致勃勃的亚当斯,如同被浇了一瓢冷水,情绪大受打击。

因此,那时的政治精英们也设想了和民众拉开距离的方式。和众议院平衡的另一头,就是国会的另一院参议院。

这是一个大国。虽然美国有过州的共和实践,可是,在他们之前,还不曾有过在美国这样幅员辽阔、人口分散的大国里实现共和制度的先例。麦迪逊曾得出自己的结论:幅员广袤的大国,也许更适合共和体制。他认为,正因为大,正因为辽阔,正因为分散,就有不同的人群不同的利益,这些不同的人群不同的利益互相制约,正是一个好的共和国政府存在的条件。参议院对众议院的平衡,也部分来自不同利益平衡的思路。

对于议会的设想,也有人提出基本维持"大陆议会"的现状。

威廉·帕特森

在后来的6月15日,新泽西州的威廉·帕特森曾在大会上长篇发言,提出一个整体新方案,就是"新泽西方案"。这个方案描绘的构想是这样的:权力主要在国家立法机构,立法机构由一院构成,实行一州一票的原则。这和现有的大陆议会相同。不同的是,成立一个由立法机构选出的行政委员会。各州州长的多数有权免除行政委员会的成员。由行政委员会任命一个最高法院,专事弹劾联邦政府官员,审理涉外案件和涉及赋税的争议。

对于议会,这是一个一院制方案。

参众两院平衡的构想,不是他们的创造。那又是来自英国的议会传统。英国国会实行两院制已经几百年了。当初北美各殖民地设立立法机构,也就仿照英国国会,除宾夕法尼亚外,采用的都是两院制。

后来独立以后，体制依然在延续。领导独立的大陆议会，是在战前匆忙建立起来的政府，相对给人一种特别简陋的感觉，与其说是一院制，还不如说它就是各州派出代表的临时办事机构。因为"大陆议会"除了叫作"议会"的这"一院"，别的什么也没有。

两院制的逻辑是，下院是平民代表，容易短视和情绪化，而上院由比较冷静、智慧、有经验的精英组成，这样形成对下院的一种制约。尤其是在经历过谢思暴动之后，代表们更感觉到这种制约的必要。相比之下，新泽西方案漏洞比较多。

两院制尽管有立法权力的两部分相互制约的优点，但并不是所有代表都喜欢这样的设置。反对设置两院的代表，有两种不同的思路来源。

一种是州权主义者，他们真正反对的，是把一个如同办事机构一般简易的"大陆议会"，一下子扩大，做成一个真正意义上的政府。他们不希望"国与国之间的松散联合"，一夜之间变成一个"整体的美国"。他们担心州的主权受到伤害，认为未来国家还是应该"强州弱联盟"，主权在州。也就是希望费城会议只是把原来的邦联"办事机构"增强一些，但性质不变。

另一种是代表们中的民主激进者，如詹姆斯·威尔逊，他认为既然权力来源于人民，立法议会就应该完全像英国下议院一样，由民众代表组成，根本就不应该让少数精英、元老来制约人民的意愿，不管他们多么智慧，多么有经验。他们认为如果不这样做，那就是违背民主原则了。

可是，这两头是少数。极端州权主义和激进民主观念，在费城会议上都不是主流，占主导的是保守的国家主义，他们的观点是我们既然联合了,就是一个真正的、叫作美国的国家,既要为它建立一个有力的政府,也要对各种权力作出平衡和制约。通过对"弗吉尼亚方案"的辩论,大多数人赞同了两院互相制约的思路。他们赞同这个方案的重要原因之一,还是两院制在英国和各州实行的良好经验。

6月19日,全体委员会对"弗吉尼亚"和"新泽西"两个方案的取舍进行了表决,结果新泽西方案被放弃了。

会议通过了第一院由民众普选产生的方案。对第二院则提出了四种方案:参院由众议院推选,由国家元首选派,由人民选举,或者由州议会派出。

当时考虑到美国幅员辽阔,各地的土地和商业利益各有差异,不同地方的利益往往互相冲突。如果由民众直接选出,那么参、众两院就将一样,由人民中的多数派占主体。这样,民众少数的利益就会受到压制,不能平衡众议院中由民众多数利益占上风导致的压迫。所以,它的产生方式应该不同于众议院,最后,会议决定由各州立法议会派出。

要选举,就要讨论选举权,假如说政府权力的来源是人民,那么,"什么是人民"?

在费城制宪会议上,关于选举权的讨论,比较一致的看法是,有选举权的人是那些拥有自己的土地或财产的人。因为,他们认为权利和责任相联系,"有恒产者有恒心",能够信任的,让他对国家政策、社会管理有投票权的,必须是有责任心的人。

因此,在当时美国的大多数的州宪法里,也都规定选民必须是拥有一定财产的人。例如,当时的纽约州州宪法规定至少拥有二十镑,马萨诸塞州则规定六十镑。对这一点,我常常看到人们误解,认为这样必定是一个富人在做决定的国家。其实不然。

举个例子吧,在1776年,《弗吉尼亚宪法》规定,成为选举人的条件是:精神健全,成年男子,持有四分之一英亩的城镇土地,或者持有二十五英亩的乡村土地。二十五英亩,一百五十中国亩呢!参选的还不都是地主啊?可是,看一下当时的美国历史背景,就会明白并非如此。例如,身为弗吉尼亚公民的华盛顿将军,在十七岁那年,做了一年的土地测量员,一年工资攒下的钱,就已经足以买下一个大片土地的牧场了。可见,对选民的所谓财产要求,远不是什么苛求。美国土地之易得,是当时吸引大批欧洲移民来美国的原因。

在制宪会议的一百年后,"无偿获得土地"仍然是美洲在欧洲最有力的广告。在十九世纪,佐治亚州仍然用摇大木桶抽签的方式,给居民分配大量土地。在西部开发地区里无偿土地分配的时间更长。前几年由两大明星主演的故事片《大地雄心》,生动地再现了美国历史上的真实情景——1889年4月22日那天,在俄克拉何马州的一个小镇举行的跑马占地。影片讲述的移民故事,几乎是每个移民艰辛经历的缩影。正因为有这样的艰辛垫底,最后那奔向土地的激情,才显得如此动人。影片在主人公获得土地的一瞬间结束,可是,我们可以想象,他们此后将以怎样的热情为自己劳动,打出自己的粮食,盖个小屋,这就是他们的"美国梦"。在费城会议的代表们心中,这些辛勤的劳动者,就是美国的社会中坚,他们就是最理想的"人民"。直至今天,"辛勤劳动者"(hard working people),依然是一般美国人对人的最高评价之一。

当时的美国就是这样一个大乡村,地多人少,大部分人以务农

电影《大地雄心》剧照

为生,一个由移民组成的未开发国家。在这里,垦殖受到鼓励,只要肯做,不愁无地。在占人口大多数的白人中,真正没有土地的是少数人。这是大多数美国平民令前来旅行的欧洲人感慨的原因:新大陆的人对生活充满自信。这也是人们多半不信任那些绝对无土地和无财产者的原因,因为得到土地太容易。他们依据经验认为:没有土地多半是好吃懒做、游手好闲的标志,还是缓一缓再把他们引入政治吧。

顺便向你提一下,那个时候的妇女,大多早早结婚生子。当时的人也很难想象,一个家庭主妇,会和丈夫有什么不同的"政治倾向"。所以,妇女没有选举权,在两百多年前的美国,也是很自然的事情。

那么,联邦制政府究竟要不要像州宪法一样,对选举权作出财产规定呢?从制宪会议的讨论可以看到,他们只是想建立"负责任"的政府,而并不是想建立"富人政府"。因此,大会的最后决议，对选举权的财产限制，由各州根据情况自行规定。他们预留这个空间，是预期到随着民众水平的提高，这些限制会被逐步取消。因为他们已经看到，在州一级，已经在逐步这样走，如宾夕法尼亚、特拉华和新罕布什尔州在那个时候，都已经取消选举权的财产条件了。

参众两院的产生方法和选举权定下来以后，大会终于开始涉及国会和州议会的关系。它的要害是，如果州议会的立法和国会的立法冲突，国会有没有对州议会立法的否决权。

主张一个强有力的国家政府而同时又为民众大声疾呼的詹姆斯·威尔逊，是坚决主张国会否决权的。他说，联邦自由权对各州来说，就像公民自由权对个人一样。大自然里未开化的野蛮人，要组成社会，取得作为公民的自由，向文明迈进，他们就首先得放弃个人在自然界的自主权，把自主权力委托给社会。他说，这是不可避免的，如果不是这样，各州就还是自行其是，各有野心和猜忌，国家最终就还是支离破碎的。

就在这时，小州特拉华的代表起来说话了：如果国会有否决权，那就应该保证小州和大州平等地在国会里拥有同样的席位，否则，小州就太容易给吃掉了。

会议开始时暂时避开的大州和小州的矛盾，终于又一次浮出水面。特拉华和新泽西等小州表示，不管国会采用什么形式，他们绝不会同意国会采取人口比例代表制。如果非要这样定，特拉华州代表就将不得不退出会议。这个问题使会议又一次面临散伙。

僵局很难打开。你只要站在任何一方的立场去想，都是有理的。

这种矛盾无法化解的状态，是费城会议最微妙的时候。在这湿热的夏天，这些衣冠楚楚的绅士，一边不停地擦汗，一边倾听和辩论，在似乎没有出路的问题上找出路，坚持着，却没有散伙，实在是一件很不容易的事情。

坚持有种种原因：华盛顿将军始终如一，天天准时出席，以极大的耐心和克制力保持现场的气氛，是一个重要原因。八十一岁的富兰克林几次发言，劝诫代表，也在关键时刻起疏导和缓解的作用。会议的议事规则也无疑起了很大的作用。这些规则使得会议的走向有尽可能大的拐弯空间，尽可能避免毁灭性的"撞车"。但是，最终还必须有一条看得见摸得着的具体出路。

就在这个时候，康涅狄格州的罗杰·谢尔曼，指点了一条出路。

谢尔曼六十六岁了，属于代表们当中年纪比较大的智者型人物。在美国政治制度史上，谢尔曼起的作用和他留给后世的名声很不相称。现在，人们很少还记得他、提到他。只是在康涅狄格州的西部边境上，还有一个小镇以他的名字命名。而他在当时的作用，就像华盛顿将军一样，几乎是不可替代的。罗杰·谢尔曼是唯一签署了建国时期所有重要文件的人：他签署了1774年北美殖民地表明反抗英国的宣言和决议案，同年还签署了抵制英国产品的联盟；他签署了1776年著名的《独立宣言》，是这个宣言起草委员会的成员。他也是起草《邦联条款》的委员会成员，签署了《邦联条款》。他参加了第一和第二届大陆议会，这两届议会组织了美国革命，发动了独立战争。

谢尔曼的出身背景和弗吉尼亚的政治精英有所不同。他出生在马萨诸塞州的一个农业小镇上，父亲拥有七十三英亩土地，是当时一个典型的北方农夫。他后来搬到相邻的康涅狄格州。从现代民主的观念

罗杰·谢尔曼

来看,殖民时代的北方新英格兰各州,比如马萨诸塞和康涅狄格,要比南方殖民地更民主一些,英国王室让它们拥有更多的自治。这种传统可能和《五月花号公约》的历史背景有某种渊源。

谢尔曼年轻时做过各种工作,还在耶鲁大学开过餐馆和书店,后来成为律师、法官,直至升任康涅狄格州最高法院的大法官。但是他和其他政治精英不一样的是,他长期依靠担任公职的薪水来生活。这是因为,康涅狄格和其他大部分州不一样,在那里担任公职有报酬。他是那个时代十分罕见、历史上记载的唯一的全日制政治家。从他担任公职到七十二岁去世,一天也没有中断。

一个长期从事公共事务的人,必然是一个很现实的人。他能够很好地控制和隐藏自己的喜怒哀乐,懂得怎样引导旁人随他一起思考问题，最重要的是，他懂得可能的目标是什么，怎样让旁人和他一起达到这个目标。虽然他的一口北方话，在当时南方弗吉尼亚人占主导的美国政治精英圈子里，显得土头土脑。而且，他说起话来也不像弗吉尼亚人那样引经据典、文采飞扬。可他总是有很强的说服力。连托马斯·杰弗逊都很佩服他，说这老先生从没说过一句蠢话。在政界小圈子里，大家传诵着他的一些故事。比如说，他告诫从政的同僚："如果你是少数，多多发表意见；如果你是多数，专心投票即可。"

很自然，这样务实的人必然是现实主义者，是注重经验的，而且是顽强的。他习惯于政治生活中的歧见纷纭，他也明白政治活动的最终目标是互相说服；达成一致方为政治成果。他认为政治是"可能性的艺术"，政治也需要想象力。对他来说，政治冲突中的商讨、妥协让步，都是正常的。只有这样，才可能和平地达到一致。

对谢尔曼来说，正在讨论的问题是老问题了，早在1776年大陆议会讨论《邦联条款》的时候，代表们就已经为"比例代表制"还是"相等代表制"，争得不可开交。局面也是差不多，以大州小州分野，相持不下。当时，谢尔曼提出过这样的出路：代表人数按人口比例，但每个提案需通过两次，一次是以州为单位投票，多数州同意算通过；另一次是代表们个人投票，多数人同意方通过。这样，前面一次代表州，大小州相等；后面一次代表人民。不管这个方案的可行性如何，它在1776年也显得太不平常，因为那时的人一心联合十三个殖民地揭竿起义，走向独立，要紧的是所有州的参加。很少有人有"闲情逸致"做这样的"制度设计"。

大陆议会最终采用的是一州一票制，随即匆匆走向独立战争，谁也没有对"谢尔曼方案"多加注意。现在回头看,现实主义的政治家谢尔曼,在解决政治分歧时,提出的妥协案真是很富于想象力。

十一年过去了,大州小州在未来国会两院的代表制问题上相持不下、找不到出路时,谢尔曼又显示出他独特的政治智慧和技巧,他建议:作为第一院的众议院,按人口比例定席位;作为第二院的参议院,不论大州小州,每州一席。大家各让一步,路就可以走下去了。

康涅狄格州代表罗杰·谢尔曼提出的这个方案,史称"康涅狄格妥协案"。

康涅狄格是小州。所以,其实是小州开始让步。但是,大州对此不感兴趣。当然,大州首先是考虑未来的利益,可对于弗吉尼亚州的麦迪逊和宾夕法尼亚州的威尔逊来说,比例代表制不仅涉及大州的权益,更是权力归宿的原则问题。比例代表制表达的原则是,权力来源于人民;而平等代表制则象征着,国家权力来源于州,是州转让给国家的。他们认为,坚持比例代表制,就是在坚持共和制的原则。所以,书生气十足的麦迪逊,坚持不要采用谢尔曼妥协案,坚持两院都采用比例代表制,并要求全体委员会表决。

美国十三个州,出席费城会议的只有十一个州。罗德岛拒绝出席,新罕布什尔州的代表由于旅费没有解决,尚未抵达。会场上,真正的大州只有三个:弗吉尼亚、宾夕法尼亚、马萨诸塞。那显然是少数,肯定要输,麦迪逊为什么要求表决呢?

原来,当时南方的三个蓄奴州北卡罗来纳、南卡罗来纳和佐治亚州,人口虽少,但地域广大,自认"人口前景"辉煌。相信未来会有大量移民迁入,可望迅速升格成为大州。同时,他们还担心北方小州们结成的联盟过于强大，会干涉南方的奴隶制。所以，干脆站在大州一边。麦迪逊算到三个大州和三个南方州联盟，就达到六票，可以成为会议上的多数。果然，全体委员会表决结果，他们以6：5占多数。

这一结果是小州无论如何不能接受的。他们威胁说，如果大州一意孤行，小州就只能退出合众国。

之所以合众国的代表们在费城聚会，之所以坚持不散伙，一个最重要的原因，还是这些各州的精英代表们坚信，这样的联合对各州民众都是有利的，这是一个互利的联合。这和今天的欧盟要联合的道理是一样的。

大州派或许更认为，小州在经济上难以独立生存，要依靠相邻大州的市场和运输线，特别是港口。比如特拉华州，在经济上紧密依靠宾夕法尼亚州，它除了和宾夕法尼亚州一起加入合众国，没有别的出路。因此，大州期待着小州为经济条件所迫，做出更大的让步。可是，也有几个小州在经济上完全可以独立。纽约州、罗德岛和康涅狄格都有自己的港口。再说，彻底的比例代表制即使在会议上被小州代表接受，他们回去也很难通过"人民批准"这一关。

分裂似乎已经形成。这时候，会议制定的全体委员会的形式，开始起作用：刚才的表决，只是"委员会"向"全体大会"提出的"建议案"，并不强制生效。即使是大会通过，根据会议规则，代表还可以改变主意，而不必提供任何理由。只要有异议，就可以重新表决，甚至反复表决。

规则上的回旋余地，起了巨大的作用。会议有多数决定的民主原则，却没有硬性界限，也就不容易出现刚性断裂。他们遵从如游戏般的规定,同一班人马,一本正经地从"全体委员会"会议,又转入了"全体大会"的辩论。这时,新泽西州代表威廉·帕特森向大会要求休会。小州需要一点时间,商量对策。

当时的纽约州比较特殊,论人口它还是小州,它派出的主要代表却是比较激进的国家主义者亚历山大·汉密尔顿。他和本州的代表意见不合,并不积极参与他们的会后活动。

小州联盟在北方,只有马里兰州和南方相连,处南北之间。有趣的是,大多数小州代表是国家主义者,倒并不主张保留太多的州的"主权",而是希望有一个强有力的国家政府,保护小州的权益。可是,如果这个国家政府是大州占压倒地位,大州说了算,小州岂不是希望落空。这样的国家政府对他们还有什么意义?

这和平民需要一个有管理的社会、要一个政府的道理是一样的,那是一个自然形成的利益诉求。个人在人群中非常弱小,可能被强者吃掉。他因此需要一个社会保护层,有法律抵挡强人,有地方可以申诉,有政府力量的保护,如同在身上加一个保护性的外壳。因此,人的联合、政府组织自然形成。可假如政府非但不提供保护,反而迫害平民,老百姓难道是疯了会喜欢要一个如此"政府"?

还有一个有意思的事情是,小州代表的主要活动家,除了特拉华州的约翰·狄肯森,其余三位:新泽西州的帕特森、提出"康涅狄格妥协案"的谢尔曼和马里兰州的路德·马丁,都是小镇上成长起来的,都出身于农夫或者小店主家庭,是底层出来的平民政治家。而其他代表,尤其是大州的代表,则几乎都是出身于富有的地方士绅家庭,有着不同的心态。

经过一段搁置,也经过再三争辩之后,罗杰·谢尔曼再一次提出了他的妥协方案：第一院采用比例代表制，第二院采用相等代表制。

大州再次反对。

小州代表已经表明：他们能接受第一院采用比例代表制，同意退让一步。也就是说，一半的妥协已经达到了，但也表示，他们绝不会在第二院做出同样的让步。他们已经退到了底线。

同时，以马里兰州的路德·马丁为代表的州权主义者，也在大会表达自己的观点，做出了最后的努力。对他们来说，州是各人的国家，主权属于州，爱国就是爱自己的州。各国不论大小，主权一律平等。对他来说，人生而平等就体现在大州小州是平等的，只有州与州平等了，人与人才平等。尽管这些小州代表也希望建立一个强有力的国家级政府，但是他们认为这一政府是主权在各州的联邦。想想今天的欧盟，也许他们是现代意义上真正的联邦主义者。

1787年6月底，费城会议辩论表决来回折腾，越过了一个又一个严重分歧，最后终于在立法国会第二院的代表制问题上相持不下，而且也无可回避了。看上去还是大州和南方的联盟占了多数，但是小州们已经明确表态，如果再要他们退让，就只能退出会场了。

制宪分裂在即。

这时候，平时由于年老体衰而很少即席发言的本杰明·富兰克林要求在全体大会上发言。他似乎怀着伤感说，我们这几个星期的讨论，几乎每一件事情意见都不一样，只要有人提出什么，一定有人反对。这种众说纷纭的状况，只不过是再次证明，人类的理解力是多么有限，我们是多么缺乏政治智慧。我们在此寻找：我们回溯到古代历史中去寻找合适的共和国体制，它们各有缺陷，都不复存在；我们也在欧洲现有的国家体制中寻找，却没有一个能适合我们的要求。我们的大会就像在黑暗中摸索，想要找到政治上的真理。可是，即使真理出现在我们面前，我们也没有能力辨别，不知道真理是怎么来到的。

然后，富兰克林带大家回忆，当年决定对英开战的时候，那是多么令人惶恐的时刻。也是在这间会议厅里，大家祈求上帝保佑。富兰克林说："我们的祷告，主席先生，上帝听到了。上帝仁慈地回答了我们的祈求。投身于这场斗争的我们所有人，一定都注意到至高的上帝在护卫着我们……主席先生，我已经活了很长时间，我活得越长，越相信这个真理：上帝掌管着人间的事务。"

他接着说："我坚定地相信这一点，我还相信，没有上帝的赞同，我们此刻在从事的政治建设，结果不会比巴比伦塔的建设者好到哪儿去。我们将为了本地的私利而四分五裂，我们的计划将失败，我们将成为后世的笑柄和耻辱。更糟糕的是，从我们这不幸的先例开始，人类将绝望，将不再试图用人的智慧来建立政府，而把政府的建立交给机缘、战争和征服。"

他再次提议，请一位牧师来，每天早晨带领与会代表祷告，祈求上帝保佑和祝福。富兰克林想唤醒代表们的谦卑之心，以此避免会议的瓦解。富兰克林提议后，希望妥协的罗杰·谢尔曼立即附议赞成，但是汉密尔顿和其他几位代表担心，请牧师带领祈祷，会让外界猜测会议的分裂，民众的不安将使得会议更加困难。而威尔逊再次指出，会议没有这笔经费。

眼看就要表决了，小州代表们破釜沉舟，已经下定决心，如果大州把比例代表制强加给第二院，他们就只能退出会议，小州就随之退出合众国。

这也是合众国即将面临分裂瓦解的一刻。

　　接下来，似乎在回应着富兰克林对上帝的呼唤，发生了几件很巧合的小事，却间接地影响了重大的结局。

　　今天晚了，下次再给你写吧。

　　祝好！

林　达

伟大的妥协

卢兄：

上次我们聊到费城会议最大的僵局，就是未来国会的代表产生方式。

小州希望，参众两院都采用以州为单位的等额代表制；大州则要按照人口比例推选代表。谢尔曼提出的妥协则是：众院比例代表制，参院等额代表制。小州退一步，同意了。大州却不肯退让。而如果大州观点占上风，小州就没有别的路走，必然退出会议，从而造成分裂局面。

正当会议僵在那里的时候，有三个南方来的代表，相约搭一辆马车，匆匆离开费城去了纽约。他们三个的名字都叫威廉。佐治亚州的威廉·皮尔斯、威廉·费乌和北卡罗来纳州的威廉·布拉特，这三位威廉在会上都不很活跃，很少发言，看上去，少了他们也无关紧要。他们都是本州里派在大陆议会的议员。大陆议会此刻还在纽约市办公。这时，大陆议会有一件事需要表决，在这三位威廉看来，这项表决也很重要。所以,他们临时离开费城,去纽约尽自己的职责。这样,南方州佐治亚的四位代表,只剩下了一半。

还有一个人的表现也很值得玩味。他是马里兰州的代表杰尼弗。杰尼弗出身望族,家境富有,和乔治·华盛顿将军有多年的友谊,在马里兰州和大陆议会都从政很多年。他是会议上年龄仅次于富兰克林和谢尔曼的人。他算是国家主义者,接近大州观点。马里兰州的另一位代表,路德·马丁,是激进州权主义者。他们两人在投票的时候,经常意见相左。从而,使得马里兰州的投票,因内部分歧,投票一正一反,常常作废。

7月2日,全体委员会再次表决。在这当口,杰尼弗没有出现,不知去向。赞成参院等额代表制的投票,大致是可以预料的,提出妥协案的康涅狄格州,当然赞成,纽约、新泽西和特拉华三个小州赞成,这是四票。刚才说了,马里兰州两个代表经常持相反意见,可是这天,既然杰尼弗意外地缺席,马里兰州的一票,就由路德·马丁做主了,他自然投票赞成。这样,赞成票已经达到五票。

有意思的是,杰尼弗竟然在投票表决这样重要的时刻缺席,不知到什么地方去了。后来人们都推测,他是故意的。根据记录,杰尼弗在会议上的出席率非常高,很少请假。而且,那天投票一结束,他又突然出现了,若无其事地悠悠步入会场,继续开会。他虽然是小州代表,但是他的政治观点却倾向于比例代表制。在这一时刻,看来他是决定用这种方式做出退让,他让路德·马丁一个人为马里兰州投下赞成的一票,从而为挽救会议免于瓦解,增加了关键的一票。

可是,这还不够。

弗吉尼亚、宾夕法尼亚、马萨诸塞是大州,当然投反对票。北卡

亚伯拉罕·鲍德温

和南卡这两个南方州,加入大州联盟,也投票反对。这样,反对的也是五票。剩下的是当时最落后、最南方的佐治亚州。原来达不成妥协,原因就是佐治亚州也是和大州站在一起的。现在的局面,就看佐治亚州的了。可是这却令人不敢乐观。

佐治亚州是四个代表。由于两位威廉前一天赶往纽约,就只剩下两个代表。其中之一,又是一个威廉,叫威廉·休士顿,他出身南方望族,取大州观点,是反对参院的相等代表制的。另外一位代表,叫亚伯拉罕·鲍德温。鲍德温是个很特别的南方人。他出生在北方康涅狄格州一个小镇的铁匠家。在耶鲁大学毕业后,他迁移到南方的佐治亚州,因为他认为,在落后的地方,就像鹤立鸡群,发展机会兴许就会更多。就像后来的克林顿总统,在耶鲁大学毕业之后,不去首都华盛顿这样的热闹地方谋职,却回到落后的家乡阿肯色州,马上就脱颖而出,道理是一样的。鲍德温在佐治亚州从政的时候,他的教育背景确实使他胜人一筹。在佐治亚州的四人代表团中,他还是领头的。

作为佐治亚州的代表,鲍德温不仅理解大州的观点,他更了解,偏远的佐治亚州地处最南面,最需要一个统一而强大的国家的保护。当时佐治亚州的土地往西一直到密西西比河,包括现在的亚拉巴马州、密西西比州和佛罗里达州的一部分,它和法国殖民地、西班牙殖民地接壤。他知道,不妥协,小州可能真的就要退出,合众国就要分裂瓦解。而孤立无援的佐治亚州,一旦外强压境,末日很快就要来临。另一方面,康涅狄格是鲍德温的家乡,他和提出妥协方案的谢尔曼是老乡。在南方人中,他更理解谢尔曼提出的妥协案。他懂得,参议院采用什么代表制固然重要,但是避免小州退出会议,避免会议流产、合众国分裂,是更为重要的事情。

所以,在本州两名代表缺席的情况下,他的立场就可能是一个"作为"了。他决定一反原来佐治亚州的立场,投票支持参议院的相等代表制。这样,佐治亚州在场的两个代表意见相左,此票作废。全体委员会的表决结果是5∶5,持平。

这一结果使所有的人感到意外和吃惊,全场一片紧张的沉默。所有的人都看到,僵局出现了松动的可能。杰尼弗、鲍德温做出了他们的努力,现在,继续谈判的机会出现了。有人随之提出,成立一个专门委员会,在每州代表团里选一人组成,让这个委员会就此谈出一个方案来。

最为震惊的是詹姆斯·麦迪逊。他费了极大的努力促成这次会议,费了极大努力促成弗吉尼亚方案,最主要的成果之一,就是要达成比例代表制。他认为眼看着就要达到目标了。可是,现在他知道,这个新的委员会提出的方案,肯定要修改他原来坚持的参院比例代表制。

你已经看到了,僵局开始有了松动、扭转的契机,这似乎是一系列巧合造成的。有时候,人就是这样,思维会钻入死胡同,会不由自主地意气用事、固执己见,不肯退后一步、换个角度看看。可是,僵局一旦打破,就有一种思维退出死胡同的感觉。突然间,大家都想抓住这个机会,避免会议瓦解。

成立新委员会的动议以10∶1通过。大会开始挑选新委员会的成员。结果,大会挑选出来的人,都是持比较中庸立场的,里面没有一个是比例代表制的领袖人物。很明显,这就是此刻与会者们的内心倾向,他们突然都意识到,最重要的是会议和合众国,因此会议不能流产、散伙。

乔治·梅森这时写信回家说:人民在期待这个会议,"但愿上帝帮助我们别让他们失望,建立起一个贤能公正的政府"。他写道:"就我个人来说,如果是出钱来叫我开这个会,每天给我一千镑我也不干。当年跟英国造反,建立新政府,和我们现在面临的事情相比,已经算不得什么了。那个时候,大家都兴奋着,激励着人心。我们现在却要完全靠沉着冷静的理性,来思考这个政府体制对那些甚至尚未出生的人的幸福会有什么影响。这个责任,真正是艰巨得无法测量。"

7月5日,新委员会向全体大会提交了他们的建议案。这个建议案和谢尔曼妥协案一模一样:众议院采用比例代表制,参议院采用相等代表制。作为对大州的补偿,这个建议案还提出,涉及赋税和支出的法案,必须由众议院提出。这样,从理论上来说,就避免了小州联合起来侵犯大州利益的情况。

看上去，这一妥协案将是会议必定要接受的方案了。但是，大会还是又辩论了十天。在辩论中，有代表说出了大家心里担忧的东西：合众国一旦分裂，未来州际矛盾甚至可能走到流血冲突的一步，结果必然是强者压倒弱者，而暴力之后必然会引出绞刑架。到了那一步，在混乱之中专制暴君可能随之出现。这是在世界上一再出现的景象：分裂造成流血，混乱呼唤专制强权。是否能避免重复这种结局的路径，全在他们自己手里了。

7月16日，星期一，全体大会对新委员会的建议案表决，关键是在参议院是否采用一州一票的等额代表制。马萨诸塞州的代表们，有人开始倾向妥协，以致造成内部意见分歧，不能投出有效票。纽约州代表回纽约去了，等于弃权。而这两个州，又正好是一大州、一小州。从原来的局势看，并不造成平衡的倾斜。

直至投票结果出来，剩余九票，以5∶4通过了妥协案。也就是说，大州终于吞下他们的骄傲，也退了一步。

几天以后的7月23日，大会决定，在参议院里，每州可以有两个代表，两个代表可以分别投票表决。这样，一州的两个代表就有可能投下不同的票，这实际上也降低了州权在国会参议院里的分量。

7月17日，费城会议正式接受了一个多月前谢尔曼提出的康涅狄格妥协案，解决了未来国会两院的组成、选举办法和代表制。这是当时世界上独一无二的制度。这是费城制宪会议最重要的一天，是一个转折点——会议终于解决了最棘手的僵局，大州和小州达成了妥协。

会议并没有结束，按照会议规则，大州仍然可以随时要求重新辩论和表决。可是，这个结果本身，已经是充分辩论和思考的结果。在决议出来之后，大家也都理解了它合理的地方，直至会议结束，没有人再提出异议。

在今天看来，也许，这不是什么了不起的事情——今天美国的年轻人，对他们两百多年前的前辈，在费城会议上的内心挣扎，甚至会感到不解。因为，从1787年费城制宪会议直至今天，美国发生过许多大的冲突，比如南方和北方的冲突，废奴主义者和蓄奴主义者的冲突，种族冲突，工业地区和农业地区的冲突，富有的财团和贫穷民众的冲突，如此等等。可是，偏偏从来没有出现过曾令他们如此担心的大州和小州的利益冲突。它，从来就没有发生。

美国人几近虔诚地把这次的妥协称作"伟大的妥协"，一代代地作为最基本的公民教育，告诉自己的孩子。他们认为历史上"妥协"的意思，往往是强势的一方，迫使对方让步，这种妥协更有"就范"的意味。而在1787年夏天的费城，美国的建国者让自己也让后人看到，政治是可以这样来达成妥协的。在对美国孩子的教育中凸现这个"伟大的妥协"，是期待后代的美国人，都能够重视并学会以这样的智慧，来处理他们的分歧和利益之争。也就是说，这是民主性格的培养。

此后，美国人的政治生活逐渐养成了这样的习惯：他们认识到，社会各个利益集团往往是天然地相互冲突的，所以要让大家在国会都有自己的代表，把各自的要求讲出来，公开地争辩、讨论，最后，各方退让、妥协、达成协议——因为整个社会的成功，还是依赖于各个不同利益集团的合作的。

费城会议的代表们对自己的变化都感到吃惊。回望会议的一个多月，他们都发现，当他们来开会的时候，做梦也想不到能够达成这样一个妥协方案。为了这个方案，他们每个人都放弃了很多自己原来主张的东西，现在却理解，这样的放弃是必要的，也是必然的。而且更

制宪会议

重要的是不仅他们制度设计的思路,就是他们本身的行为模式,也成了这个会议的一个果实。

1787年7月17日,是一个平淡的日子,却也是美国历史上决定命运的一天。费城制宪会议达成了"伟大的妥协"。不知你是否理解,这不仅是国会的一个选举产生方式的认定,而是通过对联邦政府具体构成的讨论和认定,从这一天开始,各州代表认同了合众国的实质联合,认同了合众国的政府,认同了从此他们是美国人。

理解费城会议的关键,在于理解那是完全独立的十三个"小国"的联合过程。它们曾因"独立诉求"而匆匆拉在一起,成为一个松散联盟。费城会议是真正下决心把它变成虽是联邦,但却是一个国家的整体。所以,宪法按照国家的模式建构,此后的美国就向这个方向走。但距离成功,这段路途还是很遥远的。

这个过程确实困难。今天没有一个国际联盟,能逾越独立国家、独立主权的障碍。迄今为止，欧洲联盟是走得最远的，消除了边界，统一了货币，甚至酝酿出欧盟宪法。之所以这样做，是这些国家强烈意识到联合可以使大家得益。可是，你只要走进任何一个欧洲国家，都马上就会知道，虽然在历史上，欧洲王室通过联姻，导致几个国家归一个国王管，那是常有的事，可要说大家变成一个"欧洲国"，至少是遥遥无期的。而几乎与这种状况相同的美国通过一个费城会议，居然做到了联合，这才是美国人认为费城会议是奇迹的真正原因。

理解这个关键，也是理解美国费城会议的一些重大争议，包括对奴隶制问题处理的钥匙。

这些小国家之间当年的差异，远比我们想象的要大。我前面说过，由于陆路交通的困难，它们相互之间联系不多，而通过海路和欧洲的联系却更多。差别最明显的是在南北各州之间。在当时，对主权最敏感的，还是南方蓄奴州的代表，特别是卡罗来纳州和佐治亚州。我曾经给你讲过美国种族问题历史的许多故事，所以你也知道，南北矛盾、蓄奴州和废奴州的矛盾，远在费城会议之前，就浮出水面了。

北方各州，宗教信仰渗透着社会生活的倾向，道德诉求比较强，强调自然法，强调人生而就有的天然权利；而南方以弗吉尼亚为典型，有悠久的法制传统，强调遵循普通法旧制，强调法律和秩序。虽然大家都务农，可南方和北方的农夫也不一样。北方全是小家庭耕作，更多的自然经济状态，生活首先强调自给自足，剩余的农产品才换成现钱；而南方是庄园经济，大规模生产单一的经济作物，比如水稻、烟草、靛蓝染料、木材等等，出口到欧洲。这些背景的不同，使得南北在对待奴隶制问题上的差别很大。

南方地大，气候更暖和，出产更丰富，庄园也更富有。尽管人口稀少，可是大家都预料将有大量移民前往南方，特别是它西面的大片"空地"，大家都看好南方各州未来的强大和后来居上。但是这种南方特有的庄园生活和美好前景，都依赖于一个条件：奴隶劳动。和北方不同，南方的宗教，几乎不对这种奴隶制度提出道德上的指责；南方的法律观念，是对秩序的强调，认为维持秩序，就是用制度和强力使得各个阶层"各就其位"。因此，南方不仅不会对奴隶制这种传统遗产提出疑问，而且在一些持极端观念的南方州，其法律之苛严和监狱的苦役及虐待的传统，也是作为美国精神主流的北方想都想不到的。虽然在奴隶制时代，但监狱里其实绝大多数是底层白人。至今在南方，还有相当多的人简单地认为，进监狱的坏人就是应该做点苦工、吃点苦头，否则怎么叫作惩罚和训诫，怎么维持他们最看重的"秩序"？

在那时，北方新英格兰地区，黑人只占人口的百分之二点五，而在南方则高达百分之四十。就在费城会议的时代，南卡罗来纳州三十二个县中，有十五个县的黑人人口高达百分之七十。南方的庄园主，除了土地之外，要说有什么财产的话，就是拥有黑奴了。黑奴是南方庄园经济的命根子。美国南方气候炎热，在酷热下的沿海低地庄园里大规模种植水稻等农作物，是欧洲来的白人农工无法忍受和适应的，只能大量依靠黑奴。

如今，在南卡罗来纳和佐治亚州的沿海平原地区，还有许多当年庄园的遗迹。我们去参观的时候，工作人员经常告诉我们，当年白人到了夏天就得搬到西面高地去，因为受不了低地的炎热潮湿和蚊虫肆虐。但是黑奴就被迫留下来照管水稻田。恶劣的劳动条件使得黑奴寿命大为缩短。可是，当时的南方庄园经济已经离不开奴隶劳动。所以，美国的历史课本上都说，是奴隶制定义了美国南方。可想而知，作为南方蓄奴州，特别是卡罗来纳和佐治亚，当然绝不愿在废奴问题上让步。

　　费城制宪会议的性质，决定了它不可能强制南方立即废奴。因为这是一个商讨联合成一个国家的会议，是共同协商、为这个国家建立政府的会议。也就是说，一个能够为美国各州建立共同法规的国会，还在纸上；一个执法的总统和他的内阁班子，还在纸上；一个能够对各州法律做是否违宪判定的最高法院，还在纸上。就连宪法本身，也还在纸上酝酿。也正因为是"民主商讨"，在这个费城会议上，根本没有一个超越各"小国"主权能力的主宰、制约力量。与会的代表都知道，这个力量，这个联邦政府，哪怕在纸上通过，要真正起作用，都还将历经多年的小心营造，才可能真正有所作为。

　　许多美国的历史学家都注意到，费城会议是一个制定管理方式的务实作业，几乎没有什么有关自然法的理论探讨和争论，很少涉及形而上的讨论。我觉得历史学家这样的看法是对的，代表们认为，合众国立国的形而上原则，在《独立宣言》中就已经基本解决了。更为深入的研究探讨，如伦道夫所说的，更适合学术界来做。而"我们的职责，是针对那些已知的权利，在它们经过社会生活的修改之后，并且和我们所谓的州权相互作用下，为它理出一个头绪来"。

　　当时，这些差异很大的小国家们，在商讨联合成一体的时候，相互的关系是平等的，北方代表们对他们不满的事情，可以表达，可以做道义谴责，却没有制约权。而伦道夫的话，其实是婉转道出了大家面对的事实。那就是，他们暂时还无法理想化地、一步到位地实现自己追求的自然法原则。所谓"生活的修改"，就是历史的发展事实，所谓"州权的相互作用",就是你不能在联合之始,一上来就完全废除原来的小国主权,也不能以人道为理由,立即掐断它久远以来传统的经济命脉。因为联邦当时没有一分钱,没有任何能力,去补偿南方中断原有生产方式会出现的经济灾难。伦道夫所谓的在这些前提下"理出一个头绪",就是作为先进地区,只能面对不同国家历史的遗留现状,来探讨如何制定管理的构架,为理想的逐步实现,创造一个最大的可能。同时,也让落后地区有一个缓冲渐进的空间。废奴问题,就是如此。

奴隶制问题,其实分成两部分,一部分是黑奴的进口问题,一部分是禁止奴隶身份,即占据黑人为财产的问题。

黑奴进口问题,主要是南卡罗来纳、北卡罗来纳和佐治亚州坚持不肯废除。这三个州庄园经济形态的现状,加上黑奴劳动寿命短,所以需要不断补充。早在1779年,即美国宣布独立,还在打独立战争的时候,除了这三个州以外,其他地方都已经立法禁止奴隶进口了。而在费城会议召开的时候,北方马萨诸塞州法庭已经判决废除奴隶制,北方其他各州正在陆续跟进。废除奴隶制在北方已经不是一个问题了。

可是对南方三州,当时能做的只能是给它们留出转弯的空间。最后费城会议达成的妥协是,给二十年的余地,容许它们继续进口黑奴至1808年。同时把奴隶制的存废,留给各州自行处理,也就是说,他们寄希望于由时代的进步去解决这个问题。这一点,两百年来,无数次地被历史学家和学校的学生们称之为费城制宪会议的一个缺陷、一个污点。可是,当时的费城会议代表们确实并不认为,费城会议有权宣布当场废奴。因为他们根本不是立法机构,他们只是在制宪。

谈到美国的建国历程,人们不会忘记,相对当时的欧洲国家,他们幸运的是没有根深蒂固的国王、贵族的旧制度负担。可是,通过美洲特有的奴隶制度,我们看到,他们同样从古老的历史中走出来,有属于他们的特定旧制度负担。而处理这样负面的历史遗产,其实都需要一个渐进的过程。美国在1787年的条件下,费城会议只能够做到这一步,以后的解决这个历史遗留问题的复杂过程,我以前已经在《我也有一个梦想》中详细给你写过了。

我们也可以做个假设,假设费城会议强行宣布废奴,结果是完全可以预见的,就是导致南方三州立即退出联邦,同时,联邦还是没有能力迫使它们废奴。所以,除了会议有了一个更高的道德姿态,对南方奴隶制的触动来说,并不起任何作用。我们只能说,把南方三州纳入联邦,敦促南方的进步,是费城会议唯一能够采取的务实做法。

当费城会议讨论众议院比例代表制的时候,必不可免地要讨论怎样计算人口的问题。后来的宪法里,规定每十年举行一次全国性的人口普查,一直沿用至今。普查产生的人口数,当然可以用来计算比例代表制下各州众议员的人数。可是,黑奴怎么算呢?黑奴要不要在普查中计入人口数?南方蓄奴州在这个问题上陷入了矛盾的境地。尽管他们不给黑奴以平等的公民地位,但是他们不愿意在派出众议员的时候,黑人不计入人口数。黑人如果也计数的话,南方能派出的众议员不就更多了,在立法机构里的发言权不是更大了吗?而北方代表则主张,既然南方人不给黑人以公民地位,只是一种财产,那么也就不应计入人口数。

这个分歧,谢尔曼在提出妥协方案的时候,顺便提供了一种妥协:南方在人口普查中把黑人以五分之三的比例计入。也就是说,计算人口以便算出众议员人数的时候,一个黑人折算成五分之三个人。这一妥协案,几经讨论,反复了一个多月,在7月16日达成"伟大的妥协"以后才正式确认,写入宪法。史称"五分之三妥协"。正是这个妥协，换来了南方同意在 1808 年截止进口奴隶的时间表。

1787 年 7 月 17 日以后，形势有了明显的变化，大家意识到，最危险、最困难的障碍，已经被他们越过了。现在，没有什么能够阻挡一个叫作"美国"的联邦国家，在世界上真正地诞生了。

当他们回过头来，重新再一轮讨论弗吉尼亚方案，讨论那些以前因畏难而搁置的议题时，心情却比以前轻松了。一个有实权的中央政府将要实实在在地开始行使它对美国的权力。他们此后开始讨论的问题，大多涉及新的中央政府和州政府的主权关系和权力划分。

这些议题的讨论，在费城会议只能说是开了个头。你只要想想就会知道，一个原先习惯了一切自己做主的主权国，现在要让权出去，哪怕是部分地让中央政府决定命运，将是多么的不能放心。因此，这个问题和美国一起诞生和成长，也成为永久的学术研究课题和实践探索目标。直至今天，也没有完成。

好了，今天先写到这里，下次再写。

祝好！

林 达

半神半人的会议

卢兄：

　　谢谢来信。你说，看完美国制宪会议的故事，有一种说不出的感觉：好像是电影里的历史剧，即便把镜头拉得很近，你能看到衣裳的褶皱和脸上的表情，却感觉他们依然离得很遥远。这四个月的争论，与其说像在"建立政府"，倒不如说更像一个学术讨论。可是，对他们来说，在争执的又是一个如此实际而紧迫的现实。虚实的关系处理得恰到好处。你说印象最深的，是他们的"整齐"，虽然风格、观点各不相同，可是，在更深入内在的层面上，又相互默契。

　　在那个时代的美国，制宪会议是最为重要的一个历史事件，绝不亚于独立本身。所以，美国的历史学家们对费城会议做过很多研究。研究的主要资料是与会者的个人背景，以及他们在会议前后的日记、书信、回忆录，特别是华盛顿将军、詹姆斯·麦迪逊、富兰克林、詹姆斯·威尔逊、罗杰·谢尔曼等等在会议上十分活跃的人士的文字记录。对会议本身的研究,主要的依据是麦迪逊所做的详细笔记,还有其他几位代表的简要笔记。

大多数人所持的主流观点,其实就是依据事实和常识,作出最简单直观的描述和结论。反而是一些非主流的看法,看上去更"高深"一点。

例如,上世纪初,正当美国历史上的"进步时代",各种诉诸"理性"的思潮流行。1913 年,美国著名历史学家查尔斯·A. 比尔德出版了《美国宪法的经济观》,用类似于马克思主义的经济决定论,来解释美国宪法,特别是解释费城会议上代表们的行为。他考察了 1787 年的美国经济结构,然后列举了制宪会议代表们个人的财产和经济状况。得出的结论是,大部分制宪会议代表通过美国宪法的制定,可以获得个人经济上的利益,成为不同程度的经济上的受益人;因此,费城制宪会议的妥协,是经济利益集团之间的妥协。

这样的研究方法和结论,和马克思主义的历史唯物主义有相似的地方。尽管比尔德否认他的研究来源于马克思主义,坚称他依据的是麦迪逊的政治学思想。他的结论受到后来左翼思潮的推崇。我后来看到过一些类似说法:主要是与会者大多拥有土地,一个稳定的政府导致一个有利的投资环境,对他们以后从事的土地投机事业有好处。这些隐藏的"意图",在整个辩论过程中看不出来,只是一种猜测的可能。可是,你无法打消这一类猜测:代表们心里没说出来的念头,是在惦着他的土地买卖呢。

我觉得这样的猜测完全可以。可是,我们依据经验也发现,政治人物寻求个人经济利益,常常是用另一种更聪明的办法:他们可以安排席位,垄断国家权力,运用权力会衍生出无穷无尽的个人利益来。

而费城会议的代表们,事实上又在建立一个对私人占有权力最不利的制度。在他们制宪的时候,他们确实在竭力提供一个稳定、良好的投资环境,但却没有给个人利用权力留下制度的漏洞。从政,是他们未来

罗伯特·莫利斯

生涯的一个可能的选择,可是,他们还是把决定权交给了民众。当宪法被通过,政府开始运作后,他们各自回到自己的生活中去了。

最典型的就是罗伯特·莫利斯了。他是包括《美国宪法》在内的三份最重要文件的签署者。费城会议的时候,他是美国数得上的富豪,而且家就在费城。在1789年,华盛顿当选第一任美国总统的时候,看重他理财的能力,提名他为财政部长,年薪不到两万。他辞谢了官职,表示喜欢自己经商。他也做所谓土地投机,我们讲起过,当时美国的土地很便宜,又处在一个移民、流动、开拓、发展的时期,预估一个地区的发展趋势,买些土地作为投资,等着看涨,在美国是很正常的一个合法投资行为,"投机"二字没有任何贬义。可是,他运气不好,1798年,也就是制宪会议的十一年后,也是在费城,他因大量负债,被关入监狱。直到几年后,美国通过破产法,他才依法得以出狱。但是,莫利斯在经济上再也没有翻身,晚景凄惨。费城会议的另一个代表戈汉姆,经历的故事也和莫利斯差不多。

他们和其他民众一样,假如运气好,他们也可能发财。可是,那和他们曾经参与设计的政府权力没有关系。假如说,他们盼望有一个稳定的国家,能够对包括自己在内的民众都有利,我觉得这很自然,

也很公平。他们自己的人生成也罢败也罢,都是他们的个人故事,没有证据显示他们利用制宪会议,给自己留了一个可能的特权,他们实际上做的是尽可能防止特权。

这个会议的成功,首先和这些人有关。你的感觉是对的,他们离我们非常遥远,不仅是时代的遥远,还有文化的遥远。那个绅士时代,那个时代的绅士精神,已经远去了。

北美的绅士阶层并不是贵族,"贵族"和欧洲封建制度有太多的联系。贵族是一种社会制度、一种身份、一种地位、一种血统。北美殖民时代也有贵族,宾夕法尼亚和马里兰就是英国贵族的领地。但是欧洲贵族人来了,贵族制度却没有能够跟来。美国革命以"人人生而平等"为口号,和贵族制度更是从本质上不相容。所以,美国宪法中明确规定,废除任何基于身份的贵族制度,政府也不得向任何人颁发贵族称号。所以,美利坚合众国没有贵族,不以贵族为荣。

可是,美国有绅士。这些美国绅士们传承了欧洲贵族品质中的优秀部分,如对知识的渴望、注重教养、追求荣誉感。对他们来说,荣誉和人品、道德是一回事儿。荣誉涉及自己怎样看待自己,怎样寻求自身的人格完整,而不仅仅是"名誉",不仅仅是别人怎样看待你。他们耻于看到自己是品格低下的人。他们当然也有人的弱点,也一样犯错误。可是,人有还是没有行为准则、荣誉感和羞耻感,是不一样的。

在北美殖民地,传统的绅士荣誉告诉他们,当选为议员或者担任公职,是一种服务公众的事情。殖民时代在革命爆发以前,除了康涅狄格等地方,大部分民选官员不拿薪水,所以是一种荣誉。利用这种公共服务职位来牟取私利,被视作道德败坏,和绅士的荣誉格格不入。

正是这种观念和制度,使得当时的从政者,当时的社会政治精英,都是有一定产业的人。因为只有不愁衣食者,不必亲操井臼者,才有闲暇,才可能从政。反过来说,从政也不是经营产业的一部分。发财和当官相差甚远,泾渭分明。这是美国建国时期地方政治的常态。

这种绅士观的典型是华盛顿将军。华盛顿在独立战争初起时,就宣布要自己出钱,召集一支弗吉尼亚人的军队,北上参加独立战争。在整个独立战争期间,华盛顿将军冒着生命危险却不领薪水。战后华盛顿立即交出军权,在弗吉尼亚认真经营自己的农庄,却效益不好。那个时候的南方精英,大多指望在土地上发财。华盛顿是土地丈量员出身,对附近的土地、森林和河流状况非常熟悉,他也拥有大片土地,但是土地出产很有限。华盛顿认为,建立一个强有力的国家,在波托马克河与俄亥俄河之间开凿运河,可以促进运输和贸易,提高出口能力,从而有利于开发附近的土地资源。有人可以因此猜度,这样,华盛顿将军本人拥有的土地是否也会有很好的升值前景?有人甚至因此断定华盛顿将军去参加费城制宪会议有私心。

然而,我们看到,费城制宪会议的主要目标是建立强有力的国家政府,这不仅和华盛顿将军的个人经济前途确实是吻合的,而且也是整个区域百姓们的利益所在。大家看到,华盛顿担任了费城制宪会议的主席,全程出席大会,但发言仅仅三次。一次是被推选为主席后的仪式性发言,另一次是批评对保密规定的疏忽,第三次是最后一天,有关提高到国会每三万选民一个代表。只有这最后一次,是华盛顿将军对宪法本身发表的意见,内容只是希望在未来,民意更容易表达。

制宪会议确实非常有幸是开在那样一个年代。在北美,不论在殖民时期,还是在独立之后的"小国"共和时期,占主流的政治运作,就是这样一批人。环境恰恰适合这样一种相对理想的状态存在：一方面，他们远离欧洲具有漫长历史的、常常是充满阴谋诡计的政治纠葛；另一方面，他们和民智未开的世俗世界相对拉开隔离。新大陆有宗教信仰的根底，又与理性启蒙相逢，处于恰到好处的氛围之中。政治环境远比欧洲简单，更适合一些朴素的政治家，实验他们的政治理想。

因此，在那个时候，美国还没有产生政党的需要。原来从英国政治中带到美洲的辉格党和托利党的对抗，在独立战争中消失了。在北美这块质朴的土地上，还处于这样的时代，绅士们把个人的拉帮结派，包括政党，看成是一种类似偷鸡摸狗的事情。乔治·华盛顿将军特别反感任何私下结派的行为，一向以身作则，个人就是个人，不是一个小派别的一员。麦迪逊认为：结派会导致人的道德水平下降。个人作为个人行动的时候，都会对自己有一定的道德要求，有人之常情，有恻隐之心，会自觉地压抑人性中自私和恶的一面。可是一群人结成一派行动的时候，就会互相提供行为的正当性，提供派别内部的互相暗示，自我道德要求就会下降，甚至做出在一个人的时候不会做的坏事。

他们相投者成为朋友，却耻于结为帮派。他们从启蒙时代读到，人是一种理性的动物、政治的动物，古希腊时代这一说法，在他们眼里是完全正面的，是对人群有能力管理好公共事务的信心。政治就是这种公共事务，所以从政被叫作公共服务。在他们看来，政治是一种很符合绅士理想的光明正大的事业，也是需要智慧和技巧的事业。这一事业和绅士的荣誉观相容。

费城制宪会议上，代表们有些是独立战争以来的老朋友，有些人则互相不认识，也素不来往。外地来的代表，大多集中住在附近的旅馆里。那时费城最好的旅馆,从现代眼光来看,条件也很简陋,不过相当于现在最一般的家庭旅馆,多数代表还只住得起两人一间的房间。唯一的例外是华盛顿将军,他后来接受老朋友罗伯特·莫利斯的邀请,整个夏天就一直住在莫利斯的家。当时的罗伯特·莫利斯是个富人,他还买下以前的领主小威廉·宾的豪宅,他想请华盛顿去那里住的,可是被华盛顿婉拒了。

代表们都恪守会议的规定,不向外界泄露会议情况,其证据是,后世竟没有发现他们中有任何一个人在家信中谈及会议的具体内容。从会议上的表现可以看到,他们在会后的私下交流,没有形成小团体,更没有结死党、搞突然袭击。他们当时的党派观,对费城会议的成功,无疑是有利的。

所以,费城会议和后世其他地方的一些制宪会议和议会会议不同,它是没有政党的。严格地说,费城制宪会议不是一次代议制的议会会议,而是绅士们的商讨会。他们在扬弃贵族等级制度的同时,"上帝面前人人平等"的精神在上升。因此,他们会非常自然地说,所谓民众利益,那其中就包括着他们自己的子孙的利益。

在他们那里,启蒙时代对理性和自由的开拓,不是无限的。神约束划定的界限始终存在。而恰是因为他们把握了这种极难把握的分寸,他们才创造了"费城奇迹"。

在巴黎的托马斯·杰弗逊,从麦迪逊的信中得知费城制宪会议的代表名单,说了一句有名的话。他说,这是一个"半神半人"的会议。这句话流传很广。在别的地方不可化解的世俗利益之争,凭借着他们对人性弱点的自我意识和克制、努力,他们寻到了出路。

费城制宪会议最为难得的,当然是既有利益冲突又有观念分歧的代表们，竟然在几十天里达成了妥协，更为难得的是，在妥协以后，他们仍然保持了分歧。妥协的结果不是形成了一种大的势力和观点，吃掉了大大小小的派系，而是原有的分歧能够并存。国家主义和民主主义、废奴派和蓄奴派、联邦主义和州权主义，没有哪一派被彻底打败消灭，没有哪一种主义征服了所有人，甚至没有什么人是对结果十分满意的。制宪会议的结果，是观点仍然分歧但是建立起共同联系的一种平衡状态。

这种容忍观点分歧，并且长久地保持这种"我的真理和你的真理"都容许生存，成为此后美国政治的一大特色。使他们能够接受大家都不太满意的结果，回到各州以后，忘却对立，抛开分歧，全力促进宪法在各州通过，促进约定的政府能够建成。

新的宪法构建了一个共和国，打下了美国的民主基础。前所未有的大规模政治运作，不以人们意志为转移地开始了。实际上，费城会议的代表对美国政治中不久就会产生政党，议会将以政党抗衡为基础展开，是估计不足的。他们起草的宪法中，为贯彻分权制衡的原则，立法分支和行政分支的产生方式完全分开，为后世留下了这样的难题：行政分支的总统和国会的多数代表，可能分别属于两个不同的党派，而宪法规定，国会通过的法令要经过总统签署才有效，总统向国会提出的法案，必须经参众两院通过。如果总统和国会多数分属不同的党，而且严重对抗的话，这个政府还运作得起来吗？

正是这个问题，使得后来别的国家搞共和宪政的时候，几乎没有人会照搬美国政府的结构。因为这样的国会总统关系，一旦两党作对，政府太容易瘫痪。在出现两党之后，美国政府还是没有"执政党"和"在野党"的说法，而只有"国会多数党"和"国会少数党"的说法。

多数党的多数势力,只到国会为止,多数并不等于执政。总统也不等于执政党,因为总统不是国会多数党任命的,而是全民选举产生的,总统须代表全民,就必须淡化自己的党派色彩,绝不会显示自己是在代表某党主持政府的行政分支。

美国的总统握有联邦政府的所有行政权力,因此有人把它归为"总统制"国家。但是美国人自己很少这么说,因为相比其他国家的总统制,美国总统的权力要小得多。国会多数如果和总统不是一个党,总统毫无办法。如果国会对总统不满,对总统提交的法案不予通过,对总统的行政措施大加质疑,可能使得总统什么也做不成,总统也毫无办法。他无权惩处议员,他更无权解散国会。相反,如果总统或者他任命的内阁官员行为不轨给抓住把柄,国会还可以使出弹劾的撒手锏。

可是,美国的制度运行两百多年了,政府不仅没有因此而瘫痪,而且制约、平衡的机制似乎更显得条理清楚,国会对总统的监督显然有效。这使得后世美国人反而因此很自豪。

这让我想起一个故事。前几年,我们的澳大利亚老朋友和她的丈夫来美国旅游。他们是土生土长的澳大利亚人。记得到我们家的第一天,他们就把在飞机上遇到的一个故事,当作笑话一样,来讲给我们听。

他们在飞机上和邻座聊天,邻座是一个美国人。当他知道他们是澳大利亚人之后,就随口对他们说:"哦,你们澳大利亚是英联邦的国家,政治制度和英国差不多。可是相比之下,我们美国的政治制度,在权力的分割和制衡上,是最清楚漂亮的。"

说到这里,我的朋友笑起来,觉得他们的美国邻座简直是一个"自恋狂"。因为对他们来说,他们的制度和美国的制度,完全没有什么高下之分。因为,要制度是为了什么,不就是让它起作用吗?谁又

美国总统每年一度在国会发表国情咨文的场景

能说他们澳大利亚和英国的民主制度,在二十世纪末,还不是成熟和完善的呢?谁能说他们的民主制度就不起作用呢?只不过是形式略有不同罢了。我们也笑了,说你们遇上的大概是个政治学教授吧,天天对学生们宣扬美国国父们的事迹,讲惯了。

是的,英美的制度形式有的地方很不一样。英联邦国家不但有历史遗留的虚位君主,他们的行政分支和立法分支的来源也不是完全分割开的,两个分支的日常联系要多得多。这和美国有很大不同。例如,美国一年一度总统发表国情咨文的场面。按照美国宪法的设计,总统和国会的两大分支是尽量切开的。两百多年操作下来,两个分支很少碰头。白宫离国会大厦那么近,却从来没听说总统平时去串门的。所以,这个场合是总统和国会非常难得的一点直接联系。每年都有这么一天,电视全程报道播出,总统车队浩浩荡荡去国会大厦,意思是向国会汇报一年的工作,也就是管家见主人的意思。

在美国,那是个象征性仪式。美国人认为,在这个礼仪场面中,立法和行政两大分支碰头,还是应该表现出君子之风,礼貌为上。因此,在整个国情咨文的报告中,总统虽然也谈国家面临的问题,可是,也总是会不失时机地利用议员们难得的礼貌,大谈自己的政绩和展望未来。只要是过得去的,大家都会站起身来,报以热烈的掌声。这是一个仪式性非常强的场合,不了解情况的外来人,会非常反感,认为这种议员起立、热烈鼓掌的样子,近乎阿谀奉承,令人恶心。实际上,在大会结束后的第一时间,总统坐着的汽车大概还没有从国会大厦开到咫尺之遥的白宫吧,反对党议员中的所谓"党鞭",已经立即出来直接面对公众,对总统的国情咨文发表犀利的批判。把他们在几分钟前没有说出来的不同意见,在这个时候发表出来了。他们在会场上不跳出来当面质问,只是碍于美国式的传统和礼貌而已。

在美国的制度设计中,总统和国会不仅是独立的,甚至是相对隔绝的。几乎天天都可能有议员在言辞激烈地批评总统,或是总统在指责国会。只是,他们之间的争执和对话,往往在形式上是在国会的发言,或是对民众的公开讲话,只是通过媒体在双方之间间接传递。那是十足的远距离争论。

而英国就不一样。即使在今天,他们的立法,不仅要去女皇面前念一遍,让她作出形式上的批准,首相还活像是国会的仆人,时不时要被召到国会去接受议员们的质问,并且解释自己的执政情况。虽然有"不直接争执、发话必须面对议长"等议会规则,可是,议员们争相举手争取发言,舌枪唇剑、言辞犀利,所有的问题,首相都必须当场快速回答,场面非常紧张。每每看到英国首相在议员们的追问下舌战群儒的情景,我们就会不由地说,这个美国总统真是当得太舒服了,省下多少麻烦和力气啊。

这种英国式的制度设置,其实质是首相和议会的关系更近。他们的选举方式是两党竞选议会的席位，再由赢得多数席位的政党，推出执政的首相。就是选民选议会议员，获得议会多数席位的党选首相，首相和议会的来源并不分开。首相不是人民直选，而是通过政党选举，间接选出的。这样的制度设置，结果就是首相所属的党，永远是在议会的多数党。

可是，美国的总统常常和国会多数党分属两党，政府却并没有因此而瘫痪；而英国、澳大利亚等英联邦国家，他们的执政者的党派归属始终和国会多数党一致，也没有因此就出现行政、立法两大分支勾结。两种有差异的制度，都顺利地运行到今天。

你一定看出来了，英、美的制度设置虽然有矛盾的地方，却一样运作有效。你也许会对这种情形感到奇怪，其实，一个很重要的原因还是那句话：制度的设置只是一半，而更重要的是由实践完成的另一半。他们相对在实践中更能自觉维护、完善这个制度，而不是拼命钻它的漏洞。也许重要的是他们植根于其中的传统和文明，是这个制度之树的原生地，土壤的条件适合制度的诞生和运行。

在美国，制宪使制度建设跨了极大的一步。民主大国的政治机器突然就开始转动了。在这些国父们之间，也开始产生政治对立和政党，不由自主地在推出新的时代，也在改变和塑造着这些绅士政治家们。当他们走出费城制宪会议大厅的时候，他们做梦也没有想到，他们自己将面对怎样的政治漩涡。

下次再聊。

祝好！

林 达

第一届内阁

卢兄：

你来信说，你也注意到英美的制度中设置的不同。

在美国制宪之后，同属西方文明的一些欧洲国家，也先后完成了从帝王专制向民主国家的过渡。这些国家，根据他们各自历史包袱的不同，在民主的过程中，都发展出了自己的一套宪政制度。从制度的设置去看，你会发现，有些国家制度的条理以及制约和平衡的关系，因没有像美国那样有过一次整理，也就并不那么权限清楚。而美国本身，也因为制宪会议非常早，就有许多时代局限，有更多实践中产生的特殊问题。

那些制度上似乎不够严密的民主制，都在运行的过程中慢慢补充完善。就像美国的"权利法案"，虽然在费城会议中没有放入宪法，可是，由于民众的要求，在合众国国会的第一次大会上，就通过了十个保护个人权利的修正案，补充进入宪法。而纸上宪法不可能面面俱到的地方，由于实践的补充，都能够正常运行。特别是在英国，连现代的成文宪法都没有，它的渐进改革，一拖几百年，几乎让你讲不出哪一天是他们"革命成功"的日子。可是，它们也一样在运转。

英国的模式是很典型的自然演进。我们都熟悉法国的启蒙时代，可是，法国如伏尔泰这样的启蒙大师，却是在英国得到启蒙的。英国制度的缓慢演进是有代价的，代价就是它进程的漫漫岁月。在这个进程中，旧制度的非人道，是非常缓慢地被消除的，许许多多人因此而支付了他们的自由甚至生命作为代价。法国作家雨果，曾经对英国的制度改革的不平衡很不以为然，因此以英国为背景写了《笑面人》，抨击英国在缓慢演进的道路上，依然黑幕重重。可是，无可否认的是，尽管缓慢，但它还是从旧制度中走出来了。

法国走的是大革命的道路，可是，革命之前、革命之后，其实还是需要一个缓慢的渐进过程，依然需要消耗时间和生命，需要经历破坏和重建社会的基本结构和价值观的过程。

美国介于二者之间。英国缓慢政治改革的进程是它的基础，新大陆殖民地的重建，甩掉了英国历史上政界纠葛的包袱，却保留了制度改革的成果。独立和原殖民地的联合，又是另一个推进。它以一场战争，赶走了英国的统治，却并没有因此引发本身的革命。既缩短了英国式的缓慢进程，又避免了法国式的社会暴力和动荡。

在制宪会议那年出生的美国政治家威廉·麦克雷，在提到制宪会议的时候，一向反对割断它和美国建国前的历史联系，反对把美国说成是石头缝里蹦出来的，或者是一群人凭空设计出来的。他认为过度的赞扬是一种"夸夸其谈"，"仿佛在大家兴高采烈地通过新宪法之前，美洲就是一副草木不生、河水不流的样子"。

美国政治家约西亚·昆西则认为，必须提醒大家，不要"在这巨大的幸运面前变得眼花缭乱，失去判断力，将国家的繁荣伟大归于我们自己的智慧，而不是归于事态的进程和一种我们无法影响的指导力量"。

他其实是在指出，美国的制度是经过西方文明长期演进后结出的一个果子。它也有一些特别的机遇。例如制宪期间，北美政治环境的相对单纯，使得这样一批"半神半人"的学者型政治家，能够在政界长期生存并且实践自己的政治理想。在宪法诞生后的最初岁月里，又是同样的一批绅士在执政，并在这个过程中完善纸上宪法的不足。

美国还躲避了一些相当凶险的灾祸，也度过了一些非常困难的关口，它也绝不是有了一纸宪法就一帆风顺的。就连这些政治家们，在单纯的政治环境改变之后，他们也多多少少随之改变，有些人甚至有了很大的变化。最明显的就是一部分政治家从对结党的厌恶，到自己也参与政治党派的运作。

你已经知道，促成费城制宪会议的一个重要原因，是当时作为一个国家的美国将合未合的状态不利于经济的发展。他们必须决定是联合在一起，作为一个大国，建立大国的金融、经济结构和信用，来面对欧洲和世界，还是回到小国寡民，各自照管自己的小炉灶。最后的决定你已经看到了。

可是，在合众国建立之后，并不是说政治制度就能够替代经济结构的构筑。一个较好的政治制度，只是给人们提供了一个走向自由、追求幸福的可能，而不是一个保证，它并不能一肩挑起所有的担子。人们还是必须步步为营，小心翼翼地避开陷阱、渡过种种难关。例如经济，仍然有它自己的规律，需要不断研究和调整政策。你已经早就熟悉，美国在经济非常繁荣之后，上世纪也有过如大崩溃一般的经济

华盛顿总统宣誓就职

大萧条。而在建国初期,如何建立它的信用,稳定经济形势,对新生的国家是一个巨大的挑战。

宪法生效后,华盛顿将军在各州派出的大选举团里,以全票当选为第一任总统,1789年春天在纽约市宣誓就职。新的联邦政府最棘手的问题是财政。谁来担任财政部长?联合伊始,谁能收拾起这三百五十万人的国家的烂摊子呢?

华盛顿总统最先想到的是他的老朋友,宾夕法尼亚州的罗伯特·莫利斯。

莫利斯是美国革命的元勋,也是费城制宪会议的与会者。他在革命前就是一个成功的银行家。独立战争期间,战争需要钱,可是大陆议会没有有效的征税措施,独立义军的供给经常得不到保障。华盛顿将军主要就是依靠这位老资格的银行家莫利斯。莫利斯筹款,主要是利用自己和欧洲银行建立起来的长期关系,以他个人的信誉作保证,用未来的美利坚合众国的名义,向欧洲借款也向民众发行债券,用债券充作士兵的军饷。总之,是用借贷的办法解决独立战争的资金问题。有时候供不上了,他也掏自己的腰包。所以,莫利斯一直被称为"大革命金融家"。可以说,假如没有他,光靠虚散无力的大陆议会,独立战争是难以为继,支撑不了八年的。

所以,华盛顿将军不仅对莫利斯的理财能力很了解,两人也有很深的友情。在华盛顿眼中,联邦政府的财政部长一角,莫利斯应该是最佳人选。可是,这时候,莫利斯却不干了。对他来说,他有自己的生活。独立、战争,是形势所迫冒出来的非常事件;现在和平了,他得回到自己战前的正常生活中去。联邦政府还欠着欧洲银行的巨额债务,连带着他莫利斯作为担保人的信誉也一块儿破了产。他的当务之急是要为自己重建信誉,当了财政部长就不能为自己做了。于是,莫利斯向华盛顿总统推荐汉密尔顿。他说,在美国,只有一个人能够拯救国家的财政信用,那就是汉密尔顿。

亚历山大·汉密尔顿是美国的建国者中很少的出身底层的人。他出生在英属西印度群岛,是一个破落贵族和一个法国"胡格诺"新教徒母亲的非婚生子。在他十岁时,父亲就抛下他们母子,离家出走。两年后,他的母亲就去世了。汉密尔顿靠别人抚养大,也因聪慧而被带到纽约。他在成长中得到许多人的帮助。他受过法律教育,从底层磨炼出来,是一个了解底层的人。独立战争爆发,他立即投身战争,并且以其智其勇,很快获得华盛顿将军的信任,成为将军身边的侍从武官。那时他才二十岁出头。

汉密尔顿身材不高,却长得非常漂亮,不仅雄心勃勃,而且才华横溢、能文能武,甚至擅长音乐和绘画。在纽约,有一批属于社会上层的政治家非常看重他,他在社交中结识了纽约当时最著名的政治家之一斯库勒,并且爱上了他的女儿伊丽莎白。还在独立战争期间的1780年,战争前景未卜之时,他们相爱成婚了。他的岳父非常富有,

亚历山大·汉密尔顿

又和汉密尔顿政治观点相近，使他更为欣赏和喜爱汉密尔顿。第二年，1781年，在著名的约克镇战役中，汉密尔顿立了大功。

在战争期间，他已经在考虑各小"国"真正联合成合众国、建立大政府的问题。他始终认为，他们必须是一个统一的国家，建立强有力的政府。持有同样观点的，后来都被称为"国家主义者"。战后，汉密尔顿依然和妻子一起住在纽约。汉密尔顿虽然年轻，可是由于他在独立战争中的功绩，完全可以说是一个"开国功臣"，再加上他是费城会议最积极的促成者之一，所以，你也一定会以为，他是理所当然的会议代表。可是，他差一点就根本来不了费城。

汉密尔顿虽是"国家级"的政治活动家，可是，费城会议是由各州推选代表，而当时纽约州议会的主流观点，恰和汉密尔顿截然相反。

因此，派出的两个代表也和汉密尔顿的观点格格不入。至于他本人，还必须依仗岳父在纽约州政界的力量，才勉强被选入，成为该州的三名代表之一。

纽约州议会的主流，也有过过激心态。在独立战争结束之后，该州的民众就拥护这样的做法：把以前支持英国的所谓"保皇党人"的财产全部没收、拍卖，等于是大家分掉。这种趁着战争胜利者的政治优势，侵犯私人财产的行为，律师出身的汉密尔顿坚决反对。他在纽约的报纸上写文章，指出事态的荒谬和"危险"。这种"危险"在于，如果以"民主"的口号做外衣，去利诱和号召民众破坏法制，是很容易做到的，尤其是在一个法制的底子非常薄弱的地方。在纽约州，州议会也曾赞成滥印纸币，有着起码金融知识的汉密尔顿，知道这只是饮鸩止渴的行为。

汉密尔顿的岳父在州长竞选中，输给了对手乔治·科林顿。他和他的支持者还能够做的，就是使得汉密尔顿能够成为州的代表，进入费城会议。

结果，在费城制宪会议上，汉密尔顿在纽约州的三人代表团中，成了一个异数。因为他在本州代表中是少数，也就不能影响纽约州的投票。会议开到一半的时候，另外两个代表离会回纽约去了，临走却撂下了话，说汉密尔顿一个人不能代表纽约州投票。这样一来，汉密尔顿就成了一个没有投票权的代表。

可是他在费城制宪会议上并不沉默。

1787年6月18日，当"弗吉尼亚方案"的诸条款经过一轮讨论后，小州提出了"新泽西方案"，大州和小州形成僵局的情况下，汉密尔顿要求发言。他显然是有备而来，滔滔不绝地讲了五个小时，提出了他的完整方案，史称"汉密尔顿方案"。

汉密尔顿的政府方案，就是仿照英国体制的方案。他有他的理由。那个时代的政治家没有宪政共和的榜样，他们只知道，从亚里士多德时代开始，政府就只有三种：一种是帝王政府，一种是贵族政府，还有一种是民主政府。帝王政府是一人专制，贵族政府是一群精英的集权，而民主政府是多数人的统治。经验告诉他们，这三种政府形式各有弊端：帝王政府导致个人专权，贵族政府导致少数人的专权和腐败，而民主政府的结果会是无政府。汉密尔顿认为，历史事实证明，比较理想的统治是三种政府的混合形式，这就是不列颠的君主立宪制。

不列颠的权力构架是：王室、上议院（贵族院）和下议院（平民院）三者各占一份，互相制约，既有效力，又避免了单独一种形式的弊端。汉密尔顿认为，在不列颠体制下，国王和国家完全结为一体，国王会尽一切可能做对国家有利的事情。在"朕即国家"的体制下，国王是最不可能腐败的。由国王任命的或者世袭的贵族院，代表了社会的智慧和保守，成为稳定国家的机制，而民众选举产生的下议院，成为代表民众参与代议制管理的机制。这三者互相制约。但是这种制约是在三者结合组成的权力结构内部，不会造成互相刁难、互相置对方于死地的局面。这样的三者结合是稳定的，既有效力，又符合分权制衡的原理。

所以，汉密尔顿提议，设立一个最高行政长官，赋予他相当于国王的权力，而且是终身制，有绝对的否决权。权力要集中到国家级政府手里，国家级政府有权否决州法律。在汉密尔顿的脑子里，只有这样的一个政府，才能够保证美国成为一个强盛而长久的大国。

如果仅仅从国家强盛的角度来看，汉密尔顿的道理是不难为人理解的。在国家处于分散分裂而且很贫弱的情况下,有效的、集中的行政权力控制好了,可以说是通向稳定强盛的捷径。汉密尔顿冒着酷暑,整整讲了一天,听得代表们筋疲力尽。然后,会议进入了微妙的沉默。没有人附议,也没有人反驳,没有人提出讨论或表决。事实上,经历过独立战争的建国先贤们,无法接受设立"国王"这样的方案。而且,行政权力的过强,是他们一直在担心的问题。强有力的集中权力控制好了当然有效,可是权力过强就可能失控。汉密尔顿方案就这样被会议忽略了。

汉密尔顿由于求"统一强国"心切,在处理州权问题上,可以说是走了"国家主义"的极端,从整体气氛上,非常不利于各州放下疑惑,寻求妥协,所以,照美国历史学家的说法,汉密尔顿的一番宏论,把麦迪逊的"头发都要急白了"。

可是,要说汉密尔顿的思路全盘被忽略,也是不准确的。国家必须有一些集中的权力,政府权力的分权制衡必须设计成一种内在的制衡,行政分支必须稳定而有效。汉密尔顿把这些观点以特别强调甚至极端的方式说了出来。尽管他的方案被会议放弃,但是汉密尔顿政治观的要点,仍然成为当时的主流政治观之一。

制宪会议之后,代表们回到各州,全力投入各州通过宪法的说服工作。以汉密尔顿为主,约同詹姆斯·麦迪逊和约翰·杰伊,在当年和第二年的报纸上发表了一系列解释宪法的文章,其中三分之二是汉密尔顿的作品。这些文章就是后来著名的《联邦党人文集》。持汉密尔顿政治观点的人,就被称为联邦党人。可以预料,宪法在纽约州通过得十分艰难,而纽约州对于美国的重要性是不言而喻的。所以,詹姆斯·麦迪逊放下他在弗吉尼亚州的活动,常驻纽约,支持汉密尔顿。

《联邦党人文集》

他们发表的这些文章,主要就是说服民众,只有一个统一的、稳定有效的政府,才是全民长远的福利。你已经知道,在费城制宪会议上,麦迪逊对宪法深感失望,因为与他的方案有很大距离。所谓"伟大的妥协"主要就是他的方案被腰斩;而汉密尔顿在制宪会议上的观点,离开通过的宪法距离就更远了。但是现在,他们全力以赴,说服民众认同宪法,他们原来的不同意见,已经被他们自己深埋得无影无踪了。

1788年7月23日,纽约州好不容易通过了新的联邦宪法。汉密尔顿功不可没,随后他就渐渐成为美国政治中联邦党人的思想领袖。他在纽约的声望也在这个过程中不断提升,此刻达到了最高点。当年纽约市的庆祝独立大游行,最引人注目的是一座船形的花车,花车被命名为"汉密尔顿号"。

汉密尔顿和华盛顿总统的关系非同一般。华盛顿是一个非常务实的人,而汉密尔顿是他在战争中亲手提拔、一起度过戎马岁月的人。他称赞汉密尔顿具有少见的广博知识,忠于自由事业,并曾经称赞汉密尔顿有一颗"银子般的心"等等。可见华盛顿当时对汉密尔顿非常信任。

华盛顿总统接受莫利斯对汉密尔顿的推荐,一个最重要的理由,是华盛顿对汉密尔顿的财政改革构想的了解。早在1783年,华盛顿就收到过汉密尔顿的信,讨论如何摆脱财政危机。在信中,汉密尔顿提出了四点解决办法，形成一个明确的框架，成为他后来财政方案的基础。1789年9月11日，参议院通过了华盛顿总统的任命，汉密尔顿担任了美国的第一任财政部长。此时，他三十四岁。

事实上，那时的美国，几乎没有别人像汉密尔顿那样，对美国的经济前途有清晰的图景和信心。

要说，汉密尔顿还是科班出身，他在十七岁的时候，就进入纽约的国王学院，也就是今天的哥伦比亚大学学习财政。他深受十八世纪苏格兰启蒙时期经济学家的影响，特别是大卫·休谟。休谟指出过相对落后的苏格兰农业经济融入英格兰经济的可能性。英格兰的经济，包括以庞大的国债集资，由国有银行发行纸币，控制纸币流通和利息。休谟认为，债券能够提供大笔资金，如果让工商业家能够有机会利用这种资金，就能促进投资和贸易，使得产品更便宜更丰富，还能促使新技术新工艺的推广，使全社会得益。

汉密尔顿认为，美国的状态很像落后的农业的苏格兰。休谟的思想给这样的农业国家指出了一条富强的道路，那就是发展建立在信用基础上的工业经济，而不是固守在土地上的农业经济。

说来叫人不相信，当时的美国政府没什么收入。汉密尔顿所做的第一件事，就是要让国家政府有收入。联邦的收入主要靠征收进口税。他上任以后，立即向全国各地的商家和钱庄发出调查，搜集数据。他要把进出口贸易搞清楚，由此计算出国家征税的数量，提出法案让国会批准，因为宪法规定，只有国会众议院有权立法征税。

可是，休谟也警告过，这种以信用为基础的经济，是有危险的：借债筹资的办法需要有税收来保证偿还利息的能力，贫富差距会扩大，外债会导致对外国的倚赖，会产生一群玩弄市场的股票持有人。但是汉密尔顿倾向于更多地看到这种新经济的正面效应。作为财政部长，他认为这种经济体系的前途是好的。"国债"是汉密尔顿所设想的新经济的主要支柱，他要鼓励投资，刺激人们冒险和发财的欲望。

为此，第一步，他必须恢复在战争中被毁坏了的美国的信用。

你已经知道，战争期间各地发行的债券非常复杂，内债外债都还没有偿还。债券贬值，被抵押买卖。如独立战争结束时，大陆议会发的债券，已跌到面值的百分之二。

欧洲大银行已经不肯再和落后的美国来往，因为美国已经没有信用。美国如果孤立在欧洲市场之外，一切经济构想都不能实现。因此，必须尽一切努力恢复信用。汉密尔顿提出，由联邦政府担下以前为独立战争筹款而发行的一切内外债务。各种债券的持有人，都可以向联邦政府换成联邦债券。联邦政府承诺按照原有面值偿还本息。同时，决定发行联邦政府纸币，就是逐渐统一货币，促进商贸，发行新的债券筹措资金，鼓励投资，以此恢复美国的信用。

1790年1月9日，汉密尔顿分别向国会提交了关于重建美国公共信用的报告。他的方案却遭到以麦迪逊为首的弗吉尼亚人的反对。

麦迪逊在制宪会议上曾坚决主张一个强有力的国家政府，他在家乡遭到另一个著名政治家派屈克·亨利的反对。麦迪逊被选为弗吉尼亚州在国会的众议员，却没有被选为地位更重要的参议员。可是凭着他的能力，他在众议院自然成为一个领袖人物。而根据宪法，联邦政府有关财政的法令必须通过众议院。也就是汉密尔顿的方案必须得到众议院批准，而麦迪逊却领头坚决反对。

麦迪逊的反对，是出于对"公正"的考虑。独立战争期间发行的债券，长期以来州政府无力兑现，民众却急于脱手。这就出现了一些做金融投机的人,低价收购贬值的债券。尤其是参加独立战争的老兵们,他们打仗的时候,拿的军饷就是债券,现在却大部分到了投机者手里。现在由联邦政府出面,用进口税收入,来按照原始票面价值偿还本息,麦迪逊认为,这对那些被迫将债券脱手的原始持有者来说,是不公平的。而且他们中的许多人,境遇很差,却因已经卖掉了债券,失去原本理应属于他们的可怜的财产。另一方面,反对派对发行新的债券,负债经营,也不能接受。

同时,麦迪逊的反对,也隐含着农业社会观念和对工业化社会的不适应。在农业经济下,作为农庄主的弗吉尼亚政治家们,看不到工业高潮的必将来到,这是不会以人们的意志为转移的。他们不理解以信用、负债经营为基础的城市工业经济;他们也不能理解,对于新的经济体系所产生的问题,如贫富差距扩大、投机和股市操纵等等,只是从道德的角度进行批判,并试图阻挡时代的变化,并不是一条出路。

你看,即便是都出于公心,政治分歧也必然在第一分钟就形成了。政治家必然不断地分化。而大众参与的政治运作,完全不同于精英之间的商讨,自会显露它自己的规律,也会呈现它不理想的一面。

汉密尔顿一度到了绝望的地步。国会在激烈辩论,领头反对的却是他以前的盟友。在麦迪逊的带领下,反对声音占上风。同时,报纸媒体上的文章也在批评他的方案。民主伊始,民众还缺少自律的修养,批评必然会滑向对他的人身攻击,他的非婚生的出身,成为现成的目标,他被公开骂成是"东部的杂种投机家"。

他对报纸上的这种谩骂毫无办法。任何一个刚刚运行民主制度的地方,都会经历这样的阶段。民众先知道言论自由是人的最基本权利,而要经过很多很多年,民众和媒体才会理解人身攻击和谩骂,不属于健康的民主生活。建国后，报纸上对华盛顿总统也一样谩骂，华盛顿是个老派的绅士，他显然并不适应这样的事情。可是，他只是不去看报纸，不去理睬。汉密尔顿面对恶意的人身攻击，心灰意懒，他对美国的前途感到绝望。他站在这个职位上，深知只有照他的方案办，国家才能恢复信用，只有恢复了信用，才能融入欧洲市场，才能发展商贸。只有经济上去了，合众国的统一才有保障。可是，宪法规定了，有关财政的法案必须经过众议院，因为这是人民的钱，众议院代表人民。

汉密尔顿觉得，假如他的方案通不过众议院，那么，他就再也没有别的办法了，他在财政部长这个位置上也就没什么可做的了。如果是这样，他就打算辞职算了。

就在这个关键时刻，汉密尔顿偶然遇到从法国回来出任国务卿的托马斯·杰弗逊。华盛顿总统的第一届内阁只有四个部长，除了战争部长和司法部长以外，汉密尔顿管财政，杰弗逊管外交。他们两人后来的尖锐分歧和对立，在1790年年初还没有显露。交谈之后，杰弗逊愿意帮汉密尔顿一把，由他做东，邀请汉密尔顿和麦迪逊晚宴，商量一个妥协办法。

在这次晚宴上，汉密尔顿和麦迪逊交流了意见，达成一定的相互理解，最后，还是一次政治妥协：麦迪逊答应在众议院协助通过汉密尔顿重建国家信用的方案，而汉密尔顿动员国会里的联邦党人做出让步，通过把联邦首都建在波托马克河边的法令，也就是说，把首都建立在南方弗吉尼亚附近。这是美国建国初期最重要的一次妥协。

1790年12月13日，汉密尔顿向国会提出报告，为重建国家信用，需要成立一个全国性银行。汉密尔顿设想的全国性银行由一个私人董事会领导，以避免由国家官员领导的银行导致腐败。他指出，这样一个银行可以为国家提供可靠的储蓄,协调各地银行业,提供统一的通货,为商贸和工业提供资金,以及在国家需要的时候提供政府贷款。

这个主张又一次遭到麦迪逊的反对,他认为这种银行只有利于城市商人、投机家,而不会有利于农夫、工匠和小商人。这次的理由是,宪法没有明确授权联邦政府行政分支设立全国性银行,所以,方案是违宪的。

国会里,以农业为主的南方反对,以城市工商业为主的北方赞同,两极分化。最后国会通过这个法案,提交到华盛顿总统面前时,来自南方的华盛顿总统打算按照宪法的授权,予以否决。好在华盛顿总统在关键时刻,是个沉着而谦虚的人,在否决以前,他正式征求司法部长伦道夫和国务卿杰弗逊的意见。他们都是弗吉尼亚人,都认为应该否决。华盛顿再把他们的意见都转告汉密尔顿,告诉他,除非你能说服我,否则我就要否决你的方案了。

几天以后,汉密尔顿交给华盛顿总统一份意见,那就是以后著名的《论银行之合宪性的意见》。在这份意见书里,汉密尔顿精彩地阐述了关于宪法中联邦政府之默认权利的思想。其实,不久前在《联邦党人文集》里,麦迪逊本人也同意了这个观点。汉密尔顿在意见书里斟字酌句,小心翼翼地表明:联邦政府可以运用一切必需而可行的手段,来实行宪法赋予它的政治权力。前提是,这些手段不是宪法所预先禁止的、不是不道德的、不是和这个社会的目标相冲突的。

这份论文是汉密尔顿依据自己的实践体会,对宪法实行方式的补充。汉密尔顿的出色的逻辑和论述能力,终于让华盛顿总统接受了他的看法。1791年2月,华盛顿总统签署法令,建立美国第一个全国性银行。这一银行是美国建国初期经济制度的最重要基石,也是以汉密尔顿为首的联邦党人对美国早期制度建设的最重要贡献。

一个新的联邦政府，就开始如此运作起来。可是，由于政治观点的分野，第一代的美国建国者中，因被选入联邦和州政府而没有离开政治舞台的人们，开始严重分裂和对立。费城会议前和费城会议本身，是一个相对范围更狭小的上层精英政治。现在，是全美国开放的大舞台。民众越来越多地介入，媒体推波助澜，使得政治环境有了很大的变化。

我在下封信，再把围绕汉密尔顿的故事给你讲下去吧。

祝好！

林 达

汉密尔顿的功绩

卢兄：

不等你回信，我先讲下去。上封信讲到，由于汉密尔顿的努力，美国终于建立了第一个全国性银行。可是，今天看来或许是很常识性的一个决定，在当时，却并不是所有的人都能接受的。这是联邦政府第一项投入运作的举措，它的一举一动，都在预示着美国的走向，给出它能不能成功的征兆。尤其是美国的建国者们，正非常紧张地注视着它的运行。他们的忧虑，一点没有减轻。

联邦政府行政分支要有效地执政，就要有权做一些具体的决定。宪法不可能面面俱到地提供细致的指示。可是，权力的界限究竟在哪里？大家都知道，汉密尔顿一向持有"国王"、"强行政"的过激观点。现在，这个观点激进的人，真的就站在行政分支中的重要位置上了。他的实践，他所表达的观点，使得本来就对联邦政府权力不放心的弗吉尼亚政治家，大为震惊。虽然华盛顿将军可怜的内阁只有区区四个部长,他们仍然觉得,一个会让政府过于强大的趋势在悄悄形成,这必然会威胁到个人自由。他们反对扩张政府权力。以杰弗逊和麦迪逊为首,反联邦党人在形成,成为汉密尔顿的主要对手。

你一定记得麦迪逊原来也是持联邦党人的观点。可是,费城制宪会议以后,托马斯·杰弗逊结束了五年来出使巴黎的生活,回到美国。他和麦迪逊本来就友情很深,都是弗吉尼亚人,气质也相似。麦迪逊受较年长的杰弗逊影响,一点点疏离了联邦党人的观点,偏向于杰弗逊的看法,认为新生美国最重要的是保持美国革命的原始精神,强调民众的自然权利。

与此同时,汉密尔顿在临时首都费城,忙于准备另一个报告。1791年年底,他提出了著名的《关于制造业的报告》。

这个时候,美国经济落后,只能为欧洲制造业提供原料和市场,自身几乎没有工业。汉密尔顿的这个报告,第一次预言了美国经济的前途,把美国放到了世界经济体系之中。他敦促国会发展美国制造业,指出,有了强大的制造业,国家才能真正独立,在全球商贸中才能得到平等的地位和条件。他预言了未来美国将出现的大规模移民,指出移民的多样化劳动力是制造业的有利条件。他认为,这将使美国出现新的人口中心,形成国内市场,这也将有利于农庄,为农业产品找到新的销路。

汉密尔顿和其他政治家的不同在于,他不是从道德角度来判断经济措施的好坏,而是从事物互动的关系中用动态的发展的眼光来看待。他要求国会通过法令鼓励制造业,包括保护性的进口关税,免除国内制成品的关税,鼓励新发明,特别是和机器有关的发明。为此,他和财政部的助手一起建立了称为"有用制造业学会"的民间组织,在新泽西州建立工业园作为制造业的示范。

华盛顿总统是弗吉尼亚人,他的内阁也以弗吉尼亚人为主。汉密尔顿工作得非常艰难,他的联邦党人观点遭到杰弗逊的反联邦党人派的反对,两派在内政外交上的政策几乎全都针锋相对。

美国处于初建阶段,相对而言,汉密尔顿负责的财政和经济是实的,而杰弗逊负责的外交是虚的;汉密尔顿鼓吹的工业制造业和商贸是动态的、有前瞻性的,而杰弗逊坚持的农业社会政治伦理观是静态的、保守的。但在外交上,倒是汉密尔顿推崇稳步推进的英国模式,主张和英国建立友好关系,对正处于大革命时期的法国持怀疑和否定态度;而杰弗逊恰恰相反,他的浪漫气质和激进的法国革命相投,又在法国生活了五年刚刚回来,因此,他同情法国而反对与英国结盟。

现在我们回头去看,美国当时是一个明显落后于先进欧洲的、经济落后的乡村。而汉密尔顿的高明,并不在于他对金融、经济发展和工业社会的创造性构想,因为西欧早期的工业化已经发生,在工业化之前,英国的金融和财政体制变革的一整套经验,已经活生生地摆在那里。汉密尔顿的智慧在于,他知道最开始需要的,并不是发明创造,而是在其他国家现有的经济模式样板中,选择一条路跟上去。

民主社会制度是多数决定的制度,所以,仍然存在由于多数人的错误选择,走上错误道路的可能。虽然,相比专制制度,它更有纠正错误的机会,不会在一两个人的执迷不悟之下一条道走到黑,可是,在国际经济形势面临质变的时刻,对一个国家来说,一个错误选择也可能就贻误了一个难以弥补的关键契机。更何况,美国一开始就面临经济崩溃,危机重重。这就是汉密尔顿的功绩所在:他的选择,使得新生的美国一点没耽误地抄着捷径，在经济上向先进的欧洲追去。

不知你注意到没有，我说的汉密尔顿建立的美国第一银行，是第一个"全国性"银行，而不是属于政府的"国家银行"，因为这并不是全部国家资产和国营。汉密尔顿以英格兰银行为蓝本，私有公管。总共一千万美元的股份，联邦政府的股份仅占五分之一，其中四分之三还是政府债券。财政部有监督权，私人有大部资产和独立经营权。汉密尔顿依据他对人性的理解，认为，"私人利益是银行最好的指导原则"。

站在汉密尔顿对面的反对派，以托马斯·杰弗逊为代表。他们认为，独立战争时期发行债券的行为，和今天发行股票建立国家银行，有道德上的本质差异，"前者有着神圣目的，它是为了一场神圣的战争，这场战争拯救了我们的自由，并且使我们独立。而后者，其目的只是为了让一伙骗子发财，使得那些诚实和勤劳的人蒙受损失"。

可是，在汉密尔顿眼里，经济就是经济，是一门独立的学问。他不把那些不属于经济的道德问题，合在经济问题中考虑。

美国的经济范本是欧洲，而欧洲有过成功的经验，也有过泡沫经济引发崩溃、金融从此一蹶不振的危机。而事实上，现代经济刚刚开始，它以迅猛的力度在冲击和改变社会，一副洪水猛兽的样子。可以明显看到，它远比农业经济的社会更难预料和控制。这两派观点，在某种意义上，是信心的差别。汉密尔顿充满自信心，也具备迎接挑战的性格，他更理性化，也更相信强大集中权力对经济的掌控能力。而以杰弗逊为代表的、习惯和喜爱传统南方农业社会的人们，他们对迅速释放无法控制的能量的变革感到忧虑，变革后的局面是未知的，他们完全没有信心。

现代经济在刚刚出现的时候,人们事实上是还没有完全了解它。它多次在人们喜出望外的时候,突然呈现可怕的面貌,出现类似大萧条这样无可驾驭的灾难。人们虽然有幸能够度过这些难关,却也付出了巨大的代价。因此,对它是否具有信心,在那个时候,两种态度没有什么高下之分。可是,美国显然还是要感谢汉密尔顿的这种信心,因为,现在看来至少有一点是清楚的,就是杰弗逊他们希望美国躲避在一个浪漫田园里,维持世外桃源式的农业社会,事实上最终是不可能做到的。

经济就像是一驾独立的马车,它驶向一条新的道路,就带出一片新的风景,有鲜花原野,也有狂风暴雨。汉密尔顿显然为美国带来转机,让美国以惊人的速度,在欧洲恢复信用。国内经济开始繁荣,美国开始生气勃勃地转动起来了。可是,这条道路也必然带来另一片风景。

证券买卖的投机风潮很快出现。1791年独立日,美国第一银行股票上市,投机风潮达到顶点。一些独立战争的老兵们傻在一旁,看着疯狂抢购股票的人潮。股票价格猛涨。汉密尔顿试图通过他一贯的方式,匿名在报纸上发表文章,告诫大家股市可能崩盘的危险前景。可是在周围众多发财故事的刺激下,这种警告当然没人要听。结果,第二年二月,暴涨五个月的股市突然大跌。美国面临经济危机。此后,美国还有过几次类似的金融大风潮,幸而汉密尔顿并不只沉溺在成功的一面,也在同时研究欧洲的经验教训,有备而来,他动用国家储备干预,股市逐渐回稳。虽然没有导致崩溃,可是,仍然带来了很大的社会冲击。

从此,美国在经济结构上,完全现代化了,类似欧洲的证券市

美国财政部前的汉密尔顿像

场、交易所和股份公司大量出现,并且以股份公司的形式集资,修建公路、运河、桥梁,兴办制造业。美国开始呈现与建国前完全不同的面貌,像今天说的,经济起飞了。许多人的生活,被新的社会风潮带动,向不同的方向改变,美国社会本身也被改变了。

假如回顾以汉密尔顿和杰弗逊分别为代表的两派观点,还可以看到其中一系列不同的观念。例如在对待战争债券的问题上,汉密尔顿把它看作是政府与个人之间的契约,政府不如约偿债,契约权和财产权就得不到保障。同时,他把收购债券的所谓"投机者"和出售债券者之间的关系,也看作是合法的契约关系。债券在流通,只要是合法的交易,其中一些人的吃亏和得利是客观存在,只要是自愿、合法,就必须尊重契约为先,而必须忽略它的深究一层的道德探讨。股市也一样,只要是公平的,各人也必须承担风险,不能因赔本的个人陷于悲惨境地,就对制度做道德探讨,甚至否定制度。

现代经济制度显然在引出新的社会问题。在汉密尔顿看来,振兴国家经济,使它变得强大最为重要,而引出的问题只能再进一步寻求解决。他拒绝把目光投向那些被历史的列车甩出去的人们。

对于杰弗逊他们来说,新的经济制度引出的社会问题,直接牵涉到最基本的道德观念,从而引出他们对这样的经济改革本身的质疑和否定。再说,原来就有的忧虑,更因政府权力的扩大而加深。政府是否因此无可避免地腐败,民众的自由是否已经被严重侵犯?在他们看来,费城会议过去只有短短的四年,宪法批准只有短短两年,联邦政府已经呈现出了改天换地的权力。

其实,双方提出的问题,都不是没有意义的。美国从第一天开始,就是不断处于这矛盾两极的抗衡和平衡之中。

当然,是人在发展着经济,是人的欲望在推动着经济的发展,而欲望与生俱来。只要这样的动力存在,经济就会隆隆地向前冲。到了一定的地步,与其说是人在主导形势,还不如说,形势本身迟早会挑选出如汉密尔顿这样素质的人,在这块土地上,完成这样一个过程。

汉密尔顿的天才,在于他看到了这个趋势,顺应了这样的趋势。可是,对立的观点的存在,使得许多在快速发展中被忽略的问题,永远有人关注和提出来,这其中包括政府的权限、政府的腐败、弱势群体的权利和社会公平等等。因此在建国初期,相互反对着的两种观念,都有它存在的意义,这不是简单的对错关系。

建国初期,经济改革也在初创阶段,监督制度并不完善。支持汉密尔顿的联邦党人,即使是国会议员,也不少拥有国债、股票,还有在私人银行或公司任职。是否有内线交易?是否以权谋私?加上汉密尔顿的助理也在积极参与投机买卖,于是导致更大的疑问。

反联邦党人在杰弗逊带领下,质疑汉密尔顿处理外国贷款和他的个人财务问题,在1793年春突然在国会提出弹劾汉密尔顿。汉密尔顿在一个月之内就准备好了有关个人财务的二百页记录,以表明他的清白无辜。这一弹劾提议没有在众议院通过,投了赞成票的只有五个众议员,其中之一是他以前的合作伙伴詹姆斯·麦迪逊。

当年十二月,弗吉尼亚的约翰·泰勒又指控财政部与美国银行相互勾结,造成政府腐败。经国会调查委员会严密调查,没有发现账目上有什么问题。一直到杰弗逊当总统,一直到此后的历史学家们的研究,都没有发现汉密尔顿有"经济问题"。这些指控和调查部分起于政治对立和斗争,可是,在美国政府的新生时期,在经济变革的时代,这样的调查还是锻炼了立法、行政两大分支的监督和互动关系,也确立了美国政府公开的对权力监督和制约的模式。

当时,联邦党人和反联邦党人在治国方略上的分歧,在政治观念上的对抗,甚至发展到人身攻击。这一切,让双方感到疲倦。尽管有华盛顿总统居中调解,联邦党人和反联邦党人在治国理念上的根本分歧却越来越明显,越来越公开。汉密尔顿和杰弗逊几乎是水火不相容,到了难以共处的地步。

1793年,托马斯·杰弗逊辞职。但是两种观点的对立却由于第二年的税收暴动事件,变得更为尖锐。

事情的起因是,既然联邦政府决定偿还债券,就需要增加税金来支付。国会随之通过一系列税法,其中的"威士忌酒税法案",伤害了种粮食酿威士忌酒的农夫。宾夕法尼亚州西部的农夫,由于高山阻隔,交通不便,大规模运粮食出来卖,几乎不可能,只能酿酒,运酒则大大减少运输量。而这个法案一出来就像是断了他们的生路。1794年,他们组织起来暴动,反对该税法。结果,华盛顿总统招募了一万多名国民兵,由汉密尔顿亲自率领,驱散了暴动的民众。虽然无人伤亡,但是逮捕了一批人,包括农夫选出的代表们。

这个税是国会强制征收的,所以很容易让刚刚独立不久的美国人,想起当初他们要求独立的原因之一,就是反抗英国宗主国不合理的税收。"威士忌事件"虽然没有酿成血腥的暴力镇压,第二年华盛顿总统也签了大赦令,所有在"威士忌事件"中被逮捕的人,都没有被定罪。可是,在杰弗逊的一派看来,武装的国民兵都被汉密尔顿领着出去了,没有流血仅仅是出于侥幸。这简直就是华盛顿可能变成国王、联邦政府可能变成人民敌人的信号。

这一事件确实非常危险。一方面,有了国会代表,并不表示每个地区、阶层的利益都能得到照顾,他们之间的利益还可能完全是冲突的。另一方面,也许根本没有万全之策。当一个经济措施出来时,必然有得益和受伤害的两部分人。即使从长远来看,或者说从大局来看,可能政策是必要的。可是,站在那些被牺牲了利益的民众面前,华盛顿总统也不知所措。直到很多年后,也是在联邦政府有了能力之后,才开始对一些经济政策中的受害者,由政府出面作出补偿。

如何畅通民众的申诉渠道,如何不走向恶性事件,在美国这个大规模移民的国家,是比其他国家更为困难的事情。美国也是在实践中经历许多惨痛的教训,才逐渐取得尽量避免恶性事件发生的经验的。建国初期,杰弗逊站在民众立场上的呼吁,是对政府管理非常重要的提醒。

就在这个时候，1795年1月31日，汉密尔顿辞职了。在辞职前，他向国会提出了最后一份报告，再一次阐述了他的重建国家信用政策的重要性。他的政策在起作用，美国在欧洲经济体系中的信用正在恢复。他指出，对还是一个年轻国家的美国来说，信用尤其重要。只有建立了良好的信用，国家才能在世界范围内获得平等的地位。同时，建立国内的私人信用也非常重要。只有在一个良好信用系统的基础上，经济才会平稳地发展。

当时的官员薪水不高，历史学家普遍认为，汉密尔顿辞职的主要原因之一，是他当部长的薪水难以养家。他回到原来的律师旧业，有了将近四倍的收入。他经常工作到深夜，成功地打赢了几个大官司。

可是，汉密尔顿在政治上仍然是个雄心勃勃的人，他是联邦党人的领袖，也始终得到华盛顿总统的信任。1796年9月，华盛顿总统发表著名的《告别演说》，宣布不再竞选下一任总统。总统要求汉密尔顿帮助他起草这封给美国人民的公开信。在这封信里，华盛顿总统嘱咐后人，要维护美国的中立，尽量和欧洲所有国家都发展商贸，但是不要和任何国家搞政治结盟。

1795年4月，就在汉密尔顿辞职后不久，约翰·杰伊在伦敦和英国政府签订了和平协议，消息传来却遭到公开舆论的谴责，人们认为他出卖了国家的利益和尊严，是"卖国贼"。人们在街头焚烧杰伊的纸像。汉密尔顿为自己的这位老朋友辩护，他在公众集会上演讲的时候，却遭到人们的石块攻击。按照宪法，外交条约必须参议院通过。这次虽然参议院通过了条约，华盛顿总统却犹豫着，没有马上签署。他征求汉密尔顿对条约的意见。汉密尔顿一如既往，写了一篇文章，一条

汉密尔顿的家

一条地为条约辩护。他指出，条约为年轻的美国争得了宝贵的和平，符合美国的利益，不会损害美国的荣誉。华盛顿总统考虑了几个星期才签署了《杰伊条约》，而这个条约的思想和最终实现，汉密尔顿起了很大作用。

1799年年底，华盛顿去世。这对汉密尔顿是一个极大的打击。在第一代的政治家中，华盛顿也许是唯一一个始终对他非常信任的人。汉密尔顿在联邦党人中虽然有很大的影响，可是后来逐渐变得孤立，他的声誉在下降。主要原因，是他运用影响力，在政治派性争权中非常活跃。他文笔犀利，下笔伤人。尤其是在竞选的关键时刻，对同为联邦党人的亚当斯总统，进行了长篇人身攻击，而亚当斯是个为人行事很有原则的老派绅士。这一事件造成了对汉密尔顿的声望和政治前程的最大伤害。

1804年7月11日，汉密尔顿在一场决斗中受了致命的重伤。

2003年秋天，我们去纽约市，特地去看了汉密尔顿在纽约的家。这栋小楼对于他们这个家庭来说，并不算大，现在逼仄地处在拥挤的街道上。当年，这栋小小的房子周围，是三十二英亩舒展的野地。我站在那里想，搬家到此的那天，一家人望着窗外的树林和草坡,也一定有过许多憧憬。汉密尔顿特地给这栋小房子命名,叫它"格朗",就是农庄的意思。据说,那是他遥远的祖先在苏格兰的老家的名字。可是,他只住了两年。就是在这栋房子里,1804年7月12日,汉密尔顿去世了,时年四十九岁。去世的时候,他的身边除了一个朋友,纽约市的一名主教,还有他的妻子伊丽莎白和他的七个孩子,最小的孩子只有两岁。

在他临终前最后的时刻,他要求纽约的圣三一教堂为他举行圣餐礼。可是,一开始却被教堂拒绝了。原因是他虽然已经皈依上帝,可是他决斗的行为却有违基督的教义。汉密尔顿最终说服了教会。他说,他虽然答应了决斗,却因为基督教的信仰,才将子弹故意打偏。他还说,他为自己所有的罪过忏悔,并愿意与所有的人和解,包括在决斗中给他致命一击的对手。汉密尔顿最终说服教堂为他举行了仪式。

他渐渐被遗忘了。汉密尔顿死去之后,政治圈内派系运作留下的伤害,还久久留在那里。而人们还不到回顾和思考的时候。

如今,二百年后,当美国人终于开始认真回顾自己走过的道路,重新审视当时有关国家经济发展的讨论时,他们发现,对美利坚合众国的制度建设来说,费城制宪会议以后的十年是最关键的十年。在这十年里,对美国的制度建设贡献最大的,除了华盛顿总统以外,他们国家的今天有赖于亚历山大·汉密尔顿。因为,在政治制度确立之后,经济的道路还始终面临种种困难选择。而在那个时候,假如走上的是托马斯·杰弗逊和麦迪逊选择的经济发展方向,美国完全可能是另外一个样子。

美国终于看到了这个从西印度群岛来的人为美国所作出的贡献:

他主张一个强有力的国家级政府，他以出色的才华鼓吹通过合众国宪法，在美国建国后的短短的几年里，他使美国恢复了国际信用，建立了美国的经济制度，为美国搭起了经济发展的舞台，打下了一百年后世界一流经济强国的制度基础。

汉密尔顿的墓地

在华尔街和百老汇的路口，我们找到了圣三一教堂。古朴的教堂，坐落在世界上最拥挤的金融摩天大楼之中，非常醒目。这儿离当年的联邦议会、后来的临时国会所在地、现在的联邦大楼，只隔着一个街区。当年，华盛顿将军和汉密尔顿星期天都常来这个教堂。旁边就是墓地。墓地的边缘与车水马龙的大街只隔着矮矮的铁栏杆。马路上，行人匆匆来往，他们也许就在近旁的大楼里，操作着世界上最庞大的金融机器。大概不会有人注意，这个国家庞大的财政金融大厦的第一个奠基者：亚历山大·汉密尔顿，就长眠在这儿。

好了，今天就聊到这儿吧。

祝好！

林　达

1804 年的信号

卢兄：

很高兴收到你的来信。你提到，以前听说过汉密尔顿死于决斗，很想知道这到底是怎么回事儿。

在我上次写汉密尔顿的时候，省略了他的决斗。看了各种相关的研究和资料之后，我想另外写封信，专门给你讲讲这个美国历史上最著名的决斗。因为它不仅是汉密尔顿的个人悲剧，事件本身也和我们在聊着的制度实践的主题有关。

今天去看，那真是一件完全不可思议的事情。1804 年，汉密尔顿虽然已经离开公职，可是，他不仅是美国屈指可数的那些建国者们之一，还是联邦党人的一个重要政治领袖，可以说是当时美国已经离开公职的政界名人。而他的决斗对手艾伦·伯尔，更是当时的美国副总统。我们如何能够想象，今天的美国副总统，会提着一把手枪，去跟人家决一生死呢。

所以，你可以又一次看到距离——我们今天的时代和他们的时代之间的距离。虽然在同一个宪法之下，那时的美国还远远不是我们今天认识中的那个国家。

1804年7月11日清晨，汉密尔顿和伯尔，双方各自带着自己的助手，还有一名医生，分别乘着小船，来到相邻的新泽西州，在野外的一块小空地上，履行"约会"。当然，他们知道，这是在赴一场决斗。可是在他们交往的信件中，都把它称为是"约会"，并且不在自己所住的纽约州进行，那是因为，在他们所住的纽约州，决斗已经是非法的了，而在相邻的新泽西州，却还没有制定这样的法律。

美国的开端，随着规模的突然升级，古典政治无可避免地在向现代政治转变。这是一个转型期。而他们，也处于古典绅士向现代政治家的转变。这是绅士们最后的时代。我想，就像欧洲最后的骑士、日本最后的武士那样，美国最后的古典绅士也是非常困惑，也有着很深的悲剧性。

那时候，古典绅士的传统还在。我们在讲着的绅士，不仅是我们理解的温文尔雅、有教养的君子，还有骑士一样的规则。那个时代，绅士是一个分量很重的称号。绅士是重荣誉的，这不是一句空话。从欧洲的中世纪开始，就留下了荣誉重过生命的概念，也留下了决斗这样一种古老的、绅士之间为了荣誉而在决斗中押上生命的特殊传统。

这个传统一直传下来，被带到了北美洲，一直流传到美国诞生之后。在1804年，正在迈向一个现代国家的美国，已经意识到决斗这个传统不合时宜。一些州（如纽约州）已经开始立法禁止决斗。一些观念已经在转化的绅士，也摒弃了决斗的方式。可是，决斗在美国绅士们之间还是一件很普遍的事情。

那天发生的事情,是美国历史学家们不断研究的对象,可它至今还是一桩历史疑案。有一部分事实始终不清楚。

可以确定的是,汉密尔顿带着他的亲戚丘吉的一把手枪。这把手枪至少已经两次用于决斗。1799年,丘吉曾经用这把手枪崩掉了伯尔的一粒扣子。它的另一个故事,却是汉密尔顿一家最大的一个伤痛。

1801年冬天,汉密尔顿十九岁的长子菲利普,为了维护父亲的声誉和别人发生争吵,争吵中对方使用了一句骂人的话。那时候,是有一些约定俗成的规则的,某些被认为是羞辱人格的话,例如"懦夫"这样的词,是不能出口的,一经出口,对方必提出决斗的挑战,否则就没有尊严再活下去了。因此,年轻气盛的菲利普随即向对方提出决斗挑战。有一种说法是,汉密尔顿的儿子在决斗前,和父亲有一番谈话。他想问父亲,他应该不应该去决斗,他在决斗时能不能杀死对方?汉密尔顿说,一个绅士,必须维护自己的声誉;但是,他提醒儿子,他是一个基督徒。结果,汉密尔顿的长子在决斗中没有开枪,自己却身负重伤。

当时,这样的挑战虽然经常发生,可是,大多数决斗,又能够经过一套由助手协助的操作,有面子地和解而取消。汉密尔顿在那时自己已经遇到过七八次这样的挑战,其中一次的对手,就是后来的门罗总统。但是,一次次地,这些决斗挑战都"荣誉化解"了,没有走到动武的那一步。因此,还有一种说法是,汉密尔顿听说儿子的事情之后,凭经验认为会化解取消,没有认真干预。直到他听说双方沟通失败,决斗已经发生,他大吃一惊赶去,儿子已经身负重伤。

这两种说法并不完全冲突,可能都是不同侧面的事实。确切发生的,是决斗的第二天菲利普死去了。汉密尔顿十七岁的女儿,经受不

汉密尔顿和伯尔决斗

了如此打击,精神失常。

汉密尔顿和伯尔的决斗,一共发了两枪。伯尔没有受伤,而汉密尔顿受到致命的重伤。

可以想象,事情发生之后,在纽约甚至全国,成为爆炸性新闻。伯尔在刺激之下一路向南,直奔到佐治亚州才停下来。报纸上谣言四起。例如说伯尔穿的是特制的防弹衣,刀枪不入;也有说他事后弹冠相庆,只后悔没有射中汉密尔顿的心脏云云。

目击者是双方的助手,医生只是听到两声相隔数秒的枪声。可是,两名助手的描述又不尽相同。此后,各方面,包括法庭,展开了详细的调查。基本事实是,汉密尔顿在"赴约"之前,曾经写下:由于宗教信仰原因,他将不会开枪。可是,后来发生的事情又似乎不是这样。在决斗开始前,他曾要求推迟一会儿,容他戴上眼镜。汉密尔顿率先开枪,事后也找到了他发出的枪弹,但是,子弹偏离伯尔所站的位置很多。另外,可以确定的是,伯尔对汉密尔顿事先写过不开枪的想法,完全不知情。他后开枪,但是击中了对方,汉密尔顿应声倒地。当时,伯尔表现得非常震惊,立即要到汉密尔顿身边去,却被助手阻止,把他带向小船。走在半路,他坚持要回去和汉密尔顿讲话,可是助手还是不同意他过去,让他立即离开了决斗现场。

我前面说的、成为疑案的历史迷雾,是涉及双方在面对自己和对方生死之时,在开枪的一瞬间的想法和决定。虽然,只要是遵循规则,从决斗本身来说,他们是在押上自己的生命,也有权击中对方的要害。可是,在那个时代的美国,已经是决斗的末期,真的决斗导致致命的很少。再说,那是两个如此特殊的人。所以,不仅在当时,而且在以后,一代代历史学家都想要知道:汉密尔顿,还有伯尔,他们在这一个瞬间,是真想置对方于死地吗?

只能说,一些历史学家根据汉密尔顿事先写下的文件,和他事后自己的说法认为,虽然汉密尔顿先开了枪,却是有意地打偏的,他不想伤害对方。一些历史学家也根据当时决斗的一般规律,以及伯尔事后的表现认为,伯尔也并没有要在决斗中杀死汉密尔顿的打算。比较可能的情况是,伯尔在对方先开枪的刺激下,也只是想打中大腿之类的不致命部位,以造成对方轻伤结束这场决斗。可是,他也打偏了。

这是历史学家们尽可能地依据事实作出的研究,由于推测的都是决斗双方在瞬间的念头,其实,那是永远也无法真正确定的了。可是,他们为什么要决斗?在当时,大量决斗挑战都可以通过沟通化解而避免动武。就汉密尔顿来说,他遇到过十一次决斗挑战,只有这次走到最后一步。为什么这次就不能避免?最重要的是:这场决斗究竟表达着什么?

事情的起因,看来似乎不是一件大事。1804年6月18日,伯尔要求汉密尔顿对一封信件的内容作出解释。信的作者是库派博士,上面有这样一句:"我还可以告诉你有关汉密尔顿将军对伯尔先生鄙视的看法细节。"

信件内容没有汉密尔顿的原话。因此,伯尔的指控显得空泛。按照历史学家们对此类荣誉纠纷的研究,汉密尔顿假如断然否认有这样的事情,很抱歉发生如此误会,那么,伯尔就很难不接受这样的解释,事情也就过去了。

在这个当口,谁也没有料定事情一定要走向严重的后果。伯尔的信只是要求解释而已。

也许,正因为如此,也因为伯尔手里没有什么把柄,汉密尔顿的回信选择了另外一种方式,还含着一点轻蔑:你似乎认为,我有必要对一件没有被证明是不恰当的事情,认错或者不认错。你给我一大块捕风捉影的东西,里面真真假假的可能都有,我怎么判断这到底是什么意思呢?我说过的事情,只是我们竞争十五年来的那些政治对立。原则上说,我如果认同你的质问,先要看别人对我的讲话所做的推论是不是公正。

不提也罢,一提十五年来的政治对立,伯尔显然被惹火了,争论也马上升级,言辞中更多地涉及了双方的荣誉。一个星期的来回交锋之后,事态的走势已经非常不妙。这个时候,也许双方都感觉到了问题的严重,都开始为自己找了交涉的助手。后来,这就是他们各自的决斗助手。汉密尔顿第一次请了自己的朋友潘德尔顿作为助手。在这样的情况下,潘德尔顿脑子非常清楚,他的任务就是要避免决斗。他依据古老的"决斗法则",终于劝说汉密尔顿写下了如下声明:对库派的谈话,现在回忆起来,"凡我有关政治原则和对伯尔上校看法的相关言论,无一例涉及他过去的行为或私德"。针对规则,汉密尔顿再一次强调,他和库派的谈话,"完全是政治话题,没有一点涉及伯尔的不名誉行为或者私德"。

历史学家认为,"即便是以挑剔的眼光去看,这样的让步也足以结束这个事件了"。伯尔应该把它看作是一个间接的道歉。因为这是常识,也是规则:所谓的名誉问题,所谓的绅士名誉纠纷,只和对个人品行的攻击有关,无涉政治等其他大话题。这些公共话题哪怕分歧再大,争论、反对、攻击的言辞再激烈,也和绅士的个人名誉无涉。汉密尔顿完全是循着决斗规则,来划开个人和政治批评的界限的。

可是,谁也没有料到,这一切已经太晚了。

他们曾经是老相识,相识大致都要超过三十年了。之所以提起十五年的这一段,是因为他们在十五年前,在美国成立之后,都开始从政,而分歧由此而来。

1789年,汉密尔顿和纽约州的州长科林顿竞选,汉密尔顿失败了。事后,曾经帮助汉密尔顿竞选的伯尔,最终接受了科林顿委任的州司法部长的职位。这是他们之间第一次有了裂痕。汉密尔顿认为伯尔是缺少政治原则,去帮了他的对手的忙。两年之后,1791年,在纽约州的国会参议员的竞选中,伯尔击败了打算连任的汉密尔顿的岳父,取代了他的位置。而后者是国会中汉密尔顿最有力的支持者。伯尔进入国会参议院之后,又反对汉密尔顿提出的财政计划。后来,伯尔反对汉密尔顿成为纽约州的候选人,而到1792年,汉密尔顿反对伯尔成为副总统候选人。

1800年,托马斯·杰弗逊和伯尔得以入选正副总统,又因两人票数相等,在决定谁是总统、副总统的问题上,形成僵局。按照宪法,这种情况下,将由众议院一州一票决定。汉密尔顿看不起杰弗逊,但是更讨厌伯尔。汉密尔顿表示,尽管杰弗逊在政治观点上和他相冲突,却"远不是一个危险的人",而伯尔则"一无是处,就连最偏袒他的朋友,都不会认为他有好的私德。他已经身败名裂"。他宣称伯尔"不论于私于公,都不是一个有原则的人"。因此,不能让伯尔当总统。他积极活动,利用他在众议院联邦党人中的影响,游说众议员投票给杰弗逊。众议院经过几十次投票,终于选出杰弗逊成为美国第三任总统。伯尔落为副总统。

也许你会问,那么伯尔这个人究竟如何呢?历史学家一般认为,在对待公众事务上,他和华盛顿将军的形象恰成反比。华盛顿将军没有私心,而伯尔是个私心很重的人。汉密尔顿在十五年中,当然是攻击过伯尔的私德。可是,要汉密尔顿就他们十五年的恩怨和对伯尔的攻击做广泛的道歉,又是不可能答应的要求。假如汉密尔顿这样做了,那就是他自己的绅士名誉被终结了。

避免决斗的"荣誉化解"是需要双方退步的。大多数情况,尤其是处在决斗时代的尾声,在成熟的政治家之间,大家都知道,以生命为赌注不是上策。所以,一旦由于一怒之下发生的危机出现,他们大多是双方在主观上寻求保留各自面子的"荣誉化解"。在过去汉密尔顿和门罗的决斗挑战事件中,显然可以看出,他们沟通的信件是在相互找台阶也是相互给台阶的。而假如一方下定决心决斗,另一方就很难解脱,因为强行挣脱的行为,本身是损害自己名誉的。正如汉密尔顿在留下的声明中,坦承自己对伯尔的政治原则、品格和看法,都有过批评,也批评过他作为绅士的私人举止。可是,汉密尔顿也表示,伯尔要求他做一个"不限定范围的、广泛的道歉",是"超出了他的可能"。

又经过一段时间的通信谈判,伯尔完全失去耐心,1804年6月27日,他对汉密尔顿发出了赴新泽西州某地"约会"的邀请。汉密尔顿要求推迟几天，处理了自己的私人事务。他们双方都各自立下了遗嘱。如他们的助手事后发表的联合声明，"他们双方都是遵守了古老的决斗法则，他们虽然是违反法律，可是他们遵循了维护绅士们荣誉的更高的律令"。

汉密尔顿和伯尔，他们不仅是政坛上的老相识，还是独立战争期间的老战友。1804年7月4日的美国独立日，独立战争义军的老兵组织，"辛辛那提退伍军人协会"聚餐，他们最后一次坐在同一席就餐。伯尔在那天显得沉默而情绪低落，而汉密尔顿却高亢地唱了一首英国军队的老歌："战士啊，为什么你的事业就是赴死？"在此前一天，汉密尔顿还举行了家宴，来客中，汉密尔顿邀请了他的政治对手杰弗逊的前私人秘书，还有他已与之决裂的前亚当斯总统的女儿和女婿。

美国独立日的七天之后，本来可以避免的悲剧就这样发生了。

回顾这个事件，可以看到许多偶然的因素导致了事件的走向。但人们也发现，事情是如此复杂，除了政治观点的"对和错"、政治人格的"优与劣"以外，无可否认，还掺杂着在声明中、在公开场合不会发表的个人私怨。可是，撇开这些之后，这个被称为是"美国早期政治史上最戏剧性的一刻"，这样一场历史性的决斗，究竟在告诉我们什么？

汉密尔顿对伯尔的戒心不是凭空而起的。伯尔出生于名门望族，他的父亲是普林斯顿大学的校长，他参加过独立战争，是一颗迅速上升的政治新星。但是，他被包括汉密尔顿在内的很多人认为有野心而无原则。

这场决斗事后被交付法庭调查，虽然决斗发生在可以合法决斗的新泽西州，虽然并没有发现伯尔有违反决斗规则的行为，因此他没有被法律起诉。可是，那已经是美国决斗文化的末期，一些地方如纽约州已经禁止决斗。也就是说，很多人对这样的"传统"已经感到完全无法接受。因此，作为副总统和参院议长的伯尔回到参院时，议员们看着他，就像在看着一个谋杀犯。他杀死汉密尔顿的名声使他在政治上被判了死刑。1805 年，据说伯尔想在美国西部包括密西西比河谷、墨西哥等地建立一个王国。为此，1807 年他被以叛国罪起诉，由最高法院首席大法官约翰·马歇尔主持审判。最后，由于他

艾伦·伯尔

没有具体颠覆美国的行动，他的叛国罪指控没有成立，被宣布无罪开释。但是，从此伯尔再也没有回到政界。

这次决斗不仅仅是两个政治家的个人争执导致了悲剧的结果。在这一幕悲剧之下，潜藏着建国初期美国的政治文化。

美国是一个共和国，可在两百多年之前的建国之初，还是过渡中的精英政治的舞台。我们前面说起过，华盛顿的内阁一开始只有四个部长。联邦的政界人数并不多。最初的选举选出来的，自然主要还是原来各州的绅士们。华盛顿的第一任内阁，包括最高法院大法官，都是参加过独立战争的第一代国家的创建者。可是，建国以后，不仅政治格局不一样了，人们对待公职的态度也在变化。对从政有兴趣的人们都看到，联邦政府正在给大家提供一个越来越有前途的政治活动大舞台。

这个大舞台是开放式的，和美国的制宪会议的精英小圈子完全不同。制宪会议之后，一批人离开了政治，如莫利斯这样的经营者。一些人有着很强的责任心，如华盛顿总统等，在众望所归之下，被推上了这样的位置。他们还保留着西方古典政治时期的观念：公职就是奉献，是服务公众。还有一些人，热衷于政治活动，主要是出于他们对

1804年的信号　*177*

国家的责任。也有一些人，责任感和政治雄心兼而有之。在他们的周围，从联邦权力结构诞生的那天起，就立即聚集起大批形形色色的、对政治活动有浓厚兴趣的人们。联邦政治权力在展现着它的魅力，古典政治，不论从观念到形式，都无可避免地在向现代政治转化。

你一定还记得，美国的建国先贤们，曾经是如何真诚地讨厌结党。在联邦以前的、以州为单位的小国政治以及相对单纯的政治环境中，一个正直的政治家，完全可以避免结党这样的事情。可是，大国的政治活动是开放式的，自有它自己的规律。几乎在联邦政府成立的第一天，尖锐的政治分歧就出现了。既然民主政治是大家参与的事情，在对立的政治人物周围，自然聚集起民众。结党终于成为不可避免的事情。

在费城会议之后，为了推动宪法的通过，汉密尔顿和麦迪逊曾经一起写了大量文章，表达他们的主张，被称为是联邦党人。可是事实上，并没有一个明确的政党。之后，反对联邦党人观点的人，就被称为是反联邦党人，也不是一个明确的政党。一开始，对于"结党"，仍然是有顾虑的。可是，随着大规模的政治运作，以及由于观点相同人群的组合，开放式的现代政党，不以人们意志为转移地自然形成起来。不论人们最初是多么憎恶结党，最后都如孤立的小舟，身不由己地卷入了一个个政党的大潮，也卷入了与此相关的党派纠葛。

由于政党是自然形成的，规则规范一开始显然没有跟上。大范围的、无规则的政党活动鱼龙混杂，言论行为都开始失控。政治观点的对立，很快走向人身攻击，开始恶性循环。费城会议上，虽然观点对立，激烈争论，却能够光明正大、以诚相见。可是今天，在大批民众参与的政党活动中，这种古典的传统氛围必然受到污染。也使得很多昔日朋友一旦成为政治上的对手，立即就势不两立起来。假如说，人们还在试图把汉密尔顿和伯尔归作不同政治品格的冲突,那么,当我们看到汉密尔顿和杰弗逊的对立,看到汉密尔顿和亚当斯的对立,以及其他不胜枚举的例子,就会发现,在现代政治运作中,政治对立最后演化为个人之间相互的不信任甚至怨恨,是多么容易发生。

汉密尔顿和伯尔的决斗,是古典政治最后的遗风。这并不仅是指决斗这样一种习惯,而是在背后把他们送上这条道路的政治文化。在那个时候,美国的建国者们还站在时代的转化之间。政府官员的个人品格,还是一件非常重要的事情。所谓的绅士荣誉,就是个人品格的被认定。这样传统的政治文化,形成了人们对绅士荣誉极度重视的态度。

即便是主动挑战的伯尔,也是在拿自己的生命争回自己的荣誉。汉密尔顿也一定要把自己的荣誉坚持到生命的最后一刻。令人惊奇的是,论及当时的状态,他们两人其实在政界都已经没有很大的前途。伯尔既失去了继任副总统的可能,也失去了民主共和党的信任,又无法被联邦党人真正接纳。汉密尔顿离开公职多年,由于他和联邦党人的分裂,即使在他的第二家乡纽约州,影响力也已经越来越小。可是,他们两人不约而同地,对于自己仍然必须被看作是一个"绅士",竟然看得如此重要。

第一批建国者们的政治经验,一开始是基于一个个"小共和国"的古典政治模式的。在这样的政治文化之下,在制定宪法的时候,虽然设立了监督机制,可是在内心深处,美国的建国者们,还是会依据他们以往在古典政治中的从政经验,不由自主地预想着,通过选举是挑选出一批私德相对可靠的好人,作为这个国家的管理人员。因此,在宪法中才出现了一个非常"简单的"选举总统的条款,那就是,大选举团选举总统的时候,每人可以投两张总统票。得票最多的人,当选总统,而得票次多的人,当选为副总统。因为按照古典政治的推论,得票最多的人,应该是"最好"的人,而得票次多的人,自然就是"第二好的人"。这样的搭配,不就是最佳组合吗?

在美国的第一、第二两届总统选举中,这样的古典政治的理想似乎在实现,全票当选的华盛顿总统和他的副总统约翰·亚当斯,都算是"德高望重"的老派绅士,是很能够自律的政治家,因此,似乎这样的设置能够达到目的。虽然现在来看,这只是一个历史过渡而已。华盛顿总统完全是一个古典政治中的楷模。他其实非常不适应在党派对立的政治生活中发生着的种种弊端。他虽然两次以全票当选为总统,可是,华盛顿在第一次任满时就不想连任。混乱的局面使他心灰意懒。也正是大家认为,除了华盛顿,没有其他人能够稳住和平衡最初的这阵混乱,才力劝他连任。任满两期,华盛顿说什么也不干了。

1796年,华盛顿的离任是美国古典政治结束的第一个信号。美国历史上,再也没有"全票当选"这样的事情了。党派两分,选票也两分。华盛顿的副总统亚当斯,已经身不由己地成了联邦党人的重要领袖之一,并且当选了总统,可是,他已经不是那么胜券在握了。亚当斯比副总统托马斯·杰弗逊只多了三票,而且,他们两人分属对立的两党,观点对立。

在制度实行的过程中,美国人终于发现,在政党政治之下,最可能的情况,是得票最多和次多的两人,分别是对立两党的领袖。谁都可以一眼看出,这样对立的总统和副总统,无论如何算不上是什么合作的好搭配。就这样,到1800年大选,党派竞争更为明显了,现在成了分属两党的现任总统和副总统,在竞争下任总统。而年轻的共和国,不仅监督机制没有完善,党派兴起之后,运作的规则也还没有建立。

在这个开放的政治大舞台上,许多人或许出于政治热情,或许出于权力的欲望,开始对他们的政党领袖推波助澜。1800年大选演成了一场相互攻击的轩然大波。

在联邦党人一方,汉密尔顿在大选前,突然写出一本五十几页的攻击亚当斯总统的小册子,在国会的一些议员中散发,并且很快被对手党拿去在纽约出版。这使得联邦党人产生分裂。

亚当斯可谓是代表古典政治理想的最后一人。在竞选中,他没有做任何私下的操纵,去煽动舆论反对自己的对手杰弗逊。他甚至遵循古典政治运作的原则,认为自己为自己宣传、评功摆好的竞选活动,不符合一个绅士的道德观。他告诫门罗,不要把他的名字和这些竞选活动联系在一起。在1800年的大选形势下,有些人甚至认为,亚当斯总统如此"过分天真",正是他"落后于时代"的表现。

相反,亚当斯的竞选对手杰弗逊已经完全适应了新的时代。他参与了竞选中的种种活动,有的还算是光明正大,有的已经不是古典政治风格了。最终,这一切深深伤害了亚当斯和杰弗逊从争取独立时代就开始的私人感情。

新建的总统府开始启用。1800年11月1日,亚当斯总统在没有通知下属的情况下,没有任何仪式,自己搬进了后来被称为白宫的地方。刚巧在场的两名官员和几个工人迎接了他。第二天,他给妻子写信,第一行是:"华盛顿市,总统府,1800年11月2日"。然后,他写道:"我请求上帝赐福于这所房子,以及此后的入住者。但愿从此只有诚实和英明的人,才得以住在这个屋顶下,管理国家。"

这个时候,亚当斯已经读过汉密尔顿写的小册子,也看到了两党互相攻击中种种恶语相向的情状,他差不多知道自己马上就将永远地

白宫

离开这个地方了。他写下的,是那个正在逝去的时代的一个古典政治家,为他们曾经有过的理想,在白宫留下的一个纪念。

此后的故事,我前面已经讲过,汉密尔顿在大选前夕造成联邦党人分裂,成为亚当斯在 1800 年大选中落选的重要原因之一。一向支持联邦党人的纽约州,倒向民主共和党候选人。结果,亚当斯落选,杰弗逊和伯尔因两人票数相等,谁当总统,相持不下。众议院在经过三十六次投票后,才选出杰弗逊成为美国第三任总统。而汉密尔顿由于支持杰弗逊,也因此和副总统伯尔加深了怨恨。

1800 年大选,给了美国政界很深的影响,现代政党政治已经事实上成为民意集中表达的一种渠道和主要方式,可是它还远远没有规范,还没有发展出大家认可的游戏规则。

1804年，美国通过了宪法第十二修正案，将总统和副总统的选举，在选票上分开。也就在这一年，汉密尔顿和伯尔进行了这场决斗。1804年的宪法第十二修正案，为美国古典政治时代的远去，发出了第二个信号，而两个绅士政治家为荣誉而决斗的枪声，成为它的一个回声。

祝好！

林 达

告别古典政治

卢兄：

谢谢你的来信。你问道，为什么说美国的宪法第十二修正案，是又一个古典政治远去的信号。它不是一个技术性的措施吗？

说起美国的宪法第十二修正案，还是要从费城制宪会议制定的选总统方式说起。

制宪会议规定的选总统办法，其实非常简单。每个州推选出的选举人投票选总统。宪法规定，每人可以投两张总统票，其中一名必须不是本州人。最终选出票数最高的人为总统，次高的为副总统。

这样的制度设置，源于一种思路，就是"选好人"。是设想每个投票人都会挑选自己心目中最符合总统标准的人。标准很自然，就是道德和能干。而大家对于"好"的理解，更偏重于道德。就像在制宪会议上，富兰克林对于政府的忧虑非常典型："我们知道第一个总统会是个好人，可是，谁知道后面会选出什么家伙来呢。"大家都知道，他指的"好人"是华盛顿将军。

在费城会议上,所有的人都有同感,因为华盛顿将军的道德,是久经考验、有目共睹的。也就是说,假如他们能够确信,以后的候选人都是华盛顿这样十全十美的"好人",也不用费神设置那么多监督机制了。所以,费城会议上有关"选举"的概念,是"尽可能"选出"好人"来。"不够好"的,让制度来制约他。

这是一个单线选择的思维方式,所有候选的政治家都是排在一条队伍里的。他们排队的先后次序,是依据他们"好"的程度,就是道德和能力水准的程度。排在队伍最前面的,就是最好的两个,让他们分任正副总统。而且既然是道德最高尚的两个人,他们也必定会合作、配合得最好。

宪法被批准之后,1789年,美国进行了第一次总统选举。这次选举完全是按照富兰克林的预料、其实也是大家预料的方向完成的。华盛顿全票当选,亚当斯以次多票当选。开始第一届的"好人政府"。

首次选举的特点是,没有竞选。因为在这样的概念下,不竞选才是正常的。一方面,经历了1776年独立战争之后,大家对于"老一代革命家",对他们的品行心里都有一个谱。因此认为,根本不用竞选。"施政如何"是和"总统个人道德如何"联系在一起的。一个好人,当然会尽力以最公正、最好、最廉洁的方式来管理这个国家。候选人也从来没有想到过要竞选、要出来说明自己将来的施政纲领。因为不论是在选举人或者候选人的观念中,竞选就是道德和能力的高下之争。假如自己出去竞选,就是一个人到公众面前去宣扬自己是如何道德高尚,这样的行为本身,就不符合绅士们谦虚的美德,就已经"不那么道德"了。

再有，就是候选人没有党派。在绅士们看来，结党没有必要，甚至也是不道德的行为。

华盛顿和亚当斯就是这样古典政治中的"好人"，他们的一个特点是，宗教生活使得他们一生都在自省之中。以致他们离开青年时代，步入中年、晚年之后，都会不断在书信和日记中，认真地提醒自己的为人之本，如诚实、正直、尽职。似乎那是一个没有止境的、永远要追求的人生目标。

华盛顿的"好"恰体现在最初的监督机制不完善的时候，他表现出的中庸和克制，成为后世的典范。那个时代，反对党派和政府其他分支的平衡机制还没有成熟。所以需要行政分支尽可能自制，不恶性膨胀起来。如亚当斯对自己副总统职权的克制，如华盛顿总统竭力维持中立、小心听取两派意见，都是很重要的开端。他们的这种克制、谨慎，几乎表现在每一个细节中。

华盛顿总统刚刚上任不久的1790年4月17日，制宪会议上年龄最大、有着极高声望的富兰克林，在费城去世了。众议院通过决议，在议会搞了哀悼仪式，可是参院和行政分支却拒绝这样做。按说，这本来是向公众表现自己对战友和先辈"有情有义"的一个机会，可是华盛顿对提出要求的杰弗逊说，他觉得最好不要开这样的先例，因为一旦做了，他不知道以后怎样来制定标准，什么人才能够享有这样的殊荣。他们对于由官方出面的给个人的"崇拜"，持非常谨慎的态度。华盛顿总统的克制、不"作秀"，其实反映了他的道德自信。

对于华盛顿你已经很熟悉了，我再给你介绍约翰·亚当斯。

亚当斯是一个非常用功的学者，一个非常有原则的律师。他虽然没有参加制宪会议，可是，早在1776年，《独立宣言》刚刚发表、离制宪会议还有十一年的时候,他写下了一本小册子《关于政府的思考》。在这本小册子里,他已经指出,"人民的幸福才是政府的目的",共和制是"法治而非人治"的。他还指出"独立的司法体系"是司法公正的关键。他特地指出司法权必须和行政权、立法权分离,这是他对当时殖民地政府的反思。

1779年,在费城制宪会议的八年前,亚当斯在出使欧洲、短暂回国的间隙里,就为他所在的马萨诸塞州起草了宪法草案。现在我们去看,美国宪法几乎就是它的翻版:参、众两院的立法机构,一个有否决权的州长作为行政长官,一个独立的司法体系,由最高法院任命的、表现良好即可终身制的法官。在前言里,还有一篇"人权宣言"。这部由亚当斯起草的《马萨诸塞联邦宪法》,现在是世界上最古老的、至今还在使用的宪法。

最令人折服的是,他在早期的律师生涯中,就能够不为民众和大的政治局势所左右,坚持在办案中不偏不倚、让证据说话。1769年,在英军强行上民船抓壮丁当兵的事件中,他为四名在被抓时抗命、杀死了一名英海军军官的美洲水手做正当防卫的辩护,并得以胜诉。可是,一年后的1770年,坚决主张美国独立的亚当斯,在被人们称为"波士顿惨案"的事件中,为开枪打死了民众的英军士兵辩护。当时,已经没有一个律师肯为这些士兵辩护。亚当斯却逆着民众的怒潮,接受了辩护的邀请。他诚实地分析案情、提供证据,作出了逆民众愤怒而行的判断和辩护,使得几名英军士兵得到了公正的裁决。他自己的律师业务因此大大减少,还被愤怒的民众攻击,可是他依然坚持了法律的原则。

在商讨"对英和约"的时候,他和汉密尔顿的观点不谋而合,就

"波士顿惨案"

是不能任意没收"亲英保皇党"的财产；欠下的外债，包括对英方政府和个人的欠债，都要偿还。要知道，在当时的对英谈判中，他的这种看法是孤立的少数。可是他始终坚持美国不论经济状况多差，在可能的时候，一定要还债。他认为，否则的话，那是美国的耻辱。

他是最早提出美国独立主张的，在战争的大多数时间，他兢兢业业地奔波在欧洲，为独立战争筹款。直到制宪会议结束，他还是在任驻英国和荷兰大使。照理，他不是像华盛顿将军这样的领导战争的实战英雄，又一直在海外，到大选前夕才回到美国，选举好像应该没有他的什么事儿。可是，他的资历，他千辛万苦的外交努力，赢得了大家的敬重，当时几乎是可以预料的，他会当选为副总统。

不过，美国的总统和副总统的功能，差别简直太大了。这种差别，可以说一半是由宪法规定的，另一半也是在运作的过程中确立下来的。

从亚当斯的个性来说，他习惯了高声雄辩，在欧洲见过大世面，又在外交生涯中练就了口才。一开始，他也是凭着对副总统名称的期望，认为副总统就是作用仅次于总统的政治家，大有作为。直到上了任，才发现自己的位置最好是"尽量克制自己"。

美国宪法规定，副总统是参议院的议长，也就是参院开会时的会议主席。从费城制宪会议上华盛顿的主席角色中，你一定已经看到，美国会议的主席，承袭的是英国的议会传统，他不是一个开口洋洋万言、指导方向的领袖，他只是一个维持会议公平的人，他自己的意见很可能根本没有机会表达。按照宪法规定，这个议长又在大多数情况下没有投票权，只有在选票持平的情况下，才得以投出定乾坤的一票。事实上，这样的机会很少。在亚当斯的整个八年副总统生涯中，他只有三十多次的投票机会，已经是迄今为止的副总统中，投票机会最多的一个了。

可是，宪法并没有规定执政过程中，副总统不能参与总统的决策。他们两个人应该如何协调、合作，光看宪法，就完全不清楚了。因此在实践中，副总统完全可能耐不住寂寞，冲到前台，"发挥更大的作用"，也可能就起了干扰的作用。因此，"第一个行政当局"的样板非常重要。在这个过程中，亚当斯逐渐理解总统单独决策的重要性。他认为，是这个国家"以其智慧为我设计了一个最不重要的位置"。亚当斯为此后美国的副总统们建立了不成文的规范，就是"克制自己的雄心"。他仅有的投票机会，都用于对总统的支持。

八年下来，他基本上固定了美国副总统的实际位置，就是参院的一个尽职的会议主持者，一个总统的预备候补人。只要总统没有什么不测，他就基本让总统全权做主。他的克制，使得此后的美国副总统的定位，基本都按照这样的模式形成传统。一个有能力的政治家，竭力去施展政治才华不难，而为了公众利益，在没有先例的情况下，自党地抑制自己的能力，却大概只有绅士政治家才能做到。所以最初的总统任期由"好人"担任，对美国来说是很幸运的。

华盛顿挑选的内阁，也是他按照自己的道德标准挑选的。四名部长都是美国独立战争的参与者。托马斯·杰弗逊被任命为国务卿，主要就是处理外交事务。可是，在政治倾向上，他的侧重明显和总统是不一致的。华盛顿最初显然没有考虑到这一点，因此，他只有四名部长的小小内阁，就因汉密尔顿和杰弗逊的看法不同，率先开始了对立政治观点的激烈冲突。

在华盛顿和亚当斯任正副总统期间，美国经历着最初的动荡和危险，在华盛顿的支持下，汉密尔顿财政改革使得美国渡过了经济危机，可是，一场政治风暴又随着法国的巨变而袭来。法国革命就发生在他们上任的那一年，整个事态就在他们的任期内发展。远隔大洋，可是消息不断传来。这对于美国是非常危险的一个冲击。

一方面，美国自己刚刚"革命完毕"，而且是在法国的帮助下，从英国手中独立的。在民间，听到"革命"就容易热血沸腾，亲法仇英的情绪很容易被煽动起来。因此，尽管华盛顿和亚当斯都避免介入党派活动，可是，对法国革命的态度，明显使得所有的人，至少在政治观点上站队分开。而华盛顿和亚当斯，显然和当时以杰弗逊为首的一派观点相悖。建国之初，美国真是自己的麻烦已经够多，还偏偏刮来如此强劲的一阵法国风。

在他们这一届政府走马上任、随即爆发法国革命之后，杰弗逊认为，华盛顿、亚当斯以及汉密尔顿，他们对法国大革命持有保留，必定是因为他们倾向君权；并且认为，美国的共和国处在君权复辟的危险之中。正是为了反对这样的"君权主义"，他才和麦迪逊等人一起，组成反联邦主义者的政党,叫作"民主共和党"(简称"共和党"),以表示和"君权主义"的对抗。他也认为法国的雅各宾党人"和(美国的)共和党爱国者是一样的"。

这些原来的好朋友,独立战争期间的战友,此时的看法是如此不同。在杰弗逊对路易十六被砍头表示支持的时候,亚当斯对一名英国记者说,人类最终会发现,假如大多数人失去控制,他们和不受约束的暴君一样,会变得专制残暴。

这些观点上的分歧牵涉外交政策,就变得严重起来。英国已经对法宣战。1793年,由法国雅各宾党人掌控的政府,向美国派来使节。顶着当时法国最时髦的头衔"公民"的法国使节热内,在美国的南卡罗来纳登陆,一路演讲,而且高唱填写着"自由"新词的马赛曲。他受到美国共和党和民众的热烈支持,美国的雅各宾俱乐部大量组织起来。热内除了传播革命精神,还要出资武装美国的私人船只,让他们攻击英国商船,破坏英国的海上运输线,以实际行动支持法国革命。

在华盛顿接见这位法国使节的时候,华盛顿总统冷静、正式地表示,美国严守中立。这使得这位法国使节认为,华盛顿的美国政府一定也快要被"革命"了。形势确实有危险,在美国各地,亲法的政治俱乐部们在壮大。杰弗逊因此认为,这正反映了人民反对政府"冷漠的谨慎",而且高兴地看到"1776年的老革命精神又在燃烧"。但那已经是1793年,法国革命的恐怖时期随即马上到来。同时一场吞噬了五千人生命的热病袭击了费城。法国革命的三巨头也很快被"革命"吞噬。消息传来,激情涌动的美国民众回到常态,转而支持华盛顿对欧洲战争的中立立场,杰弗逊也终于表示,他支持华盛顿的中立政策。

杰弗逊几乎是不相信革命、自由、人民,这样美好的理想也会有问题。虽然和汉密尔顿在财政改革上的矛盾成为他1793年辞职的导火索,可是作为华盛顿任命的内阁成员,一个国务卿,也就是外交部长,和总统的外交观念及判断差距如此之大,恐怕也是他辞职的一个原因。杰弗逊就是在1793年的最后一天辞职的。

杰弗逊的辞职,其实已经反映出"好人政治"在行政分支组成思路上的重大问题。华盛顿在组阁的时候,他的选择标准是好人内阁,而不是和他的执政理念最一致的内阁。他考虑了道德和能力的标准,却没有顾及到对政策看法的一致性。

还在危机之中的时候,1792年,美国迎来了第二次大选。这次选举还是按照宪法原来的规则和思路在走。还是每个选举人两张选票,选出最高票、次高票的两位候选人来担任正副总统。看上去,似乎和第一次选举的情况一样。连结果也一样,华盛顿以全票当选为总统,亚当斯以次高票当选为副总统。

可是,这种表面上的一致,并不能掩住整个社会氛围已经发生了翻天覆地的变化。

就从华盛顿和亚当斯,美国这一对最早的正副总统来说,虽然在竭力避免属于人事的结党和党派之争,可是,他们仍然是有自己的观点倾向的。他们的政策就在反映出自己的政治观点和倾向,其实,这就是"一个政治派别"的基础。就美国社会来说,虽然在第一次大选之前,就有了"联邦党人"和"反联邦党人"的说法,可是那时还不是清楚的政治党派,而在美国第二次大选的时候,它们已经是明确的两党了。对第一届政府行政分支的政策,不论是支持还是反对,美国社会已经清楚地划分出了民众不同的政治倾向。反对党派有了自己的报纸,大声疾呼自己的观点，批评攻击总统和他的内阁。在第一次选举之前，那个对华盛顿几乎是众口一词颂扬和崇敬的美国，已经消失了。

就华盛顿总统来说，他还是坚守原来的古典政治的概念。他认为自己当选，是大家认为他的品行适合于担任这个公职，现在看到有些漫无节制的报纸已经把他骂得体无完肤，他就觉得，自己几乎失去再留任的意义了。就是说，大家认为我好，那么我应该为公众服务，既然你们认为我不好了，我自然就应该下去。同时，在华盛顿总统的观念中，党派纷争仍然是完全负面的事情。而当时党派活动的不规范，出现大量个人攻击，更促使他坚信自己的想法。而他也看到，假如他继任，几乎无法避免要顶着一个党派的称号。因此，华盛顿在第二次大选之前，已经根本无意连任了。

亚当斯也是如此。大选前的整整几个月，国会休会，他就回了老家。直到联邦党人的汉密尔顿给他写急件催他回首都，说是"我知道你本人对选举没什么兴趣，不过我不希望你对建立一个好政府也如此冷漠"。

所以，虽然有了党派竞争，可是总统候选人还是没有要竞选的意思。在当时的混乱局面下，华盛顿最终接受大家的劝告，相信自己必须再服务四年。从选举结果来看，大家权衡下来，也都认为，这是当时最好的选择。华盛顿再次全票当选。

选举方式和最后的选举结果没有变化，可是选举的本质已经在变化中。虽然由于华盛顿的声望，反对党还根本无法与之匹敌，虽然第二届的总统、副总统还是被选举连任，可是他们的当选，其实已经不仅仅是再次代表他们个人，即两个好人当选，而是"联邦党人"当选了。

由于华盛顿和亚当斯连任了第二届的正副总统,因此这个为"选好人"设置的选举制度,在一个已经形成政党的社会里可能出现的问题,就被掩盖了。

1796年,在华盛顿、亚当斯的第一、第二届政府运行将近八年之后,美国面临第三次大选。

华盛顿虽然两次以满票当选,却坚决不再竞选连任了。1796年的美国的大选,由于华盛顿的主动离去,失去了具有压倒优势的总统候选人。共和党摩拳擦掌,两党完全可以争一争了。因此,这一年的大选,就有了更明确的党派之争。

可是,选举制度还是原来的。1796年的总统选举方式,还是每个选举人两张选票,选出两个获最高、次高票的人,来担任正、副总统。可以说,当时美国社会的党派政治发展,走到了选举制度的前头。

虽然时至今日,总统的道德,仍然是美国人在大选年关注的事情。可是,自从有了党派,民众再也不会仅仅是以个人道德的高下来选择总统。而是哪个党派的执政纲领更符合自己的理念和利益,成为民众选择的一个重要标准。

这第三次选举的结果是两党势均力敌,票数最高、次高的人,就自然成了两个对立政党的候选人。这是第一次出现这样的情况,就是美国第三届政府的正、副总统,亚当斯总统和杰弗逊副总统,分别代表了党派观点的两极。原来在制度设置的时候,料定票数最高的两人,他们必定是两个"最接近的好人",因此能够合作得好、带来最高效的行政分支,这样的希望,完全落空了。

1796年的大选,给美国的行政分支带来的是一场危机。总统和副总统南辕北辙。在古典政治的概念中，他们既然得票最多，他们就应该是最相近的两个人。可是，他们却是现实施政中差异最大的两个人。这种差异，不是说他们一个是"好人"，另一个就是"坏人"。他们可以都是道德上的好人，可是，在治国理念上，却完全可能是对立的两端。他们不但不能密切配合，还带来许多问题。例如，副总统不赞同甚至反对总统的政策，给总统的工作当然带来困扰。可是，从副总统的角度来说，他原来是一个单纯的在野党领袖，可以公开地、旗帜鲜明地反对政府的政策，那是正常的监督。如今他却兼有"在野党领袖"和"体制内"副手的身份，地位变得不伦不类、不朝不野。

在他们意见相左的时候，杰弗逊只能在背后领导他的党人们反对亚当斯的政策，变得像地下活动。而亚当斯也想不通，为什么副总统没有恪尽职守地支持他，如同他当年对华盛顿的支持那样。他很自然地把一切归咎于杰弗逊的党派性太强。显然他们双方都觉得整个状态是不舒服的，可是他们都没有意识到：是制度的错失，造成了杰弗逊政治地位不应当出现的双重性。

在亚当斯就任总统之后，面临的是另一场战争威胁。1795年美国和英国签订了《杰伊条约》，那是一个和平条约。可是，英法在开战，法国就把这个条约理解为英美的结盟，并且拒绝美国派去做解释的平克尼将军。也许你还记得，这位将军也是当时费城制宪会议的代表之一。现在，对英和平了，却轮到法国开始在公海上大肆骚扰攻击美国的商船。虽然从来没有宣战，可是，法国在海上对美国航运的事实战争却一直没有间断。

在亚当斯的执政期间，他最焦虑、最疲于应付的，就是如何不断地调节对法关系。曾经一度，所有的人都认为，和法国的全面战争已经无法避免。副总统杰弗逊和他并不合作,亚当斯独力支撑这样的局面,几近崩溃。

美国是一个移民的国家,第一次在战争的威胁下,面对可能的、由移民造成的内部敌人的问题。这里不仅有大量的法国移民,还有大量有着仇英情绪的爱尔兰移民。很多人惧怕在内部产生敌人。没有人知道应该怎么办,而当时批评政府政策的媒体,大多是反对党在支持,媒体还没有任何节制的习惯,往往是要么不开口,要么开口就是攻击。

结果在1798年,美国国会在"战时状态"、"临时措施"的口实下,通过了《外侨和叛乱法》。在这样强大的外部战争压力和内部的刺激下,亚当斯总统则赞同并且签署了这个法案。

其实这是一系列的法案。其中的《客籍法》给予总统驱逐"危险侨民"的权力;而《惩治叛乱法》规定了,凡对美国国会和总统发表"谎言、诽谤和恶意诋毁"文章的作者,凡企图"挑唆美国的良善民众、激起他们的仇恨来反对总统和国会的人……或煽动叛乱者",都将处以罚款和监禁。

可见,德高望重并有着极佳人品、保守持重的政治家,并不能保证就是好的管理者,也并不保证不会把他的政治倾向推往极端。一个高高在上的管理上层,在某种特定的刺激之下,手中又有权力,就很可能会作出一些他身为平民的时候,不会作出的决定。

虽然亚当斯总统从来没有运用过《客籍法》的权力,可是,《惩治叛乱法》不仅直接违反了有关言论自由的宪法第一修正案,而且付诸实行。虽然联邦党人和亚当斯后来一再解释,这是"战时措施",可是,在宪法第一修正案中,曾经明确规定"国会不得制定有关下列事项的法律……剥夺言论自由或出版自由……"

"不得制定"条款,是给国会拦出的铁的界限。今天,在实践中已经完善了制度的美国,知道可以用很简单的办法去解决。就是走向法院,让监督和制衡国会的司法分支,来判定这样的法律"违宪"。可是,在美国初建时期,最高法院还是最弱的一个分支。司法分支的"司法复审"权力,还有待于五年以后的1803年,才由最高法院的马歇尔大法官来确立。所以,当时即使有了宪法,一个显然是侵犯人民权利的法律,还是顶着"战时措施"这样的借口,由一个民选的立法机构建立、由一个曾经是最优秀律师的"好人"总统,签署出笼了。

当时的副总统杰弗逊感到,美国制宪会议上的忧虑,看来不是平白无故的杞人忧天。短短十一年以后,人们已经可以看到一个强大的政府,有可能侵犯人民的权利。虽然上述法案只有两年半的有效期,可是,凭什么政府就有权剥夺人民两年半的基本自由呢?

而且显而易见,总统和国会的联邦党人,是被报纸骂得吃不消了,所以运用手中的权力,治治他们讨厌的报刊。于是,在《惩治叛乱法》整个有效期间,总共有二十五人被捕,入狱的大多是共和党一方的报纸编辑。其中也包括富兰克林的孙子,那个尖刻的费城共和党报纸的编辑,罪名是诬蔑了亚当斯。他的被捕掀起了民众反对《惩治叛乱法》的浪潮。

也许,这些报纸是在发表极端言论,是在对国会议员和总统造谣和进行人身攻击。在美国的媒体日益成熟之后,他们越来越理解,必须有出自职业道德的自律,从而使得这样的情况迅速减少。可是,他们也认为那些有过激言论的报刊能否存在,是民主社会的一个标志。

杰弗逊是副总统,也是参院的议长。一方面,他显然是倾向于他领导的共和党的报刊和编辑;另一方面,他一贯倾向的立场,就是关注民众的个人自由。他当然反对《惩治叛乱法》，而且愤怒之极。

可是，虽然身为副总统兼参院议长，却是在法案将会被多数通过的局面下，他甚至连投票权都没有。作为副总统，虽然宪法没有具体的规定，可是在他的理解中，显然又不应该公开表示和总统完全相对的意见。因此，在法案即将通过时，杰弗逊干脆避开，回他的弗吉尼亚老家去了。在美国，副总统反正是个不重要的角色，他在家一待就是半年。

这些法令的出现，距离费城制宪会议，仅仅十一年。它们的出现却有必然性。美国宪法所设计的国家政府，是一个代议制的共和政府，是精英管理的政府。在最初阶段，大众的参与只限于选举众议员。由于一些州对选举权的财产资格限制，大众的政治参与还是有限的。可是，美国一开始就是一个幅员辽阔、南北差别很大的国家，各地和欧洲各国有密切的商贸和文化联系。那是一个技术进步的时代，在少数精英组成的政府外围，必然会有民间的政治和文化活动，这种活动难免会出现"反对"的面貌。

这种活动在思想和言论上以"反对派"角色出现和存在是必然的，早晚要出现。美国特别的地方是，第一个有组织的反对派，是副总统杰弗逊在家里写信联络起来的。联邦政府应该怎样对待这种反对派，亚当斯总统没有经验，他对这种有组织的反对党在美国历史上将有的地位缺乏远见。他想把反对党压下去，把推行政策的路铺平。

有意思的是，亚当斯总统是一个优秀的律师，虽然新的法律是顶着"战时措施"的帽子出来，但法律本身的问题，他是不会看不到的。这就是美国国父们对政府本身感到忧虑的原因。因为在政府开始成立、运作之后，自会有它自己的走向和规律。同样一个人，在野的时候看得很清楚的问题,在当政之后的想法会自然改变。例如,一个行政分支的当家人,会在推行一个也许是关键的、正确的政策的时候,遇到反对派的批评、攻击,因此而难以推动。他本能地就希望能够有一种方式使得这样的阻力消失。可是关键在于,首先他不能保证他永远是对的。政府掌握巨大权力,假如没有批评的声音,从长远来说,会带来更大的灾难。更何况,言论自由是人的基本权利。人们建立一个政府是为了保护自己的自由,而不是为了受到压迫。

杰弗逊不能公开反对总统。当时,最高法院对违宪法案的"司法复审权"还没有"发展出来"。杰弗逊似乎无计可施。他不相信民众的基本自由就应该束手待毙。于是,他想出自己的一套反抗方式,就是从州一级立法,否决联邦法。他秘密起草了一篇文章,抗议联邦《外侨和叛乱法》。可是他身为副总统甚至都没法把文章拿出去,结果是一位肯塔基州议会的朋友从他那儿讨走了文章,提交给肯塔基州议会通过,这就是《肯塔基决议案》。此后,他的朋友麦迪逊也起草了《弗吉尼亚决议案》,1899年这两个法案分别被各自的州议会通过,它们都是针对《外侨和叛乱法》发出的抗议。

在一次演说中,杰弗逊一方面强调,必须"绝对服从多数的决定,这是共和政体的主要原则,离开这一原则就只能诉诸武力了,而武力是专制的主要原则和直接起源"。另一方面他又告诫说,多数派的意愿并不是天然就合理的……"大家也都会记住这一神圣的原则,即多数人的意愿总是应该采用,但是那个意愿必须公正而合理;而且,少数人也有同等的权利,必须受到平等法律的保护,如果加以侵犯,那就是压迫"。

在他1798年起草的《肯塔基决议草案》中,宣布国会和总统的

若干侵犯个人言论自由和人身自由的法案法令违宪,其中有许多的精警的论述。他说:

> 在权力问题上,不要再信赖人,而是要用宪法的锁链制约他不做坏事。
>
> 如果信赖我们自己选择的人,认为他会保障我们的权利,这将是一种危险的幻想:那个信赖无论在什么地方都是专制之母——自由政府是建立在警惕而不是建立在信赖上面;是警惕而不是信赖,规定了限制权力的宪法,以制约那些我们不得不托付以权力的人:我们的宪法已经相应地为我们的信赖确定了界限,不能让信赖超越这个界限……

谈到立法机构权力过大时,杰弗逊强调,多数人的暴政,并不比一个暴君的情形更少压迫性:

> 把这些权力都集中到同一个机构,恰恰是暴君政府的定义。这些权力之由多数人行使,而不是由一个人行使,并不能减轻暴政的程度。一百七十三个暴君肯定会和一个暴君一样富于压迫性。让那些怀疑这一点的人们去看看威尼斯共和国吧。即使他们由我们自己选出,也将很少有益于我们。一个选举产生的暴政并不是我们为之而战斗的政府;我们为之而战斗的政府,不仅应该建基在自由的原则上,而且也应该把权力分开,使其平衡,使任何一个权力机构都不能越出它们的合法的限度之外,使其得到有效的抑制和制约。

恺撒说过，用钱我们将得到人，用人我们将得到钱。我们的议会不应该被他们自己的目的的完美无缺所骗，并且断定这些不受限制的权力将绝不会被滥用，因为他们自己并不想滥用它们。他们应该想到，不久将来的某个时候，在这个国家，腐败将会像在我们的母国一样，侵袭我们政府的首脑，并且通过他们传遍人民大众。那时他们将购买人民的选票，并且使他们付出代价。大西洋两岸，人性其实都是一样的，都会受同一个动机的影响。我们应该在腐败和暴政袭击我们之前，去防止腐败和暴政的到来。与其在狼进羊圈之后拔它的爪牙，不如防止它进来。

从法理的秩序来说，由州立法机构来判定联邦立法机构违宪，不是一个"顺"的关系。联邦的基础，联邦立法机构，因此可能彻底失去效力。因为假如各州可以纷纷立法来否决联邦的立法，那么，整个制度结构就危在旦夕了。可是，杰弗逊认为，他宁可和联邦脱离关系，也不愿意放弃自治权力。所幸的是，能够对违宪法案作出判定的司法权，在1803年由于马歇尔的判决而"上交"到联邦最高法院。从此，人们有地方可以申诉和解决像《惩治叛乱法》这样违宪的立法，而不是由州立法来否定联邦立法。各州分崩离析的可能，被堵住了。

1800年，美国面临第四次大选。大选的时候，《惩治叛乱法》还在有效期内，共和党充分地利用了民众对这个法案的愤怒，作为竞选的武器之一。例如有编辑有意"触法"入狱，然后竞选议员成功，造成轰动效应。虽然亚当斯以极大的政治智慧，最终避免了和法国的战争，又为美国争取了一段关键的和平时期。可是，《惩治叛乱法》大大损害了他的声誉。

1800年大选用的还是老办法,每个选举人两张选票,选出两个获最高、次高票的人,来担任正、副总统。没想到,这样的投票制度还引出了一场意外的选举风波。亚当斯完全落选了。同属共和党的杰弗逊和伯尔当选。出人意料的是,他们两人所得到的票数相等。

在竞选的时候,共和党是主推杰弗逊当总统的,杰弗逊不论从哪方面来看,都要比伯尔高出一大截。也许,正因为如此,在竞选过程中,他受到对方党派的攻击也更多,最后,阴差阳错,他和伯尔的得票数反而被拉平了。按照宪法规定,再由众议院一州一票在两人之间决出正、副总统。

出于共和党原先推选候选人的设想,杰弗逊希望伯尔能够作出一个相应的表态,可是伯尔就看着众院一轮轮投票,三十几次都达不成协议,他还是不吭声儿。就这样僵持起来,变成一个选出了正副总统,却决不出正副的危机。当然,最终还是有了结果,杰弗逊当上了总统。可是这次投票,显然变成了大家记忆中的一场噩梦。

1804年,又一次大选即将来临,回想1800年的大选僵局,大家再也不想冒这个风险。就赶在大选之前,补上了这个漏洞。所以,你说得对,它是非常技术性的一个修正。

1804年,国会通过了宪法第十二修正案,规定各选举人可以选一名总统,再选一名副总统,其中一名必须不是本州人。从此,在选票上把总统选举和副总统选举分开了。

在通过这个修正案的时候,大概谁也没有想到,它从此完全改变了美国民主政治的面貌。

在此之前,是在选"好人",可是就在正副总统的选票分开之后,就非常明确地表现出,是政党轮流执政了。也许,你会问,为什么就

美国象征民主、共和两党的毛驴和大象

不会正副总统还是选出不同政党的人来呢?

　　直至今年大选,我还看到一篇美国人写的文章说:事实上从理论上来讲,你选出一个共和党总统,加上一个民主党副总统的可能,也是存在的。是的,按照宪法第十二修正案,这样的可能性是存在的。因为是两张选票,你可以在一张选票上选某党的总统候选人,在另一张上选另一党的副总统候选人。可是,事实上,选民们都是在投票给与自己的利益和理念接近的政党。他们投票内含的意义,是在投票给执政纲领和理念,而不是投给一个"个人"。

　　因此,自从正副总统的选票分开以后,实际结果就是,美国的总统和副总统就都是配套的了,同一个党配出一套正副总统人选,选举的结果,总是要上一起上,要下一起下。就这样,"来自不同政党的总统轮流执政"作为一种现代政治观念,替代了美国建国初期的"两个好人"执政的古典政治概念。这是政治哲学的革命。

　　这个技术上的修补,事实上是在制度上确立了美国的现代政党政治。也就是说,没有"好人政治"、"绅士政治"的概念了,对立派、对立的政党成了美国政治生活的常态,不再把它视作洪水猛兽,不再把它看作是不道德的事情,不再试图寻求一致和在同一观念下的团结,而是两种观念、两个政党的平衡和制约。美国不再对最高得票的两个人"一定是两个密切合作的好人"抱幻想。也从此习惯了属于不同党派的总统、副总统以及内阁一套班子的轮流执政。

"好"的概念本身也被改变了。政治家们不再是排在一条队伍里，不再能对他们按照一个标准，判断其高下。不是执政总统所属的党就是"好的"，在野的、对立的党们就是"不好的"。它们只是有不同的倾向，侧重不同阶层的利益，代表不同的理念和偏重不同的政策。原来，不论人们对"好"是怎样理解的，都是一元的思维方式。可是，在宪法第十二修正案之后，那是一个和社会本身同等丰富的多元选择。民主的概念，从由一些好人、一些文明进化程度高的人来确定一个社会管理方式和发展方向，变成了民众高度参与的多极选择在竞争。

因此，总统候选人逐渐感到竞选是理直气壮的事情，既然"美德"不再是主要标准，竞选也就不再意味着是绅士的道德自夸，而成为不同的施政纲领在理直气壮地竞争。

每到总统大选，民众表面上的"分化"就会被强调出来。我也在想，为什么竞选的政治家们就不能都往中间走走，取中庸之道？其实，这才是民主本来的意义。每一个社会阶层、每一个观念，都大声为自己的利益呼喊，推出自己的代表。他们在竞选的时候，要竭力区别于他人的观点，既要有非常特殊的治国方略，又要兼顾大多数人的基本利益。假如竞选各方都是中庸的，民众就只能回到"选好人"的路上去了。而事实上，现代民主政治的竞争，在逼迫政治家的智慧和对管理社会方案的改进，在促使大家看到自己注意不到的社会层面的问题。因为，有对立派在那里。而最终在竞选各方的张力之下，社会得到的是平衡的利益。因此，在朝和在野，选上和没有选上，不再是对"好"、"坏"的评价，他们可以都是"好"的，只是侧重面不同。

　　一个政党，由于其对立面的存在，而产生完善自己的动力；也由于对立面的存在，它不可能走极端。因为，只要多走一步，它就可能在下一次被选到台下。对立的政党，即便在执掌政权，也不可能摆脱对方，更不可能再利用权势压服甚至消灭对方。《惩治叛乱法》所尝试的方式，显然无效。相反，在民众面前，当政者必须表现得有风度，赢得起也输得起。而在野的政党，也不再尝试政变，因为没有必要。对立的政党，也成为对立的合作伙伴，每过四年，它们就要在同样的游戏规则下，再玩一次竞争游戏。

　　这样由实践产生的修正，是在费城会议上，人们并没有料想到的。从此以后，美国政治就是一种有反对派的政治，由制度来保障反对派的存在。任何政治家，不管在台上还是台下，都必须平等地对待自己的对立派，以民主制度的要求来对待"政敌"。任何政治家都失去了在道德上贬低反对派的机会，因为在制度上，你不过是你的反对派的反对派而已。从此以后，反对派的存在，也成为美国民主制度的象征，成为政治开明的判断标准。

　　这封信写长了，下次再聊。

　　祝好！

林　达

民主先知杰弗逊

卢兄：

1800年大选之后，美国迎来十九世纪，十九世纪的第一个总统是托马斯·杰弗逊。

在美国立国先贤中，托马斯·杰弗逊是个不同凡响的人。

杰弗逊出生在一个富有的名门望族，生下来就不知道衣食之忧。他在弗吉尼亚最古老的小镇威廉斯堡上学，上的是当时南方最尊贵的威廉和玛丽学院，跟随当时最有名的法学家怀思研习法律。后来，怀思也是《独立宣言》的签署人之一。

杰弗逊是一个以思想为特色的人，甚至可以说，他是一个思想产出者。他博览群书，涉猎广泛，崇尚理性，长于思索。他是一个继承了启蒙精神的人，熟悉法国百科全书学派，本人也是一个百科全书式的学者和思想家。他又是一个性情浪漫的人，一个理想主义者，在文化气质上也更接近法国启蒙思想家。

对于弗吉尼亚州受过良好教育的庄园主来说，从政是一种高尚而美好的事业，就像哲学、艺术一样。杰弗逊一到二十岁的法定年龄，就试着参政了。他开始竞选县里的法律职位。二十五岁那年，他被选为州议员。他在州议会里第一件出风头的事情，就是提交了一份关于允许解放奴隶的提案。虽然他自己就拥有奴隶，他的奴隶来自他继承的遗产，而且数量之多，可能是州议会里拥有奴隶最多的人，可是他从理性出发，一直认为奴隶制是不道德的。他洋洋洒洒地宣扬要解放奴隶，废除奴隶制度，尽管他知道这在当时还远不是时候。提案果然被否决了。

美国革命前几年，托马斯·杰弗逊是最早几个组织各殖民地，共同向英国王室和议会提出殖民地权益的人。1774年，杰弗逊向州议会提交了一份文件《英属美洲的权利之总结》(*A Summary View of the Rights of British America*)。这份文件使杰弗逊一夜成名。文件迅速地传到了英国议会，杰弗逊的名字立即出现在要以叛国罪惩办的一批名单中。这一文件，被认为是美国革命初期重要性仅次于《独立宣言》的文件，因为它奠定了这样的思想：人的自然权利是不能侵犯的，在自然权利受到侵犯的情况下，反抗是正义的，是合法的。这大大地惊动了英国议会。而著名的英国保守政治家爱德蒙·柏克，也是从这个文件开始，对美国革命抱同情态度，并以此文件为根据，在英国议会里为美国革命辩护。

正是从这份最早的革命文件开始，所谓"美国革命"的本质被宣扬出来了。改变统治者，改变政府，只是它的表面结果，美国革命的真正起因并不是为了改变统治者，不是权力斗争，而是为了维护自然权利。

1776年5月6日，在弗吉尼亚州威廉斯堡，弗吉尼亚议会决定要制定《权利宣言》和州宪法，为此而组成了三十四人委员会，其中为首者是乔治·梅森。托马斯·杰弗逊当时不在威廉斯堡，他正在出席大陆议会。史家研究认为，杰弗逊和梅森在此期间保持了紧密的通信联系，最后的成果中有杰弗逊的重要贡献。

1776年6月29日，弗吉尼亚议会一致通过了《弗吉尼亚宪法》。这个宪法是世界上第一个用成文契约建立自治政府的文件。它马上就成为北美其他殖民地摆脱英国统治、建立自治政府的样板。它坚持最终的权力属于人民，人民有能力建立一个自治政府，政府的统治必须得到被统治者的同意。这样的原则，被写进了最高法律文件。

在经过一番曲折，"独立"的诉求终于被大多数人接受的时候，杰弗逊受大陆议会委托，起草《独立宣言》。就在后来召开费城制宪会议的市议会厅不远的地方，在一个小旅店里，托马斯·杰弗逊关起门来，写了两天。然后，他交给委员会修改。本杰明·富兰克林和约翰·亚当斯只做了很小的修饰。接下来文件提交给大陆议会。大陆议会召集全体委员会，又展开了激烈的争论。在长达几天的争论中，杰弗逊这一派不得不做出一些让步，删改了一些杰弗逊最重视的观点，特别是谴责英国在北美殖民地进行奴隶买卖的语句。

杰弗逊在起草《独立宣言》的时候，不仅文字表达得清楚、优美，而且他有自己的思考。今天，大家都很熟悉了他在《独立宣言》开头的名句："人人生而平等，都有生命、自由和追求幸福的权利。"

美国建国者们的思想源头是欧洲，"生命权、自由权和追求幸福的权利"这个说法，显然受约翰·洛克的影响。那个时代的美国精英，都受过英国启蒙思想的洗礼，都熟知约翰·洛克关于人的自然权利的

《独立宣言》1776年7月4日由大陆会议表决通过

论述，即作为一个人，天生具有不可剥夺的最基本权利的理论。洛克提到的是"生命、自由和财产"的权利。

杰弗逊把洛克提到的"财产权"，改为"追求幸福的权利"，引出后代历史学家的各种猜测。最直观的原因，还是杰弗逊起草的《独立宣言》文本本身的"目的诉求"。《独立宣言》的诉求是独立，它要宣示自己已被侵犯的权利，来作为独立的理由。洛克的"财产权"改成"追求幸福的权利"，是杰弗逊的思考。它的基础是"人"在人格上的平等，在政治上、法律上的平等。他也许并没有想到，这成为此后美国民众争取自然权利最响亮的口号，并且从此形成了美国人的平等观：平等并不是均贫富，并不是财产的平均，而是发展机会的平等，即追求幸福的机会之平等。

许多研究者认为，以后二百年的世界历史证明，平均财产是一切革命动荡的诉求，是发动群众的最便利口号，却也最容易造成灾难。私人财产权是人类社会最重要的制度之一。在费城制宪会议上，代表们对保障财产权几乎没有一点异议。对当时的美国政治精英来说，财产权即使不能说是神圣的，也至少是毫无疑义受法律保护的。没有一个负责任的人会认可破坏财产权。但是，人有贫富差距，也是一个不争的事实。巨大贫富差距之下，何来人人生而平等？如果没有发展机会的平等，追求幸福权利的平等，来平衡事实上的财产贫富差距，美国人认为他们的自由理想就是不完整的。

于是，在杰弗逊的笔下，人生而具有的权利就成了"人人生而平等，都有生命、自由和追求幸福的权利"。在杰弗逊看来，财产权是一种民事权利。现实中的财产权，本身是不平等的。富人的孩子生下来就拥有财产，从而拥有好的营养，拥有闲暇，拥有教育的机会，拥有舒适的生活；而穷人的孩子，生下来就一无所有，缺乏营养，没有受教育的机会，很早就必须劳作以养活自己，一辈子都没有舒适的生活。这是不平等的。杰弗逊在给麦迪逊的信中说："我意识到平均分配财产是行不通的，但是既然这种巨大的不平等造成人类大多数处于悲惨地位，为了重新分配财产，立法者提出的方案再多也不算过分，只是要注意让这种财产的再分配不要违背人之常情。因此，各种遗产平均分配给所有子女，或所有兄弟和姐妹，或其他亲属，是一个政治措施，并且是切实可行的措施。另一个静静地减轻财产不平等的方法便是豁免所有财产在一个数量等级以下的人的税捐，而对于财产在这个数量等级以上的人们，按几何级数征税。无论何时，不管在什么国家，只要有未经耕种的土地和失业的穷人，那么显然财产的法律已经扩张到了违反自然法则的地步。"这一前瞻性的思想，带有革命的性质，在当时是很少人能够认同的。杰弗逊没有公开地发表和论述这一调整财产权的思想，但是一直在思考，一直在修饰这一思想，以期表达得能为人理解和接受。在给麦迪逊的信第一次提出这一说法以后，整整三十四年里，他几次给麦迪逊的信中重复这一思想。最后一次完整地阐述,已经是八十岁高龄了。

独立战争期间,杰弗逊在弗吉尼亚从事地方政治,一度当选为独立后的弗吉尼亚州长。在州长任上,事实证明他当时并不擅长也不喜欢行政事务。最后他迫不及待地回到家里,似乎他更愿意回到安静的读书和思考之中。山中的乡居之所,似乎成了他不愿意离开的世外桃源。

1779年,独立战争期间,杰弗逊在弗吉尼亚州议会。他和他在威廉和玛丽学院的老师,著名法学家乔治·怀思,以及爱德蒙·平特尔顿等一起,提议全面修正弗吉尼亚的法律,使之符合独立后的现实。他们向州议会提出了一百二十六项法案。这些法令涉及了杰弗逊对一些根本性政治问题的思考,其中包括杰弗逊起草并引以自豪的"弗吉尼亚宗教自由法令"。可是,州议会搁置了审议通过这些法案的动议,而杰弗逊本身随后被大陆议会派往法国。这一拖就拖了五六年。

1784年到1786年间,詹姆斯·麦迪逊主持弗吉尼亚州议会。在历史上,弗吉尼亚的主流宗教是英国国教,即英国国教在殖民地的分支。殖民时期的弗吉尼亚,几乎是政教合一的体制。1785年,弗吉尼亚州议会里,有人提出征收一项税,用以支持"基督教的教师"。在麦迪逊的带领下,弗吉尼亚州议会否决了这一税收法案。麦迪逊趁热打铁,重新提出了杰弗逊起草的宗教自由法令,并且得以通过。从此,打开了美国用法律来保障宗教信仰自由的大门。

杰弗逊在《弗吉尼亚宗教自由法令》里写道:"如若我们允许政府官吏把他们的权力伸张到信仰的领域里面,容许他们假定某些宗教的真义有坏倾向,因而限制人们皈依或传布它,那将是一个非常危险的错误做法,它会马上断送全部宗教自由,因为在判断这些宗教的倾向时,当然是这个官吏做主,他会拿他个人的见解,作为判断的准绳,对于别人的思想,只看是否和自己的思想相同或不同,而予以赞许或斥责。"

对杰弗逊来说,宗教自由是一种自然权利。这种权利,不论现在还是将来,都是神圣不可侵犯的。宗教自由是自由中的自由,是一切自由的根本,那就是意志的自由、精神的自由、人的内在状态的自由。宗教自由的法律意义是双层的:第一层是,个人的宗教信仰不受政府的干扰和侵犯,每个人都有权信仰和崇拜自己的上帝;第二层是,政府不能使用公权力来扶植或打击某个宗教,任何宗教也不能侵入政府事务。用现代的术语讲,前者叫作宗教信仰自由,后者叫作政教分离。

特别有意思的是,在短短三节文字的最后一节中,杰弗逊对着子孙后代说了这样一段话:"虽然我们都很清楚地知道,我们这个议会,只是人民为了立法上的一般目的而选举成立的,我们没有权力限制以后议会的法令,因为它们具有和我们同样的权力,所以,如果我们此时声明这个法令永远不得推翻,这没有任何法律上的效力;但是我们还是有自由声明,同时必须声明,我们在这里所主张的权利,都是人类的天赋权利,如果以后通过任何法令,要把我们现在这个法令取消,或者把它的实施范围缩小,这样的法令,将是对天赋权利的侵犯。"

那是1781年夏天,美国还没有打赢战争,还保护不了杰弗逊。为逃避英国人的追捕,他躲在自己家的偏远种植园,给一名法国贵族提出的问题认真作答。他记下答案,集在一起,就是著名的《弗吉尼亚笔记》。杰弗逊一生写了无数的文章书信,这却是他唯一的一本书。

这是一本有关弗吉尼亚和美国的百科全书般的著作。杰弗逊使用他的读书笔记,分二十三个问题,叙述了大自山川河流,小至花草动物,从典章制度、人种宗教,到历史文化、共和宪政。只有杰弗逊这样的人才会写这样的书,既涉猎广泛,又有一定深度。在政治哲学领域,杰弗逊精彩地叙述了"自由政府"的概念,特别强调了宗教信仰的自由,教会和政府的分离,以及代议制政府优于专制政府的道理。这本书几乎是杰弗逊知识追求和智慧的象征。

妻子病重,在独立战争期间,他基本上留在自己家中。在妻子早逝之后,杰弗逊有了非常大的改变。他离开了人们以为他不舍得离开的家,接受了出使法国的使命,一下子远去欧洲。此后,杰弗逊一直以他前所未有的热情,投身在政治和具体的公众事务之中。

杰弗逊对他能见到的世界怀有全方位的兴趣和探索,这是一种极为难能可贵的素质。他的这种品质在他出使欧洲、具有更辽阔和更丰富的文化视野之后,被推向了极致。他完全不顾自己的财务状况,广泛收集他有兴趣的东西。多年后在美国需要建造首都的时候,他在自己的收藏里翻一翻,就马上送来了成套、可供参考的欧洲各大首都市政规划和建筑图。

托马斯·杰弗逊可能自己也知道,在思想和文化气质上,他是前瞻的自由派,美国革命却是保守的革命,可能法国人更容易理解他。《弗吉尼亚笔记》1785年首先出版于巴黎,立即受到法国人的欢迎和好评。杰弗逊认为,这种好评是因为法国哲学家头脑更开放,更能接受诸如宗教自由和民主改革这样的概念，更赞同美国应该解放奴隶、废除奴隶制等观点。这些观点，在美国本土不一定像在法国那样受人欢迎。杰弗逊说，他只希望让母校的大学生都读到他的书，也希望一些能够理解他的人来读他的书，而并不指望他的著作在美国广为流传。由此可见，杰弗逊自己也知道，他在思想上走在美国其他人的前面，是和其他人有一段距离的。他的观念预言了美国走向民主的未来。

杰弗逊是启蒙时代那种尊重思想、崇尚探索自然和社会的人。他们把学问、探索、思想等活动看得很神圣，最忌讳的就是预定的框框，特别是由政府权力来预定框框，认为这是对人类思想的一种冒犯。共和体制相比帝制之所以优越，首先就在于帝制是必然要给民众的思想套上框框的，是要规范民众思想言论的，而共和体制的本意就是不给民众套思想框框，是尊重民众知的权利和反对被愚弄的权利。

杰弗逊认为，人类的尊严来自于思想的自由。正是出于这样的原则，杰弗逊在立国先贤中是最明确地反对宗教极端主义的，因为任何宗教一走极端，必然规范信徒的思想，妨碍探索和思想的自由。杰弗逊和富兰克林、华盛顿等开明思想家一样，他们都生活在普遍信奉基督教的社会，从小接受了基督教信仰，但是在宗教信仰上不偏执、不狭窄。他们相信人有怀疑、探索的权利，宗教不应该妨碍这种权利。他们相信神的存在，但是不拘泥于《圣经》的教义。在宗教上，他们更接近自然神论。这种宗教观使得他们同时能够吸收启蒙时代的知识和思想，使自己的宗教观和探索自然、独立思想的原则相统一。在这方面，杰弗逊是一个十分突出的人。他曾经想对《圣经》做一番辨伪存真的工作：用剪刀加糨糊，把一整本《圣经》拆开，剪去他认为经不起推敲的以讹传讹的东西,留下他认为可信的东西。这样一番修剪,《圣经》只剩下了十分之一的篇幅。这就是后来所说的"杰弗逊版圣经"。在那个年代,能够对《圣经》动剪子,这本身是非常特别的,没有很强的对理性的信念,根本就不敢那样做。这同样也说明,杰弗逊不是所谓无神论者,而恰恰相反,他是有宗教信仰的。他对原则之正当性的信心,不是来自无神论式的纯理性推论,而是来自信仰。在他脑子里,信仰和思想是一致的。

1789年费城制宪会议一结束,这个会议上三位最重要的人物立即分别把美国宪法的拷贝送达巴黎的杰弗逊。华盛顿将军送去一份,"宪法之父"詹姆斯·麦迪逊送去一份,本杰明·富兰克林送去一份。可见杰弗逊在当时政治家心目中的地位有多重,可见大家都想知道杰弗逊是什么看法。

杰弗逊对宪法有两点不满。

第一点是,宪法缺少一份权利法案,即有关个人基本权利的保障。在他参与制定的《弗吉尼亚宪法》、其他各州的宪法,都有类似的法案。杰弗逊认为,一份宪法固然是关于政府的组织功能,是人民把权力转让给政府的授权书,但是,它应该包括限权的条款,明确指出什么权利是人民的,不能转变为政府的权力。这些权利就是个人的自然权利,包括宗教信仰的自由、新闻自由、人身保护令状、由陪审团审判的权利等等。他说,权利法案就是人民有权和地球上一切政府相抗衡,这种权利是任何政府都不能侵犯的。

第二点是,宪法没有设计出政府官员轮换的规定。他认为宪法规定的立法和行政官员的任期太长,应该限制连任的任期。这是为了防止官员在权力位子上待长了,想方设法霸住权力不放。杰弗逊认为,应该一开始就预防这种情况。政府应该是铁打的营盘流水的兵，官员要不断变动轮流，这是防止腐败的重要措施。

  法国大革命开始之后，作为美国政府派往法国的外交使节，杰弗逊按照惯例不能涉入法国的内部变故，但是在思想上他却不可能置身于外。他和以拉法耶特为首的改革派来往密切。而从美国独立战争返回法国的拉法耶特，也理所当然地把杰弗逊看作是最可信赖的参谋。面对当时法国动荡的局势，杰弗逊以他对自由政府的信念，认为法国应该改革，应该建立宪政自由的政府。

  另一方面，杰弗逊毕竟是美国人，相比大革命时期冲动而愤怒的法国人，他是更务实更冷静的。他认为，法国的改革是有限度的。他为拉法耶特筹划的改革计划，是保留国王的宪政制度。他认为，由于法国没有美国那样广袤而尚待开发的土地，法国没法像美国一样，为每一个人都创造在自己土地上创业的机会，不可能像当时的美国那样有较好的消弭贫富差异的土地条件，能实现机会平等，所以，法国的前景不如美国。可是，正在发动起来的法国大革命中的人们，与杰弗逊的想法恰恰相反。

  在1789年，杰弗逊帮助拉法耶特起草了法国《权利宣言》的一个文本，其中几乎是全盘写进了杰弗逊关于个人基本权利的原则。在1789年夏天，法国通过《权利宣言》以前，拉法耶特还把宣言文本送给杰弗逊，请他再提供修改意见。这份用铅笔修改过的法国《权利宣言》，和杰弗逊抄录的最后通过的宣言，后来都带回了美国。杰弗逊把它们交给主持美国众议院的麦迪逊，建议美国尽快通过一份权利法案，在制定时可以参考法国的《权利宣言》。

  在杰弗逊用铅笔修改过的文本上，有些词用铅笔画了括号。这些词是杰弗逊认为应该斟酌修改的。其中,在公民基本权利中,"财产权"就给括号括了起来。后来的研究者认为,这是杰弗逊思想中,用"追求幸福的权利"来代替"财产权"的又一个证据。

事实上,杰弗逊在《独立宣言》中的"生命、自由和追求幸福的权利"的说法,和约翰·洛克生命权、自由权和财产权的说法十分接近。在洛克的概念里,这三种权利就是欧洲自由市民的权利,它们浑然一体,不可分割。财产权也包括自由地运用自己的身体和能力,自由地工作,自由地享受工作的成果:挣得财富,享受财富。应该说,在洛克的财产权里,含有工作权的意思,也就已经接近了"追求幸福的权利"。但是,托马斯·杰弗逊更倾向于用后者,认为"财产权"这个词本身,是民事契约中用到的词,也就是说,可以看作一种民事权利。而正如托马斯·潘恩在巴黎的杰弗逊住处与他通宵讨论自然权利问题以后,写下的四页备忘录中说的,自然权利和民事权利有明确分野。杰弗逊显然也同意这种看法。

华盛顿总统内阁里,主要的不和,发生在国务卿杰弗逊和财政部长汉密尔顿之间。汉密尔顿是所有人中最主张集中政府权力的人,他不信任普通民众,不相信民主能搞好。他希望有一个行政主导的政府,政府就是统治者,政府的功能就是统治。政府和民众的关系就是统治者和被统治者的关系,理想的目标是建立较为和谐的统治和被统治的关系,而不是削弱或模糊这种关系。所以,汉密尔顿在致力于国家财政和经济制度建设的同时,写文章表达他的主张,一再使用的就是"政府"这个词。

杰弗逊却认为,理想的状态是宪法所设计的分权制衡的政府,是用权力制约权力,避免权力膨胀独大以后侵犯民众。所以他看到口口声声"政府"如何如何就很不满意。在他的影响下,在众议院里,詹姆斯·麦迪逊也取杰弗逊的态度。宪法通过以前,麦迪逊曾经和汉密尔顿合作发表《联邦党人文集》,切磋和宣扬共和主义的政治观。现在,麦迪逊和杰弗逊一起,针对汉密尔顿的观点,提出反对。麦迪逊曾发表文章,批评在讨论国家大事时滥用"政府"这个词。他写道:在一个共和政府里,把行政长官称之为政府,是不是合适?显然是不合适的。他说,这是外国政府,比如英国君主政府的说法。在美国这样的共和国里,行政分支不等于政府,行政分支只是政府三权分立中的一支。

杰弗逊相信,共和政府应该体现多数的统治。在内阁任职期间,他经常反对汉密尔顿的主张,反对政府采取和民众对立的立场,甚至反对政府对底层民众暴动的态度。1794年,当宾夕法尼亚发生"威士忌叛乱"的时候,汉密尔顿认为这种叛乱是美国的"雅各宾俱乐部"式的政治暴动,是有政治目的的团体发动的,是为了推翻政府;他说服华盛顿总统,命令逮捕了一些参与叛乱者。虽然,这些人很快被释

"威士忌叛乱"

"威士忌叛乱"的历史纪念牌

放,杰弗逊仍然对此非常愤怒。他认为,这种叛乱是底层民众遭受不公待遇时,没有别的出路而被迫铤而走险。而民间团体讨论、发表和集会表达政治观点,是公民的权利。他和麦迪逊大声疾呼,为民间言论自由和出版自由辩护。杰弗逊认为,华盛顿总统听信汉密尔顿而抨击民间团体,是最大的政治错误。他对总统说,美利坚合众国的总统应该允许别人把他当作行使讨论自由、写作自由、新闻自由、出版自由时的抨击对象。

另一方面,杰弗逊对上层精英的小圈子组织却大不以为然,特别反对独立战争的功臣们结社。当独立战争后的退伍军人组成辛辛那提俱乐部的时候,他从一开始就认为,这是一种仿照军事贵族组织的团体,在一个由全体自由人组成的共和国里是不合适的。他在巴黎的时候,华盛顿将军写信给他,征求他对辛辛那提俱乐部以及自己被推举为名誉主席一事的看法,他马上回信表示反对。

在华盛顿总统的内阁里,杰弗逊和汉密尔顿的矛盾越来越公开,越来越激烈,华盛顿总统不得不出来干预,对双方都加以批评训斥。华盛顿在思想和理论方面,比较重视杰弗逊的意见,而在财政和制度建设的要务方面,更倾向于联邦主义者的观点,更重视汉密尔顿。杰弗逊和华盛顿总统都是弗吉尼亚人,他们都认同弗吉尼亚上层精英的价值观和处世方针,但是杰弗逊是一个读书多、重理论、理想主义、性格浪漫的人;而华盛顿是一个踏实的现实主义者。从务实来说,华盛顿总统更接近汉密尔顿。

我们还是回到1800年的大选结果。1801年,杰弗逊总统上台,他自己说过,那是一场"第二次革命"。今天有不少历史学家沿用和赞同了这样的说法。

其实,1800年的第一次政党轮换,在美国就出乎了一些人的意料。两党表现得如此对立,经历如此激烈的竞争,共和党才赢得总统选举。可是,杰弗逊总统上台后,并没有进行非常激进的大改革。尤其是汉密尔顿制定的财政改革,虽然杰弗逊曾经激烈反对,可是在他上任之后,财政改革的效果已经很明显,杰弗逊并没有在经济上逆转前任的政策。

那么,"第二次革命"指的是什么呢?一方面,当时的共和党报纸针对1800年亚当斯下台而提出,从1776年开始的美国"第一次革命"结束了。他们指的是,联邦党人强调政府的强大和稳定、强调法律和秩序，对美国民主向深度和广度发展持谨慎的限制，是一种保守的倾向。而现在，以华盛顿和亚当斯为代表的这样一个时代结束了。

另一方面，"第二次革命"在另外一些人那里，是指这次非同以往的执政轮换本身。在美国联邦政府成立之后，这是第一次由一个明确的反对党派通过竞选，从连续执政十二年的对立党派手中，赢得政权，并且完成和平交接，从此开始推行某些完全不同于前任政府的政策。

杰弗逊总统一上台，《惩治叛乱法》已经到期，当然就没有再续，等于是废除了这个法律。杰弗逊还利用宪法赋予总统的赦免权，赦免了所有因《惩治叛乱法》坐了牢的人。共和党领先的国会也作出决议，由国会归还了所有因触犯该法而缴纳的罚款，并且由国会支付了利息。杰弗逊还废除了华盛顿总统时代造成农夫暴动的威士忌税。民众看到了在联邦政府的层面，由于执政党派的轮换，做到了政策上的平衡和纠偏。但也有一些政策的改变，是引发很大争议的，例如，杰弗逊大大削弱了由前任亚当斯总统兴建的海军。亚当斯认为，鉴于十二年来不断的战争威胁，美国必须开始建设常备军，而杰弗逊认为，这完全是浪费公款。

杰弗逊最大的政绩，是在拿破仑打算廉价出售法属北美洲殖民地的时候，非常及时、坚决地购置了这片土地。这就是著名的"路易斯安纳土地购置案"，使得美国的土地在他的手里扩大了一倍。虽然当时遭到许多人的反对，可是，杰弗逊的这个决定得到了他的前任、已经退休的亚当斯总统的支持。事实上，亚当斯任上参与的对英和谈，签下的条约也曾经使得美国的土地比独立战争之前翻了两番。在这一点上，他们是一致的。而亚当斯总统的儿子、后来的总统约翰·昆西·

亚当斯,当时是国会的参议员,在国会以自己的赞成票给了杰弗逊实际的有力支持。

杰弗逊理想中的幸福生活,还是田园牧歌式的农庄生活。面对移民潮,他非常关心美国是否始终有足够的土地,来提供给民众一个"幸福生活"。因此,在差不多整两百年前的1804年,杰弗逊派出了他的私人秘书路易斯以及克拉克上校,带领了三十一名探险队员,对刚刚购置的土地进行勘察;希望能探测密苏里河上游,寻找一条经由哥伦比亚河到太平洋的陆上通道。他们在1804年5月14日出发,翻过落基山脉,直抵太平洋。1806年9月23日,全队三十三人全部平安回来。这次历史著名的西部大探险,成为美国开发西部的一个最重要的推动。

而杰弗逊在美国历史上表现的"革命性",更多的是指,他一生在呼吁的:把"追求幸福的权利"向底层平民扩展,把上层的注意力引向民众的利益。他坚定地相信并呼吁:民众有管理自己的能力,让每一个人都能够有权参与。他热情讴歌民众的自然权利,要消除精英们对民众管理自己的能力的疑惑。他是法国启蒙思想热情洋溢的直接继承者。他有优美的文字表达能力,也充满激情,因此,这些理论从杰弗逊那里出来,就会有极强的感染力。

翻阅着当时美国这一批建国者们的资料,你会发现,在《独立宣言》之前,对于自然权利,对于自由政府的思考,杰弗逊绝不是偶然的孤例。一大批北美洲的知识精英们,他们分散在各个州,在用小册子、通信、宣言等方式,阐述着几乎同样的声音。例如,被人们誉为"权利法案之父"的弗吉尼亚的乔治·梅森;再如宾夕法尼亚的詹姆斯·威尔逊,他在1774年就出版了一本小册子,不仅表述了"所有人生而平等自由",还论述了"所有合法政府必须经过被统治者的同意,方能成立"。又如我以前已经介绍过的约翰·亚当斯,也表达了同样的思想。这样的例子不胜枚举。

可是,在这样的共同目标之下,怎么就出来了这"第一次革命"、"第二次革命"的说法?在美国联邦政府成立之后,不仅在那个时代,甚至直至今日,美国的政治家们,还总是分为似乎是对立的两个阵营。读着这些历史,感到在美国建国初期的同时代人中间,特别容易引起注意的,就是亚当斯和杰弗逊——这两个所谓代表了两个不同的革命、代表了两个对立党派观点的美国总统。

他们曾经是那么相近。亚当斯比杰弗逊年长,因此,早在杰弗逊涉入政治十几年前,亚当斯在他起草的《布伦特里指示》里,就提出了殖民地在英国国会"无代表,不纳税"的原则。在《独立宣言》五年前,亚当斯就把自己称为"独立之子"。在和英国发生冲突的时候,一开始,"独立"并不是普遍的诉求,而杰弗逊和亚当斯两人,是最坚决主张独立的。后来他们的名字都出现在英国要惩处的叛逆名单上。当杰弗逊在《独立宣言》的草稿中抨击奴隶制的时候,最热情地为杰弗逊的文本辩护的,也是约翰·亚当斯。他们对于独立、自由、自由政府、政教分离、废奴的一系列观点,几乎看不出有任何差别。

杰弗逊和亚当斯的经历也有非常相似的地方,他们曾经同时代表新生的美国出使欧洲。亚当斯在欧洲的时间更长一点。思想上的一致,使他们在异乡成为最亲密的朋友。因此,了解他们在政治上的分歧是特别有意思的事情。因为,假如说杰弗逊是前瞻的自由派,那么,亚当斯可以说是美国当时的保守派形象。而这是美国至今为止仍然存在的两大政治派别。

从最本质上来说,杰弗逊热衷于改造人性,也对人性的向善存着很大期望。而亚当斯只是认为有必要了解人性,却不认为人性是有可能改造的。这样的差别甚至使得今天的历史学家感到有些困惑。其实,这和他们的思想出发点有关。

亚当斯的最终出发点和他的宗教信仰有关,对亚当斯来说,他的自由平等理论的出发点是"上帝面前人人平等"。在这个基础上推导出人的平等自由和"法律面前人人平等"。他的自然权利的观念,也是以宗教为出发点的。亚当斯的宗教信仰使得他从对自己心灵深处的开掘去了解人性,理解所谓"灵魂被救赎"之必要和艰难。他也受了欧洲启蒙思想的影响,可是,他从来没有改变自己思想的出发点。因此,他从宗教体验出发,从对自己的深度了解出发,对人性有着根深蒂固的怀疑。于是,在相信民众应当得到自由平等权利的同时,他又对民众本身抱有某种程度的疑虑和戒备。亚当斯是智慧的,却还留有"上帝之下"的最后一点愚钝。他眼中的世界不是百分之一百能够用理性解释的,他是有疑惑的。

杰弗逊的出发点更多是欧洲启蒙思想所坚持的科学和理性,他的浪漫性格也同时和法国的激情合拍。杰弗逊和法国的启蒙思想家一样,从理性出发,凭着他的智慧,他毫无困难地就可以从逻辑推导出他的思想。他是自信的,由于没有亚当斯对人性的深刻怀疑,杰弗逊对人民大众的自治能力、对最广义的民主充满信心,并且尽一切努力去推动。

杰弗逊出使欧洲返回家乡的时候,给欢迎他的乡亲们写过这样的信:"让我们用实践来证明,老百姓完全有能力管理好这个社会,大多数人的意志才是人权的唯一捍卫者,这是每个社会的自然法则。

也许大多数人的意志有时也会出错，但它犯的错误是诚实、个别、暂时的。"

亚当斯在基本理念上和杰弗逊没有差别，他只是总在提醒大家人性的弱点，他在文章中不断强调不加约束和失去平衡的民主会产生危险。即便对代表民众的国会也是如此。他在法国大革命之前就在给朋友的信中写到，他担心法国还要经受"好几次严峻的考验"，他认为，如果大多数的意志失去控制，可能会导致"恐怖的浩劫"。"我在政府问题上的一个信条是，永远不要将羊羔托付给狼。"在亚当斯看来，多数人如果没有约束，一样可能演变成"狼"。他对法国的担心不幸而成为事实。1800年大选，以及政治党派的相争，曾经一度严重地伤害了他们之间的友情，可是在此之前和在他们晚年恢复友谊之后，他们就一系列重大问题表达和交换过自己的看法。这些讨论是非常有意思的。

杰弗逊虽然没有参加1789年夏天的费城制宪会议，但是早在1789年9月，就在被召回国离开巴黎以前，杰弗逊在给麦迪逊的信中，说到想把他对美国宪法的批评和长久哲学思考写下来。他写了以后，就动身回美国了，已经没有必要邮寄，他可以在到了美国后当面交给麦迪逊。在海上漂泊的日子里，他还在思考。到了美国以后，当麦迪逊第一次来访问他的时候，他说自己给他写了一封信。可是在访问结束的时候，他没有拿出来交给麦迪逊。他还在想信里思考的问题。一直到1790年1月，他作为华盛顿总统内阁一员到纽约上任，见到在众议院的麦迪逊的时候，他才把这封思考了几个月的信交给麦迪逊，并且附了一个纸条说，经过这么长时间的思考，我没有改变我的看法，现在提请你考虑。

托马斯·杰弗逊提出了什么想法呢？

托马斯·杰弗逊在信中提出了这样一个问题：我们这一代人的政治观念和制度，下一代人是否受其约束？他的结论是否定的。他说："大地总是属于活着的一代人。"

这一思考，这一结论，这种表达方式，是托马斯·杰弗逊特有的。正是这种特质使得杰弗逊不同于他同时代的建国先贤，也不同于有史以来的所有政治家。他是一个手里有权的政治家，是一个处理日常事务的国务活动家，但是他也是一个政治哲学家、一个文人学者、一个思考者。

杰弗逊在给麦迪逊的信中认为，"土地的用益权"属于活着的人，不属于死去的人，这个原则，就像人人生而平等的原则一样，也是"不证自明"的。人死了，就什么权力也没有了，也没有任何权利了，因为他们死了就消失了，和他们的生存状态一起的自然权利，也随着他们的死亡而消失了。所以，他们生前的权力和权利，不能用来约束后来活着的人。

根据这一原则，杰弗逊认为，具体个人的财产权不是神圣不变的。具体的财产权，是一种民事权利而不是自然权利。大地属于活着的人类，大地是让人类来居住、耕作和利用的，这是人的自然权利，人人都有权来利用大地，生活在大地上。可是具体的地块的所有权，却是一种由人为法律保障的财产权，是一种民事权利。随着土地财产权持有者的死去，土地就回归为活着的人的自然权利。上一代人死了以后，他们之间的法律关系，不能约束下一代活着的人。下一代活着的人，可以重新修正已有的法律，建立合乎他们需要的法律关系。

所以，杰弗逊甚至推导出这样的想法，每一代人都应该修正宪法，让宪法符合新一代活着的人的需要。杰弗逊甚至对人的寿命进行一番计算以后，推算出修正宪法的时间是大约每隔二十年。

杰弗逊因此在给亚当斯的信中说，"代代相传"不应该过多考虑"文件交接"。

区分人的自然权利和民事权利，是杰弗逊这一番思考的核心。杰弗逊这一思考的出发点，还是他十几年前在《独立宣言》中写下"人人生而平等"的时候，留在他内心的问题，什么是人人平等，怎样保障这种平等？现在，他的答案出来了，人人平等是自然权利的平等，其中有"追求幸福的权利"。"追求幸福的权利"所需要的起码物质条件，原则性地包括在自然权利中。杰弗逊认为，人人生而平等，应该包含这样的意思，人人在生下来的时候，就有权分享属于活着的一代人的大地，土地应该有他的一份。他在这土地上，可以辛勤耕作，满足生存的需求，用自己的工作"追求幸福"。

杰弗逊是属于农业时代的人，他是南方的庄园主，他理想中的国土是农业国。他没有积极预料到即将到来的工业时代，没有想象到未来城市里脱离土地的庞大工业人口，想象不出工业时代的大银行大公司所拥有的惊人财富。在他的脑子里，"追求幸福"的物质条件，还是一小块土地。"大地属于活着的一代人"的思想，为后世由政治制度保障的调整社会财富的做法，打开了思路。美国在一百多年之后完整地建立了征收高额累进所得税、征收高额财产继承税等一整套抑制财富过度集中、扶助穷人的制度。追根溯源的话，都源于杰弗逊在两百多年前的思考，宣布富人死了就不再是富人，不应再占有大地和财产，宣布穷人的孩子不是生下来就注定要穷一辈子。杰弗逊的思考，预言了不断动态调整贫富的时代必将到来。杰弗逊的局限在于，在他看来，财富就是土地，可是他又无疑是反对"分田分地"，反对剥夺已有土地权，反对破坏财产秩序的。那么，怎样让未来将要出生的人，未来活着的一代，都能有"追求幸福"的自己的"一块地"呢？杰弗逊的想法是，这只有在美国才能实现，因为美国西部有广袤的未开发的土地。西进，这是杰弗逊长久的哲学思考，在现实中反映出来的一个理想。由此，萌生了杰弗逊作为第三任总统期间最伟大的成就：勘察西部和"路易斯安纳土地购置案"的实现。

亚当斯对杰弗逊"代代相传"不应该过多考虑"文件交接"的观点，持有不同意见，他认为，生活不是这样的。他说，假如杰弗逊真的如此认为，那么，他们之间对未来的看法，显然存在根本差别。亚当斯在给杰弗逊的信中写道："一代人的权利，在某种程度上，应该取决于另一代人传下的文件。社会契约和法律最终必须归于书面材料。遵守这些文件应该成为这个国家的惯例，这些文件不应该因革命而变更。革命是代价高昂的东西，人类会很快吝惜自己的鲜血和财产，不再频繁地诉诸革命手段。"

即使是今天社会逐渐发展成熟到一定程度，产生了调整贫富的制度，也必须非常小心谨慎地实行，如何掌握这样的分寸，和提出这样的思想同样重要。就美国的遗产税来说，就是美国至今为止仍然在争执的议题。

人们认识到，这不是简单地帮富人还是帮穷人的问题。经济自有它自己的规律。假如贫富差距过大，要带来巨大的社会问题，需要调节。同样，在政策上过分伤及富人，伤及企业，也可能因此而更深地伤及穷人。今天美国遗产税的开征起点仍然非常高，可是，

华盛顿市的杰弗逊纪念堂

据美国独立商业联合会的统计,在这样的制度下,还是有三分之一的小私人业主,必须出售全部或部分企业来缴纳遗产税,并且有很多家庭业主无力将企业传给后代。同时,也有人从法理提出,慈善捐赠是一回事儿,对合法收入,依法缴纳高额所得税之后,再征遗产税,是另一回事儿,它牵涉是不是公平,是不是对合法致富的惩罚。这样的争执,使得社会思考变得不再简化,社会不同的利益集团都得到关照。简单地偏侧一个阶层的利益,即使从功利的角度出发,都很可能适得其反。

正如杰弗逊所预言的:"从政府成立至今,一直存在不同的观点和党派分歧,今后还会存在下去:每个人都会有自己的立场……"今天美国的争论,都可以追溯到美国建国初期杰弗逊和亚当斯的争论之中。

杰弗逊的最后一篇为独立日五十周年准备的演说稿，是杰弗逊理念的经典。他已经垂垂老矣，仍然热情洋溢："我相信（美国独立）这是一个信号，能唤起全世界民众的觉醒，禁欲式的无知和迷信曾令他们捆住了自己的手脚，今天他们要打破束缚自己的锁链……所有的眼睛都睁开了，看到人的权利。科学的普及已经让每个人都触摸到了那看得见摸得着的真理。"下面，他引用了历史上一名英国士兵在临刑前的著名演说："大众不是生来就在背上背着鞍子，让一小群穿靴子的人驱使的。"他说："让每年的这一天都提醒我们记住这些权利吧！"

亚当斯对于民众的态度始终是谨慎的。他在法国大革命刚刚开始的时候，就认为仅仅选出表达民众意愿的立法议会，而没有行政和司法这两个分支的制约，是危险的。如果没有制约和平衡的力量，那么民众权力独大的立法机构，只可能是"巨大而持久的灾难"。亚当斯说，自己从1776年开始，一生都在相信自由平等的原则，可是他不能接受"将理性作为一种信仰"的主张。在法国革命发生的时候，亚当斯说："我无法理解如何建立一个由一千三百万无神论者组成的国家。"对于亚当斯来说，人必须有最后的一点敬畏之心，人必须对自己的人性弱点有起码的认识和待救之心。一个完全撤去这条界限的国家，是可怕的。亚当斯是美国政府中第一个预言法国革命将带来暴乱和恐怖的人。他因此很少讴歌式地赞扬民众和自由，却常常发出另一面的警告。在最后岁月给杰弗逊的信中，亚当斯依然在表达他对法国大革命式的民众暴力的担心，认为民众如若失控，就会如酒醉者骑上烈马，"猛烈抽打他们的坐骑，拼命加速狂奔，直到马送了命，自己也摔断脖子为止"。亚当斯直到最后都认为，他的人生观和信仰，"就是接受上帝的审判"。

在美国，杰弗逊的思想变得越来越辉煌，随着美国民众水准的提高、民主的逐步扩展，人们看到了他所预言的民主在实现，使得他有一种名副其实的先知的形象。而亚当斯所代表的保守思维，使得美国始终有一个反向的思考和质疑。美国民主能够稳步向前，多半由此而来。

也许，必须向你说明的是，我无意在此对他们作出褒贬。我只是让你了解，就个人来说，人性都是有弱点的。这种弱点也可能导致政治倾向走向极端。不论是哪一种政治观点的实行，都必须在一定的时间、条件和地点，维持在一个适度的分寸中。可是，这几乎是不可能的事情。因此，反对派的存在，对立观点的存在，才是可贵的、必需的。对立的双方如同一对孪生儿，他们彼此在避免对方走极端，而任何一个方向的极端都是危险的。如果没有对立派，依靠自身来取得中庸几乎是不可能的。

杰弗逊和亚当斯曾经是最亲密的朋友，又因政治党派对个人感情的伤害，多年不相往来。最后在晚年，他们相互通信，为美国历史留下了建国初期最宝贵的资料。就在美国独立日五十周年的那一天，在美国已经站稳脚跟、举国欢庆的那一刻，杰弗逊和亚当斯在同一天去世，成为美国一个真实的传奇。而他们最后的通信，似乎在预示着美国对立党派此后的关系，他们是一致的，他们又是分歧的。对立是最触目的，而在最根本的立场上，他们的共同之处，可以追溯到遥远的《独立宣言》。

如杰弗逊晚年给亚当斯的信中说的："我们为了同一个理想而并肩战斗，为实现人类最宝贵的东西——自治权而奋斗。"这个共同的出发点是理解美国政治非常关键的一点。他们并不是一边是要君权独裁专政,而另一边要某种其他形式的专政。他们的共同理念和追求的目标,都是保障《独立宣言》的"人人生而平等,都有生命、自由和追求幸福的权利"。

在建国的那一天,建国者明白,美国远非是完美的,他们只是提出了目标。这个国家还有历史遗留的奴隶制,还有无数不平等和不自由的状况。可是,给处于不同阶层的每一个人以自然权利,是建国者们的理想。随着民智开启,也成为多数民众越来越认同的立国目标,逐渐成为良性互动。强势对立党派的差异,往往只是路径和方式的不同。因为,要获得多数选票,必须不偏离这个立国之本。对立的观点共存和平衡之下,美国得到的收获是"中庸"。

美国此后的政党渐多。国际上的种种思潮涌入,什么奇奇怪怪的激进政党和政治组织都有,有些激进组织可能在一时似乎有极度壮大的趋势,左的右的都有。可是,只要是走得太远的、走极端的,最终只能是成为一个弱势党。不是政府在扼杀和限制它们,而是民众不认同。这种趋势,也随民众水平的提高而增强。

这也是美国在政党轮换上台之后,一般都不会发动"翻天覆地"社会变革的原因。

好了,下封信再聊。

祝好!

林 达

林肯和内战

卢兄：

　　谢谢你的来信。在我前面的故事里，你已经可以看到，一个活生生的制度运作，比一纸宪法，那个纸上的制度，要复杂得多。可是对宪法的认同，对游戏规则的认同，是非常重要的。

　　当一个政府一开始运作，它不仅蕴涵着种种潜在的、与权力膨胀相关的危险，还会产生民众膨胀的危险。因此，民主的运作，有许许多多东西是在宪法上找不到的。民主制度远非是一个完美的制度，只能说是相对其他制度，被实践证明是可行的、较好的制度。而同样的宪法和制度，在不同的环境下，遇到的挑战也会不同。在同一个国家，都会在不同的情况下，出现不同的危机。这也是美国的建国者们当初忧心忡忡的原因。

　　正在蓬蓬勃勃生长中的社会，会变化出无尽的难题，需要人类的智慧去应付。在通常的情况下，是没有万全之策的，只能多害取其轻。

托马斯·杰弗逊对这个制度大概是最乐观的一个。美国建国初期,也就是建国者们自己参与的"精英执政"时期,他们对权力、对共和政府的忧虑,保守、谨慎的风格,成为美国一个重要的开端。即便是杰弗逊总统,他在总统任期内,执政的风格仍然是保守的。

也许,我必须说明的是,我指的美国"精英执政"时期,是特指在美国建国初期、非常特殊的、一批具古典共和主义精神的绅士执政的情况,而并不是泛指"精英执政"。

在美国,这个时期之所以特殊,因为他们本身的教育来源和文化,孕育了这个制度,而这些制度的最初实践者,就是制度的制定者。他们的思维方式和这个制度是基本一致的,它相对也就更容易在实践中成功。美国宪法,是粗线条的原则和规则。它的成功,是纸上的制度和实践本身携手共进完成的。宪法实践的最初阶段,正是这些国父们自己在亲手操作、完善、修补它的漏洞,在完成宪法实践的那一半任务。而不是一群不认同这个理念的、满怀私欲的政客,在肆意寻找漏洞毁坏这个制度。没有一个纸上的制度设计是无漏洞可钻、是严密得你要百般破坏却不成的。

因此,美国民主化呈现保守谨慎的风格,是很幸运的事情。

我们已经聊起过,不论美国的建国者们有多大的分歧,他们对于民主化进程的速度和方式,看法有多么不同,可是美国的民主化始终在扩大。1828年,约翰·昆西·亚当斯总统,就是约翰·亚当斯总统的大儿子,在竞选中输给了平民化的安德鲁·杰克逊将军,标志着美国建国初期"精英政治"时期的终结。安德鲁·杰克逊,以一个战争英雄的姿态,以完全不同于当年华盛顿将军的风格和豪气,持极高的民众威望,成为那年美国大选的胜选者。

到安德鲁·杰克逊总统时代，美国的政治生态起了明显的变化。在制宪会议上，把大选举团的产生方式留给了各州。各州就根据它们的实际情况，逐步使得大选举团不再由州议会而是由民众产生。实际上已经是民众在间接地选举总统。总统候选人必须通过竞选来让民众了解自己。竞选亮相、拉选票，这成为民选官员的必备功课。到林肯总统上台的时候，民主化已经基本完成，美国从立国初期的精英政治彻底演变成一个现代民主国家。尽管共和国的体制框架并没有改变，半个世纪的进步却使得大众终于进入了政治决策过程。

1860年大选中当选为总统的亚伯拉罕·林肯，是真正出身于社会底层的政治家。而他登上联邦政府舞台的时候，又刚好是美国南北分裂的风云时代。从林肯身上，最清楚不过地表现了美国政治制度的演变，也表现了这个过程的复杂艰难。

和托马斯·杰弗逊一样，林肯是一个宣扬要为大众说话的政治家。但是对杰弗逊来说，民主多半还是一种停留在思想和口头上的理念。杰弗逊时代，国家制度中的民主因素刚刚萌芽，杰弗逊本人也更多地表现出上层绅士的行为准则。林肯则完全不同。

肯塔基州是美国建国后向西开发的过程中建立的新州，远离东海岸的传统政治中心。虽然肯塔基州是一个蓄奴州，地理上却位于南北之间，被看作是南北边界州，又可以和相邻的伊利诺伊州一样，被看成是中西部。肯塔基州的南边就是田纳西州，就是安德鲁·杰克逊总统崛起的地方。这样的边远地区，是底层出身贫贱的人从政的好地方。若不是美国民主化的逐步扩展，在建国初期，这个区域的人被选为总统，几乎是不能想象的。

林肯出生于肯塔基州的贫穷农家。记得我们参观一个古老的南方庄园,展示者为了向大家说明这家人家对待奴隶并不算太坏,就在奴隶的住房前面放了一张林肯家的照片。因为林肯的家看上去比这家庄园的奴隶住房要差得多了。后来才知道,那还是林肯家"小康"以后的住屋。在此之前,在寒冷的肯塔基,他们家只有三面墙,冻得要死。他的生母没有住上四面墙的屋子,就去世了。

农家出身的林肯,没有条件受到很好的正规教育,却干过各种各样乡下人必须干的活:伐木工、摆渡船工、土地丈量工、邮差、店员、农庄帮工等等。但是林肯其实天生不善于干农活,他更感兴趣的是地方政治。边远小地方的政治圈子比传统政治中心更贴近底层大众,使得林肯这样的穷人也能跻身其间。他小时候手头没有书,能够抓到的几本,就反复看得烂熟。其中当然有《圣经》,也偶然地有了一本亨利·克雷的传记。安德鲁·杰克逊当选总统的那一年,林肯十九岁,第一次行使选举权,他投的是落选的亨利·克雷。从此他把自己定位为一个共和党人。他后来迁移到伊利诺伊州的一个小镇,七个月后就出马竞选州的众议员。第一次,他落选了。但是两年后再接再厉,他顺利选上了众议员,从此进入政治圈。这时候他才二十五岁。

年轻的林肯知道,从政也是一种专业,他从小得到的训练是不够从政的。他在当选州众议员以后刻苦自学,考出了律师执照,这也只有在边远小地方才比较有可能。

林肯的风格是朴素和谦卑。这种朴素和谦卑,既是他的出身本色,也是新时代的从政需要。把林肯的风格和杰弗逊的风格比较一下就可以发现,杰弗逊的民主理念来自于思想,他从前辈学者那里汲取灵感。他善于想和写,而不善于说。他的风格是优雅的,是书面语言的风格。而林肯的民主理念来自于他所进入的美国政治现实,他不是一个善于思想的人，从来不喜欢读很深奥的书籍，但他却是一个善于演讲、善于领悟大众心思的人，他从面对面的大众那里汲取灵感。他的朴素是口头语言的风格。他从二十岁出头第一次参与竞选的时候就知道，这种风格对他是有利的，因为现在是大众选票起决定作用的时候了。他不仅不忌讳在竞选的时候提起他卑贱的底层出身，而且是故意地要显示这种出身，处处表现他是一个伐木工。

他在第一次公开竞选演说中说："我生在社会最卑贱的阶层，也始终留在这个最卑贱的阶层里。我没有什么有势力的亲朋好友来推荐我"，"我想你们都知道我是谁。我是谦卑的亚伯拉罕·林肯"。"如果你们选上了我，我将万分感激你们。如果你们没选我，我也同样万分感激。"

作为民主时代的政治家，林肯知道，他必须依靠大众的拥戴，才能够登上政治舞台。所以，民主深化时代的美国和以往不同的是，政治家面对大众说话，你永远无法判断，他是说的真正的心里话，还是在追随大众、讨好大众，或者引导大众。politician，既可以译成政治家，也可以译成政客。政治家和政客合为一体，正是从这个时候开始的。古典的政治家 statesman，渐渐地让位于两面一体的政治家和政客 politician，是民主时代的必然趋势。林肯是美国历史上第一个典型的 politician。

有些人认为，林肯在历史上的最荣耀的功绩是领导南北战争，最终废除了奴隶制。还有这样一个传说，说林肯在二十来岁的时候，去了一次位于密西西比河口的新奥尔良，在那儿的奴隶市场上，看到有一个面目清秀的黑人少女正待出售。这个镜头深深地刺激了林肯，他发誓有朝一日要粉碎这不人道的奴隶制。史学界的研究说，这多半是

林肯纪念堂内的雕像

一个传说的故事而已。因为林肯和奴隶制的关系,远比这样的传说要复杂。林肯是一个天生的政治家,而不是像约翰·布朗那样的激进废奴主义者。

林肯从教养来说,是一个肯塔基人。肯塔基州是一个蓄奴州。十九世纪初期,轧棉籽机发明以后,南方棉花种植业需要大量黑奴劳动力,而法律已经禁止从海外进口黑奴,肯塔基成为国内黑奴买卖的输出中心。林肯的夫人出生于肯塔基州首府莱克辛顿的一户殷实人家,是一个有奴隶仆人的家庭。林肯是一个富有同情心的人,本性反感奴隶制,在私下里也一定表达过这种感情。但是,作为一个民主制度的政治家,他的公开的一举一动却必然服从政治的温度计。事实上是,传说中二十来岁的新奥尔良之行以后的二十年里,反奴隶制从来没有进入林肯的政治日程。相反,在讨论废除《逃奴法》,即蓄奴州的黑奴逃往自由州以后,自由州要协助奴隶主捕捉逃跑的奴隶时,林肯虽认为《逃奴法》很不公正,却拒绝投票赞成废除。他在私信里说:"我承认,我痛恨看到这些可怜的人被追捕,可是我却不得不闭嘴,保持沉默。"

在民主政治中,政治家是凭嗅觉来判断气候的变化,来决定自己的公开政治表态的。反奴的气候不到,时机还不成熟,明确的激进反奴立场和表态,对林肯就可能是一种政治自杀。政治家不仅要有自己的良知,有出自这种良知的政治理念,他还必须等待时机,等待民众能够听得进他的话,愿意跟着他走。所以,有时候他不得不保持沉默,甚至言不由衷。这时候政治家的表现就像一个政客。

由于宪法在制度上把废奴的时间表留给了各州,也就等于承认了原有奴隶制存在的事实。北方反对奴隶制度的政治主流无从在南方推进。轧棉籽机的使用刺激了南方棉花种植业,也刺激了南方庄园主保持蓄奴制度的欲望。"路易斯安那购地案"使得美国的国土面积扩大了一倍多。西部新开发的地方就陆续地要求作为新的州加入联邦。这些新州是否容许蓄奴,会影响蓄奴和废奴的政治平衡。北方要求新州是自由州,而南方蓄奴州却以"主权在民"为理由,要求让新州自行决定。而就严重缺乏劳力的西部民众来说,很多是指望用奴隶劳动来发展种植业的。

1817年,当密苏里申请以州的名义加入联邦的时候,在国会展开了激烈争论,因为无论密苏里是以自由州还是以蓄奴州加入联邦,都会开一个先例,以后相邻地区进入联邦,也会照此办理,从而影响国会里蓄奴和废奴力量的消长。1820年,终于达成著名的密苏里妥协:密苏里州以蓄奴州加入联邦,而长期以来被南方参议员阻挡在联邦门外的北方缅因州,以自由州加入联邦,一对一保持双方在国会的平衡;同时,将密苏里的南边界,北纬36度30分往西延长,在"路易斯安那购地案"范围内,将来加入联邦的州,在此线以北的,一律禁止蓄奴。史称"密苏里妥协"。

　　密苏里妥协给了蓄奴派和废奴派二十年的平衡,奴隶制度在南方又太平无事地延续了二十年。到十九世纪四十年代,大批移民来到密西西比西部大平原,美国进一步向西开发,进入了现在的新墨西哥州和犹他州,显然,将会有一些新的州加入联邦。同时,由于自由州和蓄奴州的法规不同,民众对奴隶制的看法不同,很多奴隶向自由州逃亡。1850年,国会通过了一系列法规,强化了《逃奴法》。在这个过程中,伊利诺伊州出了一个年轻的政治明星,那就是林肯的政敌参议员斯蒂芬·道格拉斯。道格拉斯的武器就是"主权在民",是地方自治,是新的开发地的人民自己决定那儿是自由州还是蓄奴州。事实上,道格拉斯的武器就是"民主"。道格拉斯的党,就叫民主党。

　　1854年,道格拉斯发动在国会通过了"堪萨斯—内布拉斯加法案"。这个法案打破了三十五年前的"密苏里妥协",强调的是"民众自决"。实际上是新开发州的白人自由民的"自决"。这样的"民主"诉求,不禁使人想起二十年前,在托克维尔访问美国后,在《美国的民主》里提出的"多数的暴政"的概念。也让人想起既赞同自由平等、又对民众始终怀有警惕的保守的美国建国者。这一法案在参议院以37∶14的大比数通过,在众议院却以113∶110接近比数通过。当时的皮尔斯总统,无奈地在法定的最后一天签署了这一法案,这说明行政的制约也没有起作用。

斯蒂芬·道格拉斯

这一法案是政治家打着民众自决旗号取得的胜利。看起来是民主的胜利,其实是多数暴政的胜利。可是,美国传统的政治家良知在对抗这种胜利。这一法案萌发了民主党内部的分裂。同时,北方以及南北边境州民众对奴隶制扩张的担忧,创造了新的政治气氛。在道格拉斯的家乡伊利诺伊州,原来在奴隶制问题上态度并不鲜明的林肯,顺应自由州民众对奴隶制扩张的忧心,站出来大声疾呼,利用同道格拉斯对抗的机会,登上了联邦政治的舞台。

在奴隶制问题的尖锐冲突中,林肯以前一贯采取的是一种温和的中间立场。林肯出任第二任州议员的时候,还不到三十岁,当时奴隶制问题在全国激发了大讨论,尤其在是不是允许首都华盛顿市所在的哥伦比亚特区蓄奴的问题上。哥伦比亚特区位于南北之间,却是在蓄奴州弗吉尼亚和马里兰的包围之中。林肯的态度是，依据宪法，联邦政府无权强令南方州废奴，但是联邦政府无疑有权在联邦管辖的首都地区禁止蓄奴，这无疑是符合宪法的。可是他话头一转，又说，联邦政府的这一权力，只有在"哥伦比亚特区人民的要求下"才能行使。林肯认为，自由州人民首要考虑的，应该是怎样维持联邦制度，为此，应该让蓄奴州自行其是，同时也不要直接或间接地帮助奴隶制，而是让奴隶制度"自然死亡"。

1854年的"堪萨斯—内布拉斯加法案"在北方引起了对奴隶制扩张的忧虑。可是，北方多数民众当时也绝非要冲到南方去废除奴隶制，而是担心奴隶制在新州扩张之后，会逐渐扩张到北方来。北方民众中，很多人并不喜欢黑人，甚至恐惧黑人。他们反对奴隶制扩张，是担心自己住的地方因此会出现很多黑人。而南方蓄奴州的许多白人民众，担心和害怕的是黑奴一朝即被解放。

林肯看到了这一点，深知能够被南北民众共同接受的观点是什么。因此他公开提出的，不是在全国范围内废奴，而是禁止奴隶制度的扩张。1854年10月4日，"堪萨斯—内布拉斯加法案"一经通过，林肯一生中第一次公开谴责奴隶制。他在伊利诺伊州议会发表演讲："我痛恨奴隶制，因为奴隶制本身骇人听闻的不公正。"但是他又解释说，他对南方民众并无偏见，他理解南方人说的，找不到令人满意的办法来结束奴隶制度："我当然不会指责他们没有做到我自己也不知道该怎么做的事情。如果我握有一切大权，我也不知道拿现有的奴隶制怎么办。我的第一个冲动是让所有奴隶自由，然后送他们去利比里亚，回到他们自己的家乡。"可是他又说，立即把黑人都移民非洲事实上是不可能的，所以让他们自由后，必然要让他们在此生活："那么以后怎么办呢?让他们自由并让他们在政治上和我们平等?我自己的感情令我不会这样做,即使我会,我们知道白人大众也不会。"他说,白人大众这种广泛的感情,是不能被漠视的。

在这里,典型地表现出了现代民主政治下,政治家的两面性:他们既要以自己的正义的理念来引导民众,又不得不追随民众。林肯和杰弗逊不同,他不可能像杰弗逊那样超脱,只需洋洋洒洒地表达他的理想主义。林肯必须是务实的。一方面,他坚信奴隶制在道德上是错误的,纠正这种错误是他作为民众向导,作为一个政治家的责任和使命;另一方面,他也得像他的政敌道格拉斯一样,承认主权在民,民众自治,他不能违背广大民众的感情和意愿。他比道格拉斯高明的地方在于,道格拉斯只向一方面发出诉求,而他在两方面找到了一个平衡点、一种中间立场,他向两方面发出诉求。道格拉斯提出和促进"堪萨斯—内布拉斯加法案",利用"民主"诉求要求让新州自决是否蓄奴,只能取得南方蓄奴主义者的支持;而林肯提出让老的蓄奴州不受干预地"自然死亡",同时限制奴隶制度扩张,既得到了北方州的支持,也能被废奴主义者接受,并且在一定程度上缓和同南方蓄奴州的尖锐对立。

从 1854 年的"堪萨斯—内布拉斯加法案",到 1860 年大选,林肯在六年中发表演讲,把诉求对象锁定在北方白人劳动大众。为"讨好"北方废奴主义者,他一再宣布奴隶制道德上是错误的,宣布他痛恨奴隶制;为了不激怒南方民众,他又一再宣称,他并不主张立即废奴。他主张的是,禁止奴隶制度扩散。他说,如果不是这样,那么早晚奴隶制会成为一种全国性制度,全国会到处都是黑奴,这对于白人劳动者是不利的。为了拢住大众,林肯的演讲有时候表现出自己的道德感和追随民众的现实压力之间明显的尴尬。

1858年7月10日,在北方废奴主义的大本营芝加哥,林肯演讲说:"让我们抛弃这种人那种人,这个种族那个种族,某种族更低级故而必须置于一种低级地位,诸如此类的无稽之谈。让我们抛弃所有这一类的东西,在这块土地上,团结如一人,直到我们能够再一次站起来宣布,所有的人生来平等。"

两个月后的9月18日,在南方查尔斯顿,在这个蓄奴主义者的大本营,林肯发表演说:

> 我必须说,我不是,也从来没有,主张用任何方式实行白人和黑人种族的社会和政治平等;我不是,也从来没有,主张让黑人也有选举权,也能当陪审员,也能担任公职,也能和白人通婚。

著名史学家理查德·霍夫斯塔德指出,很难说,在北方和南方发表演讲的林肯,哪个是真正的林肯,这是寻求民众选票支持的职业政治家的典型表现。

林肯当选总统后,还没有宣誓就职,南方七个州就宣布分离了。林肯接手的是一个不完整的联邦,国家已经分裂。对于林肯来说,首要的问题不是奴隶制,而是要不要恢复国家的统一和完整,怎样来恢复。南北战争的故事我以前已经讲过,可是,我还是想从林肯总统作为一个政治家的角度,再多聊几句。

民众的分裂,绝不是任何民选总统乐于见到的事情。在就职演说上,林肯还是想拢住南方人。他一再重复以前的话,保证联邦政府不会干预南方州的奴隶制。那时,国会刚通过了一个宪法修正案,规定联邦政府将永远不干预州对奴隶制的决策。这个修正案是在奴隶制问题上开倒车。这个修正案还没有正式成为宪法的一部分,因为按照程序,还必须在四分之三的州里得以通过。如果它真的通过,就会相当有力地巩固奴隶制,将使未来废奴变得更困难。可是林肯在上台伊始,为了拢住南方,他表示不反对这个修正案在州一级被通过。

你已经知道,南方七州在分离以后,联合成立了南方邦联,选出了密西西比州的原来的战争部长杰弗逊·戴维斯为总统。这个南方总统甚至比林肯总统还早一点宣誓就职。对于南方邦联来说,已经是两个国家了,他们要的是保持这样的状态,把南北冲突变成两个国家之间的外交事务。所以,南方肯定不愿意再兴出什么风波来。

而林肯要恢复国家统一的话,就必须改变这种状态,必须在南北之间找一点事端。而无论是什么事端,他作为一个民选总统,又必须得到民众的支持。不管做什么,先要有民众支持方能动手。这是民主时代政治家的特点。

可是北方民众也不愿意开战。北方的大多数民众,不会愿意用一场战争来解决南方的黑奴问题。事实上,后来南北战争一开始,处于南北之间的四个边界州,包括老牌政治中心弗吉尼亚州,就分离出去加入了南方邦联。只有一种情况下才可能团结北方打一场战争,这就是南方打到家门口来,逼得你不能不打。

可事实上南方更不愿意打。一方面是它已经分离出去,只图保持独立状态;另外一方面是它无论从国土、人口还是经济上,相对北方,都是明显的弱势。而林肯要恢复国家统一,他是欲图发动战争的一方,却又必须让南方先打第一枪。

南方有一些原来属于联邦的军事要塞,在南方分离以后,有些撤了,有些还坚持着。最引人注目的是南方的心脏——查尔斯顿港口,有一个孤岛要塞叫萨姆特要塞。这个要塞可以说是在查尔斯顿的咽喉上。当时,这个要塞远离北方,缺少给养,已经有点支持不下去了。而南方人看这个要塞,有如骨鲠在喉。

这个要塞此时对北方军事战略上的意义并不大。但对林肯来说,下令撤回这个要塞,等于宣布对南方让步,在政治上不妥。可要派出远征军去支援,在军事上却风险很大,而且还要冒首先挑起战争的危险。1861年3月29日,林肯下令海军部长从海上派出船只,为要塞补充给养。同时通知了查尔斯顿的南卡罗来纳州州长,此行只是补充给养,如果没有受到干扰,不会对要塞增加人员、武器和弹药。

这一增援,在北方民众眼里可谓完全正当,而南方却必然会感受到威胁,他们只图一劳永逸地解决这个麻烦,而战术上这又很简单,毕竟这只是一个百十来人的孤岛。果然,4月12日,南军开始炮轰萨姆特要塞,并且最终迫使要塞投降。

投降以后的要塞官兵,都被送上船,打发回北方去。在南北战争的这个第一仗中,南方的指挥官还曾经是要塞司令的学生。这师生之间的战斗,是南北战争中唯一的没有死亡的战斗。可是,这一仗却是林肯正在等待的。不管身边的废奴激进派多么激动,他只是好言许诺,却不采取公开政治行动。他在观察民众的反应,观察废奴主义者的反应,观察周围政治情绪的变化,就像观察温度仪。他对一位急躁的废奴主义参议员说,请给我一点时间,如果我一开始就激怒他们,我将永远得不到足够的选票把我送到这儿来。他还对下面的人说,我们需要在民众中积累反对奴隶制度的情绪,需要说服民众,来积累这种反奴隶制民意,为此,需要的时候你们可以不客气地公开批评我。

1863年1月,林肯终于走出了重要的一步,发布了《解放奴隶宣言》。虽然这一"解放宣言"在当时十分有限,只是宣布仍然在南方邦联控制下的地区的黑奴得到解放,成为自由人,所以普遍被看作是一种"军事需要",而且对黑人来说,具体的效果微乎其微。但是,这实际上是依据林肯的愿望,悄悄更换了战争的诉求。

南北战争延续了四年,双方总共损失了六十一万八千青壮年。这一惨重结果,是林肯在战争开始的时候没有预料到的。林肯的总统任期,就是领导战争的任期,他是一个战时总统。但是他生来不是一个军人,也不是一个好战好斗的人。1864年,在他被暗杀的前一年,他在回顾以往时说:我从不认为是我控制了时势,我得坦承,是时势控制着我。可是,林肯虽然在民意中游走,他却不是一个政客。分裂的局面推动了林肯,可是,他始终有自己固定的政治目标,这个目标就是南北统一。他在不同的时期或是表面地迎合民众,或是在诱导民众,或是在利用民众。最终他运用了战争的方式,只是,把这种方式看得太简单太容易了,把战争的代价估计得太低了。

林肯总统曾经坦承,常常是时势控制着他。尤其在南北战争开始之后,要说有时候是局势自己在走,大概都不为过。林肯总统最大的失误,是对战争的规模和艰难程度的估计,可以说是离题万里。不仅是他低估了这场战争,在当时对战争最为悲观的人,都做梦也没有想到,战争会打到这种地步。林肯的第一个征兵令是征集七万五千人,为期三个月。而到了年底,北军人数已经高达五十万人。最终双方仅是阵亡士兵,就高达六十一万八千人。

战争打到1863年,越打越惨烈,阵亡人数剧增。北方严重缺乏兵员;南方也一样。可是,南北战争的战场是在南方,你可以说,是北方在入侵南方。南方人必须保卫家园,一方面别无选择,另一方面也更容易被激起怒火和仇恨,必须承认,这是士兵的勇气来源之一。而对北方的平民来说,"国家统一",即便它是林肯总统的伟大理想和英明决策,也不是北方民众在大量牺牲之后仍然觉得必须坚持的事情。反对的声浪当然会起来。而战争一旦开始就骑虎难下。我们以最良善的出发点猜度,林肯总统也是别无选择。事至如今,他只能不管用什么方式,坚持把已经成为僵局的战争打赢。你说他还有什么别的路可走?

我们看到,一个国家的社会历史发展,是错综复杂的。可能出现意外的情况,可能一步棋下去之后,后面就只能穷于应付。

为了压制来自自己阵营的反对声浪,林肯总统因此将宪法所规定的终止"人身保护状"的权力,划入战时总统的权力范围。他两次宣布,在整个北方,只要某人被宣布为有"不忠实行为",就可以被终止他所拥有的"人身保护状"权利。在纽约州,民主党的州长西摩提出抗议,认为"战争不能窒息自由"。可是,站在共和党立场的《纽约时报》却回应说,"国家安全就是最高法"。至今为止,几乎没有人认为,林肯总统的个性就是一个暴君,可是,在战争的逼迫下,他还是动用了扩大行政权力的方法,矛头直指公民权利。人们今天注意的,不是这对林肯总统个人带来多大的损毁,而是注意权力和民众之间的关系。民选官员仍然必须时时被监督和制约,否则民众的自由仍然是脆弱的。这正是建国者们当初担心的事情。

在南北战争期间，北方政府逮捕了超过千人，范围从反对派报纸的编辑到民主党的政治人物都有，甚至还有一些骂了一句总统"混账东西"的平民。而在南方，同样的民选官员，照样听任军事法庭把数千名拥护联邦的南方人关进监狱，甚至有被处死的。双方在战时发生的这种事情，异曲同工。

这场林肯总统的内战，因为缺乏广泛的民意基础，最要命的还是征兵。第一次征兵是在战争未打响的时候，北方人在动员号召下，热血沸腾、群情激昂，征兵很容易。第一次出阵，后面还跟着一大串看热闹的平民，似乎是志在必得的神气。流血死亡的战争残酷，要在战斗打响之后，才会显出它的狰狞面目。大批伤亡出现之后，这样一场内战的兵源肯定是困难的。

联邦政府招兵，理想的宣言和军饷的诱惑已经越来越难以奏效，必须借助战争对抗本身引出的仇恨和对抗心理。可是当招兵数量太大、牺牲太多的时候，还是出现募兵越来越难的困境。那个时代，每天有很多欧洲移民从纽约市的港口入境。当时的征兵官员，甚至在这些移民上岸的时候，就直接把他们征为北军士兵，送上南北战争的前线。即便如此，兵员仍然不足。自愿的募兵方式已经不足以应付战争。

1863年3月3日，林肯总统宣布了《征兵登记法》。南北战争，在北方一边，自愿的募兵制已经变成了强制征兵。这个《征兵法》有数项免征条款，其中一条是可以用缴纳一笔三百美元的"替代款"（commutation fee），免服兵役。在1863年，三百美元是一笔很大的钱，是有钱人家的孩子才可能做到的。于是，在北方各大城市引起抗议，纽约市成为抗议的中心。而林肯总统这时又要求征兵三十万人。

在美国这样一个新生的移民国家,在很长时期里民众来自五湖四海,社会也就处在四分五裂的状态。所谓的核心文化,只存在于中上层、至少是生活基本稳定的民众之中。而动荡的因素却很多很多。当时,潮水一般的新移民涌进这个还很贫穷、制度还在实践半途之中的国家。移民们带来他们自己的文化、他们解决问题的方式,也带来他们的帮派和械斗。年轻人不要说法治教育,连基本教育也没有,移民们互相甚至连语言都不通。寻求社会公平的渠道也无法完全畅通,不公平的政策非常容易引发恶性的暴动。

1863年7月11日,纽约市的征兵办公室,用转轮抽签的方式,确定了纽约市的第一批一千二百三十六名被强征入伍的名单。这批名单第二天在《早报》刊出,也在大街小巷张贴了告示。非常不巧的是,就在同一天,刚刚结束的葛底斯堡战役的纽约市士兵伤亡名单,也在街头公布。葛底斯堡战役,是南北战争最惨烈的一场战役,也是伤亡人数最高的一次。战死和征兵两批名单同时公布,加上《征兵法》本身的不公正,如同在民众的怒火上浇了一桶柴油,顷刻之间,点燃了民众的暴动烈焰。

1863年7月13日,一开始,是暴动的民众焚烧了位于第三大道和第四十六街的征兵办公室。大城市一旦暴动,就会迅速蔓延,警力根本不足以控制局面。纽约完全陷于黑暗之中。铁路被切断。暴动最后卷入数万人,其中大多数为爱尔兰移民。他们本来就贫穷、谋生困难,再加上在生存竞争中,为争抢工作机会,平时就经常和黑人发生暴力冲突。也由于当时林肯总统已经切换了战争主题,从求"统一"变换为"解放黑奴",结果,使得愤怒的暴动民众很快从攻击征兵官员和警察,转为迁怒于废奴主义者和纽约的黑人居民。

记录"纽约征兵暴乱"的素描

狂暴的民众开始发泄,攻击和私刑处死黑人,甚至焚烧黑人的孤儿院。纽约到处发生纵火、抢劫和谋杀。局面完全失控。暴民杀死至少一百零五人,财产损失至少价值当时的一百五十万美元。

警察和调来的军人都无法重新控制局面。最后,联邦政府从宾夕法尼亚州调来步兵团弹压,暴乱才逐渐平息。这一事件被"吉尼斯纪录"评为历史上最血腥的暴乱。在军队弹压下的死亡人数在两千人左右。事后,将近六千军人在纽约扎营几个星期。我们最近参观了美国国家档案馆,在那里至今还保存着一些素描作品,是当时的人用画笔记录的这段时期军队驻扎纽约的情况。这是纽约市历史上最悲惨的一幕,也是美国历史上异常悲惨的一幕。

由于"纽约征兵暴乱事件"发生在葛底斯堡战役刚刚结束之后,与这个战役的大悲剧和巨大伤亡相比,纽约事件居然都"小"到很少再被人特别提起。当它成为历史,它又成为南北战争历史的一部分,和死亡六十一万八千人的一场自相残杀的内战相比,它似乎"只是"一个"小插曲"。战争本身压倒性的分量和战后收拾残局的艰难,形成巨大的身影,挡住了人们对这一悲惨事件的充分讨论。

"纽约征兵暴乱事件"之后,林肯的联邦政府征兵的方式之一,只得用三百美元一个,"买"来雇佣军人。甚至招募者万里迢迢去欧洲招兵。所以,美国的南北战争,联邦的北军一方,有毫不相干的欧洲雇佣兵。其中有个因为和继父不和,一心想当兵逃离家庭的十七岁年轻人,他又瘦又高,完全和一根竹竿一样晃来晃去。他试图加入法国军队和奥地利的军队,都因为体弱而没人要,最后竟然被招到北美,参加南北战争。他聪明之极,估计到招募者要中间抽成,就在船即将到达美国的时候,跳船游上岸,又坐火车赶到纽约,把三百美元全数领进自己的腰包。好在那已经是1864年,战争很快结束,他在美国留了下来。他就是大名鼎鼎的约瑟夫·普利策,现在我们常常听到的美国普利策新闻奖的建立者。

查阅一份份描述"纽约征兵暴乱事件"的资料,令人很难平静。

今天,回顾、记录和研究这一事件最多的是黑人社区的居民,因为他们是暴乱的受害者。可是,事件本身的教训,远远超出了种族冲突。在这一时期发生的一系列问题,让我们看到,在民主体制之下,仍然有这样的问题:即便是直接的民选政府,还是可能建立不公平的法案,损害民众的利益。即便这个制度已经提供了司法申诉的渠道,还是有大量民众,如这一事件中暴乱的爱尔兰移民们,根本不熟悉这样的渠道。他们有自己习惯的解决方法,在一些非常条件下,情况可能突然恶化。

讲述这个故事,是让你看到,在美国这样一个拥有大量移民、民主起步非常早、由差异非常大的独立地区联合起来的特殊国家,纸上的制度必定会经受很严峻的考验。不仅美国是一个非常特殊的国家,纽约当时也是移民人口自然暴涨起来的大都市,任何一个处理不当、一个导火索,都可能引爆不同文化移民间的暴力冲突,更不要说还遭遇内战这样的非常状态。即使在和平时期,如何防止城市冲突酿成暴乱,都是美国这个特定社会长时期必须面对和处理的问题。美国两百年的社会进步,也是逐渐寻找缓解社会矛盾,把社会矛盾引向合理的出口的过程。

战争这样一个非常状态,严重破坏了美国建国以来的制度设置。国会里一度只有北方人。所幸的是,由于南北双方对宪法的认同,使美国在战后尽可能避免走极端,不人为地加深战争带来的怨恨,而是以较快的速度,尝试回到原来的法治传统之中。

在制度上,南北战争之后的成就是:在1804年的第十二修正案整整六十年以后,美国又一次增加了宪法修正案。宪法第十三修正案正式宣布废除奴隶制;宪法第十四修正案规定所有公民都受到法律的"平等保护";宪法第十五修正案规定公民的投票权不受种族肤色和其他因素的影响。

南北战争后的三大宪法修正案,在制度上回应了我在前面的信里提到的民主的困惑。民主制度是多数的统治,可是多数也会侵犯他人的权利,也就是托克维尔所担心的"多数的暴政";多数也会犯错误,多数也会被政治家蛊惑操纵。因此,仅仅是能够保证多数统治的民主制度是不够的。好的民主制度,必须保证少数人的自由,保障个人的基本权利。如果说,公平的选举程序能够实现多数统治的话,那么,保障个人自由必须依靠宪法和法律,也依靠民众对法律的尊重和服从。

南北战争之后,美国的回答就是:用宪法,用权利法案和宪法第十三、十四、十五修正案,来保障一个少数人也有自由的民主制度。从此以后,"民主"在美国的含义,开始逐渐"现代化"。在经过几次民权运动之后,今天在人们提到"民主"这个词的时候,和美国建国初期时的概念已经不同,少数人的自由,已经理所当然地成为"民主"的题中应有之意。

下次再聊。

祝好!

林 达

报纸的使命

卢兄：

上次给你聊林肯总统的故事，是想让你能够感受一下，什么是现代民主政治下的平民政治家。他们完全不同于建国初期政治家们的绅士风格。可是，民主化在美国是必然的趋势，也是美国国父们在制定宪法时所期待的走向。在我看来，林肯总统是一个非常倒霉的总统。他面临如此分裂局面，局势逼着他做抉择。他无路可走，只能就他自己的判断，两害取其轻。不论哪一种选择，他都必须背负沉重的后果，因为他是总统。至于他的判断是对是错，是今天在美国仍然有争议的事情。

在现代民主政治下，选票在民众手中，会出现许多试图利用民众的野心家。今天的美国人，从小在学校读《公民读本》，了解政府权力扩张的危险性，了解三权分立、政府三大分支制约和平衡的重要性，了解自己的权利。可是，我们仍然可以看到，在一些情况下，民众是多么容易地被政治家说服和左右。我们经常可以读到那些刚开始民主化转型地区的人们的抱怨,说民主一套虽然热闹,却有很多丑陋现象,老百姓也没法弄清楚政治家是不是在弄虚作假,还不如早先不民主的时代,政治家高高在上,倒是显得秩序井然。这种抱怨,源于对民主的思想准备不足。民主制度并不承诺永远正确,只是给民众提供了更多机会和可以由自己作出的选择。

事实上,民选的议员仍然可能通过不符合民众利益的法案,行政分支的官员也可能背离民众。尤其是监督制度还没有在实践中得到完善的时候。理论是可以单纯的,社会生活千变万化。人对社会发展的掌控能力是有限的。建国初期的美国是一个有大量移民,成分复杂、流动的贫穷国家。今天的秩序,其实经历了二百年的坎坷道路和整理,才逐步取得经验。我只是不可能把所有曲曲折折的故事,全部都在这里讲给你听。

你已经看到,美国民主刚刚开始深化,就遇到分裂的危机、走向内战,把社会推到危险的边缘。南北战争其实是政治家们遵循他们的政治理念,遵循他们自己对国家、民众根本利益的理解,坚持要去打的一场战争。如果说得极端一点,那是林肯的战争。即便那是一场"正确"的战争,从民主的角度来说,也很难说是大多数民众的愿望。我们已经看到,权力阶层即便在民主社会,仍然不等同于单纯的民意集中和表达,它可能成为一种更智慧一些的管理,也可能成为一种调度民众的力量。

现代民主国家,不论它是君主立宪制还是共和制,实际上都是代议制民主。也就是说,它都是间接的民主,都是由一些民选的但基本是精英阶层的议员和行政官员在代民议事。即便是林肯总统这样出身贫苦农夫的儿子，在他入选总统的时候，你可以断定，他自己本人已经不再是一个贫苦农夫，而是一个政治精英了。反而是一些专权的国家，他们的议会可能充斥着大量底层民众，因为在这里并不需要议员们事实上的管理和判断能力，需要的只是能够控制他们。

因此，代议制民主，总是一个精英占绝大多数比例的管理阶层，这是现实中自然而然形成的。他们是把民意咀嚼消化之后，再根据自己对民众利益的理解来决策的。也就是说，一个政治家和他的选民之间，总是有差距的。好的政治家，必须比民众更有"前瞻眼光"，坏的政治家则偏离民众利益。

因此在民主社会，民众最起码需要一个知情的权利和公开讨论公共事务的平台。民众必须知道政府在试图推行怎样的政策和立法，必须使得立法分支和行政分支的官员在他们的监督之下，而且有权质询和他们有关的重大议题。民众必须有表达反对意见的机会。制度必须提供让民众表达反对的机制。今天，美国国会在提出一个议案之后，都公之于众。在表决之前，媒体已经有过充分的讨论，各个相关的利益集团，也会通过游说，向国会议员传达他们的意见，强烈反对的人们早就走上街头游行。这样国会强行通过"坏法案"的机会就有可能减少。假如法案不公平，一出来也会被民众告入法院。可是，在美国建国初期，这样的一套民主监督机制恰恰都还没有完善。

就从表达民意的媒体来说，在今天，美国人都知道，他们最重要的阵地就是媒体，最重要的权利是言论和新闻自由。可是从林肯年代倒回去半个世纪的建国初期，媒体在很长时间里，起的作用微乎其微，一开始甚至可以说是不存在的。你是不是感到奇怪？其实好理解：在那个时候，美国论经济的话，还太穷；论印刷技术，还没有发展；论民众的文化水平,还普遍是文盲。没有今天意义上的媒体,只有"古典的报纸"。

在美国独立战争的前夕,十三个殖民地加起来,只有二十几张报纸。在打赢这场战争的1783年,全美国只有四十三张报纸。而且,那时的报纸,是没有什么报社记者的。只是那些有着简陋印刷设备的人,在印着一些小册子、书的同时,顺便印一些刊登新闻的、信纸大小的小纸片。这些印刷厂老板自写、自编、自印的当地新闻,这就是美国的"古典报纸"了。富兰克林就干过这个,他们家楼下就曾经有一个简陋的印刷机。很多这样的出版社兼印刷厂的地方,必须卖点其他杂货,才能维持生存。

识字的人也少。还在殖民地时期,这里的人就意识到教育的至关紧要。在1715年,北美的大多数城镇,不论其规模大小,都已经为建立学校特地留出了土地。可是,很少有地方是付得起老师的工资、建得起学校的。直到1790年,美国的立法机构才立法,免费给儿童提供非常基本的一点教育。等到这些孩子长大,成为潜在的报纸读者,还有很长的一段时间。同时还有大批移民的文盲或不通英语的人涌入美国。就在第二年,1791年,美国包括"新闻自由"在内的权利法案得到通过。所以,一方面可以看出,美国的国父、各州的精英们,他们是非常有前瞻眼光的政治家;另一方面,当时美国的水平、民众的水平,确实还远远落在后头。

在1787年,杰弗逊说,"假如在政府和报纸之间只能二者存一,假如让我来决定,我毫不犹豫会选择要报纸。"在1788年,华盛顿将军说,他非常期望有朝一日,报纸刊物能够送遍美国的城乡,这比任何其他东西都更能够"维持自由"。说着这些话,他们就像是在面对一个非常遥远的未来的美国。

那个时候,美国的印刷技术远远落后于欧洲。直到1816年,大多数报纸还是手工印刷。古典报纸是手工品,因此是昂贵的东西。印数很低,质量也差。大多数的纸张都是从英国进口的。直到1790年的纽约,才刚刚有了印数达到一千份的报纸。一般都只印几百份,而且也不是天天出。报纸的发行太困难。一张报纸经常是私下传来传去地,要传给很多人看。直到1820年,也就是门罗总统的时代,大多数的美国报纸还是每周、每两周,甚至更长时间才出一次。美国的绅士们主要是看万里迢迢用船运来的英国报纸。英国报纸才是正经的现代报纸,可是,一般民众是看不起的。

对立的两党政治开始的同时,民主就自然开始深化。政治家各自要宣扬自己的观点,要动员民众支持自己的主张,要"扩大影响",就会想到报纸。虽然一开始,这样的"古典报纸"还无法抵达普罗大众,只是精英圈子及其外围的读物。

在那个时候,美国的报纸不仅很少,读者也非常有限。可是,美国报纸的产生和欧洲的传统是一样的,它是民众的耳目,是自由城镇的社会公器。在欧洲,最早的时候,是大家出钱,请一个新闻人,每天举着喇叭,走街串巷,把大家关心的事情,也就是新闻,喊出来。这里有当地的新生儿的消息、婚礼和葬礼的消息、杂货铺新到商品的消息,总之,它的诞生是因为大家的需要。

在华盛顿和亚当斯任正副总统的时期,他们的绅士之风,使他们完全置身于党派的媒体大战之外。而当时的内阁成员,作为财政部长的汉密尔顿以及作为国务卿的杰弗逊,都强烈感觉到,自己需要有一个喉舌,把自己的声音喊出来。这是任何党派诞生之后,都自然会想到的事情。汉密尔顿资助和支持了宣扬联邦党人观点的《美国新闻报》，而杰弗逊暗中支持了一份《国家新闻报》。杰弗逊也曾经从绅士的理想出发，反对党派活动。他说过一句名言："假如要加入一个党派我才能进天堂的话，那么，我宁可不进天堂。"可是，和联邦党人截然相反的政见，使他最终事实上改变了看法，成为共和党人的精神领袖，而且非常积极地投入了党派活动。因为政见的分野，产生两极差异。新的政治环境，使得绅士们枢互交换意见，已经不能解决所有的分歧、取得一致。最终，你必须去诉诸最大可能的民众支持，通过政权轮换，才可能让国家有机会来试试你自己的政策。

可见，美国报纸是一个自由社会的自然产物。政党虽然有发行一张喉舌报纸、宣传自己主张的需要，但是，他们没有捂住别人嗓子不让发声的可能。因为政党之间是平等的。唯一的可能，是政府出面，假借一个正当的特殊理由，扼杀不同的声音。可以说，绝大多数当政者都是不喜欢听到尖锐批评的，这几乎是人之常情。人是有弱点的，这是美国宪法第一修正案要保证新闻自由的原因。因此，你看到，尽管规定了国会"不得立法"禁止新闻自由，在亚当斯时代和林肯时代，都还是借着备战和战争，试图消除反对的声音。

建国初期，不仅报纸是稀少的奢侈品，报纸本身也没有对自身的规范做成熟的思考，它只是一个不大的圈子里的读物。它可以刊出《联邦党人文集》这样的高水平的文章，也会随着党派对立，绅士圈外越来越多的人的参与变得粗野，有些报纸一度就是纸上的大众语言，并且大有一发不可收拾的趋势。用今天的标准去看，这些报纸大量在肆意诽谤。一个整体文明水平不高的社会，媒体滥用自由是一件非常容易发生的事情。政党运作对民众的动员，很容易变成媒体大战。

可是,你还记得麦迪逊对党派活动的思考吗?他认为人在扎堆的时候,会失去荣誉或人格对自己行为的制约,结成群的人很容易互相为不良行为提供虚假的理由。党派活动一开始,它负面的一面马上就暴露无遗。那些作为政党喉舌的报纸,几乎无一例外地走向极端。它们过分地吹捧自己党派的领导人物而猛烈抨击对方,甚至搞人身攻击。

签订了对英的和平条约《杰伊条约》之后,华盛顿受到了共和党报纸前所未有的猛烈抨击。骂得最凶的是富兰克林的孙子。他是《费城黎明报》的编辑。假如说,在华盛顿任总统的八年中,报纸上对他的批评,还有"批评政府"的意味,那么,在1876年第一次有党派竞选的大选中,两派的媒体就开始有了激烈的"战争"。

我们一次次提到的那个1800年大选,出现大肆个人中伤,即所谓的负面竞选。糟糕到如此地步,在当时的美国历史上还是第一次出现。杰弗逊被报纸称为是一个"法国人",而亚当斯则被称为是一个"英国人"。亚当斯的局面更是腹背受敌。共和党人称他为"战争贩子",极端的联邦党人却骂他对法国太"怯懦"。双方媒体对他们可能当选的前景,针对民众的弱点,作出种种耸人听闻的预测。例如,站在共和党一边的激进的《费城黎明报》说:亚当斯要上台了,"如果你们还没有足够的能力力挽狂澜,就准备当奴隶吧"。而联邦党人的报纸则给杰弗逊贴了"无神论"的标签,警告民众,假如杰弗逊上台,大家都要把《圣经》藏起来,否则将会不安全。杰弗逊事后说,他们从来也没有来问过我对宗教的看法。

两个候选人的人格也备受攻击,亚当斯被形容为"伪君子"、"骗子"、"疯子",而杰弗逊被攻击为"怯弱"、"阴谋家"、"挥金如土"、

"放荡不羁"。他们各自的私生活也在私下出现种种谣传。作风严谨的亚当斯甚至被造谣说,当年他在伦敦出使,曾经命令平克尼去物色四个漂亮情妇,然后两人平分。亚当斯听了之后,在给朋友的信中幽默地说:"我以我的名誉起誓,假如确有其事,平克尼将军就把我给蒙了。他把四个都留下了,连我的那两个都给独吞了。"

在民众整体水平不高的时候,民主化甚至会加剧这样的竞选和报纸的粗俗化。报纸反过来又给社会风气带来负面的作用。华盛顿将军曾经从他的绅士理想出发,想象过报纸的普及,会"改良自由、文明的民众的道德性"。他根本没有想到,报纸的粗俗化远远走在民众的文明化之前。

直到美国的工业革命之后,报纸才逐渐变成了新闻业。十九世纪三十年代,报纸能够大量印刷,成本骤降,成为"一分钱的出版业",一张报纸只卖一分钱。识字的人增多,交通和发行变得更便利,在美国报纸终于不再是上层精英们的奢侈品。美国报纸的"平民化"正好和政治民主深化同步。1832年杰克逊总统的当选,在美国历史上是精英政治向平民政治演化的一个标志,他赢了这场大选,却也是第一次公开把底层粗俗的习气带入大选运作。他嫌本党报纸的宣传还不过瘾,散发了大量传单,以粗俗的语言,对在任的约翰·昆西·亚当斯总统进行人身攻击。他可以这样做,是因为那时的美国大众就是粗俗的。民主是深化了,可是,平民政治为大选带来的负面作用,久久难以消除。底层的民意更直接地进入了政治,底层的陋习也被带入媒体,绅士政治的彬彬有礼被扫荡而去。

在南北战争之前,美国已经出现了强大的新闻业,有了一小时印出一万张报纸的能力。随之,南北战争爆发,战争新闻要求及时准确的报道,成就了美国新闻业的现代化。从那个时候开始,记者变成一个专业人员的形象。南北战争之后,1880年左右,美国的报纸迅速发展到一万多种。

就在这个时候,十九世纪末和二十世纪初,美国开始经济起飞,终于从一个农业穷国向现代化的富国转型。整个社会出现无数暴发的机会和利益分配的机会。在令人目眩的财富积累面前,实践的制度仍然落在发展的后面,相应于一个强大工业国的制度规范并没有跟上。权钱勾结和腐败也开始盛行。一件非常幸运的事情是,媒体已经成熟,承担了重要的、社会监督和制约的功能。而美国多年在普及基本教育上的努力,使得民众的水平也在随之而提高。

接下来,媒体的进一步成熟,就是脱离它的党派性,从一个个不同政党的喉舌,回到社会的公器的位置。

我们前面聊过,在美国,以揭短甚至不择手段攻击的负面竞选,曾经一度随着民主向深度和广度的演进愈演愈烈。因为民主的扩大,意味着动员民众更成为当务之急。而当总统候选人也来自民间之后,一些候选人不再顾及绅士之风。这不仅在联邦政府的选举中,在地方选举中也是这样。

1870年,著名的美国作家马克·吐温写了《竞选州长》,抨击了这样的"选风"。他以第一人称虚构了自己竞选纽约州长的经历,描写一个正人君子如何被对手在媒体上步步抹黑。结尾时,马克·吐温发挥想象力,描绘"自己"在公开场合,被一群不仅穿得破破烂烂,而且肤色各异的孩子围上来,抱住腿叫"爸爸",结果精神崩溃,退出竞选。可是直到1884年大选时,共和党攻击竞选对手克里弗兰时,还是活像《竞选州长》小说的现实翻版。这样的选风,一直要等到民众和

马克·吐温

媒体的素养大面积提高之后，才逐渐改变。

在美国，报纸脱离党派是从两条路走出来的。一方面，由于竞争，开始形成大的报业集团、媒体集团。它的资金之巨，是没有一个党派有能力随意操纵它的。可是，由于报业本身不受任何人的钳制和约束，这种自然的商业竞争也曾经走向大规模制造假新闻、耸动新闻的道路。最终，也是依靠商业竞争，依靠民众对真情实况的需求，才把新闻界拖回了正路。

同样，这样的大的媒体集团，它可能有自己的党派倾向，可是为了商业竞争，它必须在最大程度上满足读者的需求，也就是客观上行使社会公器的职能。有影响力的大报必然会刊登最高质量的、反映不同观点的专栏作家的文章。而党派们虽然也有一些自己的刊物，但是都不可能是大的媒体。他们宁可向这些大报投稿，表达自己的意见，也比自己养一份报纸合适、影响更大。美国的政党组织松散，没有强大的党产，全靠从民众中募捐。政党无法从政府，也就是从纳税人的腰包里掏钱，而媒体规模今非昔比，党派已经根本养不起这样的媒体巨无霸了。

另一方面，就像当年在美国的建国时期，出现一批有思想的绅士一样，媒体、新闻业，也出现了一批有思想、有事业心的精英。他们开始承担起媒体作为社会公器的责任来。

其中的典型，就是那个被从欧洲招到美国来打南北战争的约瑟夫·普利策。他的一生，几乎就是美国新闻业的发展史。他那个时代的报人，都抵挡不了炮制轰动新闻，甚至不惜制造假新闻的同业恶性竞争。可是，在经历一切之后，普利策开始相信："每一期报纸的刊发，都提供了一个机会，又是一种责任，要说一些给人勇气的

约瑟夫·普利策

真话,要超越平庸与传统……要有勇气摆脱党派的偏见,还要有勇气摆脱大众的偏见。""要永远绝对的独立,永远不惧怕抨击邪恶,不论作恶的是巧取豪夺的富人,还是故意作乱的穷人。"

1911年,他在死后留下二百万美元,建立哥伦比亚新闻学院和每年一次的普利策奖,支持他追求的新闻精神。这样的新闻精神逐渐在美国成为主流,后继者中,就有在1933年买下《华盛顿邮报》的尤金·梅耶。

尤金·梅耶是个犹太人,他事业成功、富有。在他的理念中,他应该以某种方式回馈社会。他加入了一些慈善机构,最后,他决定以办媒体的方式实现他的理念。尤金·梅耶是个共和党人,也曾投入过帮助总统竞选的运作。作为一个首都大报的主人,他认为,一个伟大国家的首都应该有一份好的报纸。他相信美国人,他们一旦了解了事实,就一定能作出正确的选择。他不认为应该以自己的党派性来向民众做宣传和说教,而是认为,"我要把无偏见的事实告诉他们"。

当时很多人都怀疑,一个有强烈党派倾向的共和党人,怎么可能办出一份独立的报纸来。可是尤金·梅耶坚持要走独立、客观的道路。他认为报纸要反映社会真实,要为民主社会服务。1935年3月5日,他在报社发表了他的办报原则:

一、报纸的第一使命,是报道尽可能接近被确认为事实的真相；

二、报纸要报道我们能够了解到的有关美国和国际重要事务的全部真相；

三、作为新闻的传播者，报纸要如绅士一样正派；

四、报纸的内容应老少咸宜；

五、报纸要对读者和普通民众负责，而不是对报社老板的私利负责；

六、只要对公众有益，报社要准备为坚持真实报道而牺牲自己的利益；

七、报纸将不与任何特殊利益结盟，但是在报道公共事务和公众人物的时候，要公平、自由和健全。

这样专业的新闻精神在美国终于建立起来。美国国父们曾经指望新闻自由能够作为对政府制约的一个巨大的社会平衡砝码。现在，具有这样职能的媒体，终于一步步形成了。我们曾经在电视上看到，观众打电话询问一位著名主持本人对某个重大事件的看法，这位主持的回答是：我的工作是尽可能迅速、准确、完整地把发生了什么事情告诉你，结论是要你自己来作出的。尤金·梅耶的庞大报业传给了他的女儿女婿。多年以后，这张报纸终于以独立的社会立场，和美国政府进行了一场抗衡。

你看，美国建国初期，得到的是怎样一个超前的共和制度，而国家却还处在古典社会。两百年来，美国社会经历工业化、现代化，发生着巨大的改变。它从无序到有序，是在经历了教育的普及、制度细节的完善、经济的不断发展、技术的进步，以及包括媒体在内的整体

尤金·梅耶和他的女儿凯瑟琳（后来的《华盛顿邮报》发行人）

国民素质的提高。甚至，是从内战的血的教训中取得经验和反省，这是一个漫漫历程。他们没有可以借鉴的经验，全靠自己磕磕碰碰的摸索。可是，他们没有放弃对制度的信心，其原因是，他们来此寻求自己的幸福，他们已经根深蒂固地习惯了自由，而他们相信，这正是这个制度可能提供给他们的东西。

今天就聊到这儿吧。

祝好！

林 达

麦克纳马拉和艾尔斯伯格

卢兄：

来信收到。你说："以前我真没有想过，美国有新闻自由的宪法修正案的时候，竟然还没有真正的新闻业。你提到的《华盛顿邮报》和美国政府的抗衡，是不是那个有关越战的'五角大楼秘密文件案'，你以前在给我讲尼克松的'水门案件'中提起，却一笔带过了，没有展开。现在能不能详细讲讲这个事？"我就试试吧。

美国曾经是一个纸上的制度远远超前于社会现实状况的国家。你要知道，美国直到第十九个总统海斯总统时，才刚刚在白宫用上电话。我有时候也想，一个现代的制度在一个后古典的国家，是怎么运作下来的。一方面，他们非常幸运，越过一个个难关没有翻船，虽然支付了极其惨重的代价。它是世界上第一个这样的大国，没有别人的经验可以借鉴。而他们走过的路，却可以成为其他国家的经验和教训。后来者应该设法避免他们发生过的悲剧；不能因为美国打过一场内战，因此认为自家要打一场也没有什么了不起的。另一方面，他们幸运的是，在上层，他们有一个依据《独立宣言》和宪法理想的文化和精英核心在那里；在民间，哪怕再后古典，那是一个自然发展中的社会，经济制度、民间社会，都没有被政治强行扭曲。

美国新闻业也是处于自然发展的状态。凡是自然发展的新闻业的特点，就天然站在权力的批评者的角度。我们现在都已经习惯了公仆的说法，按理说，公仆为大家服务，做得好是应该的。出现问题，公众有权知道、有权批评。这个监督、批评的角色是天然地由媒体担当起来的。因此，政府和媒体之间的冲突也是很容易发生的。我曾经告诉过你，两百年发展下来，美国政府已经习惯了媒体的社会角色，很少去"惹"媒体。可是，在上世纪六十年代的越战期间发生的"五角大楼秘密文件案"，美国政府却和两个大报打了一场官司。

在这个时候，美国建国已经将近两百年，联邦政府已经是建国初期不可能预想到的一个庞大国家机器了。站在今天，美国人会很庆幸，幸亏在他们的制度还不完善的时候，联邦政府相对也很弱小。政府发展到今天这样的规模，又深涉国际事务，如同一个巨人，行动带着很大的惯性，一个失误，就可能带来大的后果，要转回来也并非易事。假如没有完善制度的制约，政府更是可以为所欲为了。

说到"五角大楼秘密文件案"，不能不提到六十年代涉入越南战争最深的一个人，美国国防部长麦克纳马拉。

麦克纳马拉是肯尼迪总统1961年上台以后，把他从福特汽车公司总裁的位置上找来当国防部长的。肯尼迪被刺杀以后，约翰逊上台，麦克纳马拉还是继续当他的国防部长。这一段时间，是美国在越南战争中越陷越深以致不能自拔的阶段。麦克纳马拉参与了这一时期越南

麦克纳马拉

战争政策制定的全过程。可以说,美国在越南战争中的所有重大决策,都是经过麦克纳马拉之手出去的。所以,有一种说法是:越南战争是"麦克纳马拉的战争"。

越南战争以后的几十年,美国人对越战的教训作出了各方面的检讨和反省,也对当年参与决策的每一个个人的所作所为都反复地查验。毫无疑问,美国在越南战争中的失误,麦克纳马拉和当年的肯尼迪总统、约翰逊总统,要负重要责任。麦克纳马拉本人在后来的回忆录中承认,他们这些当年为美国制定政策的人犯了错误。"我们错了,可怕地错了!"他的声音在电视上反复地播出。

麦克纳马拉是美国管理阶层的典型精英,受过良好的教育,自信、聪明、坚定,同时对自己有明确的道德要求。可是,无论有多少好的教育,不论你多么聪明,人的智慧总是有限的。面对复杂的"冷

麦克纳马拉和艾尔斯伯格 *271*

战"局势，麦克纳马拉这个聪明人还是义无反顾地踏入了越南战争的泥淖，后悔莫及。

"冷战"时期是一个史无前例的时期。谁也没有遇到过这样的状况。在"冷战"期间，由不同社会制度的国家组成的两大阵营，相互对峙。在美国人的眼中，极权制度是他们万万不能接受的。按理，两大阵营大可各自试验自己的制度。可是，一方面"冷战"紧紧接在第二次世界大战之后，又是一个双方都拥有核武器的新时代。有世界大战的教训在前，对双方来说，对方都拥有毁灭性的武器，所有的人都是神经紧张的。事后诸葛亮可以说，对方并不一定是一个成功的制度，不用那么紧张。可是在当时，没有人敢掉以轻心。军备竞赛，对战略要地的锱铢必较，防止对方阵营的扩张，对当时的人来说，是性命交关、生死存亡的大事。非常庆幸的是，双方还算是克制的，没有弄出一场大家一度都以为无可避免的毁灭性的第三次世界大战来。得承认在这样的压力下，是很容易犯错误的。

越战就是在这样的情况下发生的。我们大概只能够说，自己的运气比较好，不必在一个紧张的时代，被迫面临一个这样困难的判断和选择。

麦克纳马拉对越南战争的动摇和怀疑，当他还在国防部长任上的时候，就已经开始了。这和美国国内的反战声音是分不开的。早在1966年11月，麦克纳马拉在哈佛大学肯尼迪政治学院的安排下访问哈佛大学，和哈佛大学反战师生发生了一次面对面的辩论，给他留下了很深的印象。后来，他在和一些哈佛教师的谈话中，不由自主地说道：有必要将美国对越战争的历史写下来。

以后，从1967年开始，麦克纳马拉对越南战争的激情开始消退。

他公开反对轰炸北越的人口密集地区,在给总统的备忘录中要求约翰逊总统明确限制派到越南去的美军人数。但是,战争本身已经在他的推动下高速运转,他想让它停下来也一时做不到了。他的反对意见总是被总统约翰逊和参谋长联席会议否决,他的意见越来越得不到总统的重视。与此同时,美国在越战中继续越陷越深。

　　就是在这样的形势下,国防部长麦克纳马拉想全面地检讨一下美国在越南和印度支那的政策,想知道当前的政策到底是怎样形成和演变过来的。他没有经过总统和国务卿,就在自己管辖的国防部内,搞了一个"越战历史专题组",由国防部国际安全事务局 ISA 的莱斯利·盖尔伯负责。

　　美国国内的反战声音的高涨,在越战决策问题上,国内反对派的存在和渐渐强大,使国防部长本人产生了怀疑和不安,从而产生了这一计划。麦克纳马拉要这个专题组全面地收集美国几十年来对越和印度支那政策的资料,分类编辑汇总,要求"包罗万象并且客观"。他不要求专题组来回答什么决策是对的、什么是错的,他要想了解的是,美国是怎样从"二战"结束走到 1967 年深陷于越南这一步的。

　　为了理解麦克纳马拉的想法,我们必须了解美国政府的一个历史渊源,这就是美国政府行政分支官员的轮换制度。

　　你已经看到,在建国初期,美国的联邦政府官员很少,政界还是少数人的活动领域。那时候的权力结构更分散,大部分所谓从政的人都是在地方上施展身手。而联邦政府的财政、外交、国防等领域,只是一个不大的圈子,是一个相对稳定的少数人群。经过三四十年,到 1826 年,这种情况有了一个重大的变化。那一年,第一个出身平民、从 1812 年对英战争中打出来的安德鲁·杰克逊当选为总统。他非常反感那种少数精英统治的政治，主张"一朝天子一朝臣"，就是新总统撤换前任任命的行政官员，搞大换班。这种制度，有一个不大好听而很容易误解的名字，史称"政治分赃制"。

在这样的制度下，谁也别想在行政官位上端铁饭碗。民选的总统一换，任命的官员就要随之更换了，谁都只有一届两届的机会，铁打的营盘流水的兵。这种制度的好处就是，民间和社会底层有德有才有志的人，可以通过参与政党活动参政，一旦本党领袖当选，自己就有机会"分赃"，踏入以往被少数人垄断的政治管理层一显身手。

美国政府立法和行政分支的定期改选，行政官员的轮换制度，使得美国政府的政策永远处于动态之中。在这样的体制结构下，美国是没有必要提倡"改革"的，它永远在改革。它的纠错机制和决策机制一起，是这种选举和轮换制度的本能。

只有理解了这种制度结构，才能理解美国内外政策的动态性质。美国的管理者是民主选举出来的。可是，并不是说民主制度就不会犯错误。它一样由人来决策和判断，任何人的判断决策都有可能出错。但是这个制度不容易恶意地坚持错误。自私和私利挡不住对错误的纠正，因为这种纠正，不依赖于人，而依赖于制度。

这是不是说，美国政府的政策就没有连续性、一贯性，就不可靠了呢？事实上，尽管美国每四年一次大选，大选之间还有一次中期选举，总统和国会议员处于轮流大换班之中，但是从几十年的时间尺度来比较，美国的内外政策，相比其他大国，却是相对最稳定的。因为民众价值观的稳定，通过选举表达出来，决定了美国政府政策的相对稳定。

麦克纳马拉在 1967 年对美国的越南政策产生疑惑的时候，回过头去看,这个一贯自信的人眼前一团迷雾。美国对越南和印度支那的政策,必须追溯到"二战"后期的杜鲁门总统时期。杜鲁门是民主党的总统,接下来的艾森豪威尔是共和党的,再下来的肯尼迪又是民主党的总统。约翰逊总统虽然是民主党接了肯尼迪的班,但是肯尼迪兄弟俩和约翰逊政见不同是公开的秘密。麦克纳马拉觉得,有必要收集和保存几十年来美国政府行政分支对越政策的资料,从而使得以后的决策者可以从中作出探究。

这样做的必要性在于,事实上的决策过程往往和个人有关。比如一个主意是怎样产生的,通过怎样的渠道和方式,得到权力中心的注意和重视,最终成为带来后果的重大决定。这种细节反映了决策的真实过程,却不会记录在正式形成的官方文件里,而只会留在个人的笔记、备忘录、互相传递的纸条、通信和电话记录里。要反映和了解几十年里国家对越政策的决策过程,就必须及早把这些资料和正式文献一起汇集起来。

这就是越战历史专题组的任务。麦克纳马拉明白,他下令做这件事很可能要弄巧成拙。专题组弄出来的东西,很可能暴露出他本人在对越政策制定过程中的失策和错误,使他自己面子上不好看。可是他还是启动了这个项目,而且他只要求这个项目是"包罗万象和客观的",此外不再对这个项目进行干涉。事实上,他一次也没有和专题组的负责人盖尔伯见面,尽管他们就在一个楼里办公。正是这一点,表现出麦克纳马拉作为一个政界人物的责任心和历史感。他不以自己个人的形象为重。他知道,你可以有机会在历史舞台上表演,但是你不能篡改历史。同时,作为一个主要决策人之一,麦克纳马拉建立这样的研究项目,也反映了在大的世界新局势面前,一个身处高位的人之局限和困惑。至少,对于他来说,他不是有意傲慢和要做错事。只是处理如此一个混乱纷杂而又危险的世界局势,超过了他的能力。

这个越战历史专题组,原计划只是找五六个人,在本职工作之余,用三个月的时间收集汇总资料。一旦开始,才知道工作量巨大,远远超过了原计划。国防部和负责外交的国务院各部门,所有人都表现得十分合作,调集资料只要一声令下,没有人表示异议的。这个工作最终动员了几十个优秀工作人员,用了将近两年的时间。

一直到1969年6月,越战历史专题组才搞出了它的最终报告,总共七千页的文件,汇编成洋洋大观的四十七卷。这就是后来被称为"五角大楼文件"的越战历史文件。

对于美国政府中始终关注越南和印度支那问题的专家,特别是对政府的对越政策抱怀疑态度的人来说,虽然这套文件中并没有什么特别出乎意料的新材料,但是却证实了,人们长期以来对美国政府在这个问题上决策的怀疑、批评,是有一定道理的。

这套文件揭示了美国对越政策的起源,它是怎样演变的。从文件中可以看出,早在"二战"将近结束的时候,杜鲁门主政的白宫就忽视了胡志明要求美国支持的呼吁,转而支持南越的吴庭艳。从艾森豪威尔到肯尼迪,一脉相承地向南越派出"军事顾问"。文件展示了三十年中对越政策中的重大事件,比如"东京湾决议"是怎样发生的,美国怎样走上了战争升级的道路。

为什么从杜鲁门到约翰逊的几届总统,有民主党的也有共和党的,会走这样一条路呢?他们脑子里在想些什么,使得他们在越南战争问题上如此作为?这套文件第一次明确地揭示了美国政府官员们当时的恐惧,这就是所谓的"多米诺骨牌理论":他们担心,如果南越倒

五角大楼

台投向苏联阵营,就会产生连锁反应,所有印度支那国家,乃至所有东南亚国家,都会一个一个地变色,并且扩展到其他地方,"冷战"双方力量的对比就会有大的改变。

与外界的想象不一样的是,越战文件显示,事实上,美国中央情报局曾经一次又一次地告诉历届总统,所谓的"多米诺骨牌理论"是站不住脚的,不必如此紧张。而且,中央情报局还一再地告诫总统,即使美国在越南有动兵的理由,如此动法也是注定无效的。中央情报局很早就明白,美国应该撤出越南。这种声音,却被历届总统们当作一般的反战声音而忽略了。历届主政者,先让自己相信:我们在越南做的是对的,然后再去把这样的结论推销给民众。

五角大楼文件还展示了"二战"后美国行政分支和国会的关系,在战争权力问题上的一个明显转变。美国宪法规定,只有国会有权对外宣战,白宫和五角大楼只是执行机构,战争的开关是在国会手里。

两次世界大战,都是国会宣布参战以后,美国才正式派出军队的。

五角大楼文件显示,一直到艾森豪威尔总统,还是恪守这一戒律的。艾森豪威尔认为,白宫和国防部如果想向海外派出军队参与战争,则先必须得到国会的授权。所以,一直到艾森豪威尔主政,五角大楼派到南越去的,还是数量有限的"军事顾问"。可是,后来的肯尼迪和约翰逊总统,在这个重大问题上搞的是阳奉阴违,以向海外派出士兵不需国会批准为理由,逐渐"战争升级",把对越政策搞成了未经国会宣战的事实上违宪的战争。这一破例,是越南战争留下来至今仍有后患的遗产。

对于美国政界来说,五角大楼文件和其他正式官方文件不同的价值在于,它收集了大量主事官员个人的笔记、会议记录、电话记录、备忘录等"个人文件",从而反映了几十年来国家重大决策形成的细节过程。人的弱点、由人组成的政府的弱点,均暴露无遗。五角大楼文件实际上描绘了在白宫和国防部里已经形成的一种僵死的官僚主义文化氛围。一个声气相投的小圈子互相庇护、互相呼应,控制了决策过程。反对的声音、正常的理性和常识往往受到压抑。纠错机制长期以来功能不良,而主要负责人故意地忽略了这个问题。

联邦参议员迈克·格拉弗尔后来指出:"五角大楼文件告诉了我们一些以往被故意隐瞒和歪曲的事实。五角大楼文件证实,我们在过去的四分之一世纪里,已经创造了一种新的文化,一种用保密作为盾牌的脱离美国人民影响的国家安全文化。五角大楼文件证实,我们原来为保卫这个国家而设立的政府官僚机构,现在已经失控。"

1969年6月,越战历史专题组两年的心血终于印成装订,一共只印了十五套,全部编号,列为最高机密级别。这时发起这个项目的国防部长麦克纳马拉已经离任,当他的世界银行总裁去了,但是由于他是这个项目的建立者,对这十五套文件的用途还有发言权。在任的助理国防部长打电话给麦克纳马拉,定下了这十五套文件的去向。两套送往国家档案馆,为肯尼迪图书馆和约翰逊图书馆将来收藏。两套送往国务院。编号为一号的那一套,送给麦克纳马拉。他的一个密友后来说,麦克纳马拉从来没有读过这套文件,因为"他受不了"。

其中有两套送往著名的民间智囊机构兰德公司,其中一套送往它在加州圣莫尼卡的总部,另一套送往它在首都华盛顿的分部。国防部高层之所以要送这两套绝密的文件给一个民间智囊公司,不仅因为这是久负盛名的、为美国政府出谋划策的思想库,还因为国防部高官知道,在庞大的官僚系统里,官员轮换,人来人往,重要文件往往会淹没在公文往来之中,丢在角落里积灰尘,到用的时候却谁也不知在什么地方。而民间公司反而比较稳定,万一要用这套文件的时候,还不如去那儿要。当然,这种民间公司对于保密的规定,也是一样要遵守的。

可就是这送往兰德公司的五角大楼文件,引出了后来的故事。

高度机密而流传范围极小的五角大楼文件,真正读过的人寥寥无几。除了项目负责人盖尔伯以外,只有一个人是认真读了的,这个人叫丹尼尔·艾尔斯伯格。

艾尔斯伯格是游离在美国政界、军界和学界的一个所谓精英分子。在越南问题上,他是从鹰派转变为鸽派的典型,最终成为一个热情的反战分子,扮演了"五角大楼秘密文件案"的主角。他在五角大楼文件案中的遭遇和作为,典型地表现了在美国的权力结构下,一个普通人为了自己的理念和观点能够做的一切。要说明他为什么会这样做,还得从这个人说起。

艾尔斯伯格出生在二十世纪三十年代大萧条时期的芝加哥，父亲虽然是工程师，却在大萧条中失业。因为父亲必须寻找工作，他就随父母到处搬家。他从小是一个有天赋而且表现出志向的人。六岁，他就能背诵林肯的葛底斯堡演说，十几岁时弹钢琴就达到能够和乐队演奏协奏曲的水平。在学校里他样样都来，篮球、跳水、跳崖、辩论、登山，也样样都出色。中学毕业，他就以优厚的奖学金进入哈佛大学，这些奖学金不仅支付他的学费生活费，甚至支付他每年回家探望父母的路费。这个国家为他提供了理所当然的机会。中学里的同学伙伴公认，他是他们当中以后最有可能作出大贡献的人。

在哈佛他学习和研究经济博弈论。读到毕业，他又得到威尔逊基金会的资助，去英国学习高级经济学，一年以后回到哈佛完成硕士学位，硕士论文答辩得到了"优加"的评分。接下来拿博士学位几乎是必然的了。可是他突然推迟了这个学习过程，志愿参加海军陆战队，要求服役两年。

艾尔斯伯格随军队巡弋海外，到过中东。1956年的苏伊士运河危机时期，他刚好在中东，他就有机会第一次通过了最严格的安全背景审查。也就是说，他通过了"政审"，被确认为是在国家安全事务中完全可靠的人，这对他以后接触最高机密打下了基础。在那个时候，这个一路顺风而野心勃勃的年轻人，是一个随时愿意响应号召为国献身的爱国者。

当他从军队回到哈佛的时候，由于他的学术背景和从军经历，他得以参与了兰德公司的半职研究工作。那个时候，兰德公司是受雇于美国空军的民间智囊机构。在完成博士论文以后，他于1959年带着妻子和两个孩子搬到加州，全职参与兰德公司的研究。他经常被兰德公司派到首都华盛顿，为国家的防卫政策提供咨询。这个时候是他最春风得意的时候，也是他最自信的时期。

就在这个时期，美国在肯尼迪总统手中，渐渐地深陷于越南战争。艾尔斯伯格发现越战问题大有研究之处。但对越战的情况稍加了解，他就对形势产生了焦虑，觉得越战的前景很不妙，他想知道为什么。几年的工作，使他对国际危机的高层决策过程特别有兴趣，他就想探究美国在对越政策上到底有没有问题。为此，他要求把他派到越南去。这个时候正是1965年的春天，美国对越南北方大规模轰炸的所谓"滚雷行动"正在计划之中，同时还计划派遣更多地面部队去南越。艾尔斯伯格在了解这些计划的过程中，也主张实施这样的计划。这个时候，他是一个鹰派。

1965年，艾尔斯伯格初到越南的时候，他还是满腔鹰派热情。他作为爱德华·兰斯代尔将军的特别助理，本来是去实行"太平村计划"的。他在南越到处走动，接触下层，广交朋友，弄得军方对他的安全大伤脑筋。他能双手左右开弓使用手枪，也经常随军队出动巡逻，虽说不上出生入死，却也不是养尊处优。

正是这一段战场上的亲身经历，使得这个狂热的鹰派年轻人从此产生了怀疑：归根结底，我们到底是为了什么在这个地方动枪动炮呢？正因为他亲自上过前线，又深入南越底层，他知道并且理解，南越游击队的抵抗是为了把侵入他们家园的外国人赶出去。相比之下，他觉得很难为美国军队的参与提供正当理由。

因为他深入底层、了解真情，他也对当时军方感觉良好的所谓"太平村计划"表示怀疑。他亲眼看到，所谓"太平村"根本就不太平，腐败的南越官员制造一些假象，向美军虚报成果，而美军则自欺欺人地把这些成果再报告给华盛顿的国防部和白宫。他觉得,以往总统和国防部对越战的看法是受了下面的欺骗,要是高层了解真实情况,就不会作出这样的决策了。他想,他必须向最高层报告这里的真实情况。为此他违反通常的报告程序,越级向国防部递交了一份"揭示真相"的报告。但是,这一报告一点没有产生期望的作用。

作为一个鹰派,他仍然和同事中的反战派激烈辩论。这期间他曾经返回华盛顿,随即又要求回到越南。1967年,他三十六岁生日时大病了一场,躺在曼谷的医院里,他左思右想,这是一次脱胎换骨的转变,这只鹰开始变成鸽子了。他给友人写道:"我如愿地学到了很多,也学到了从内心深处为这个被蹂躏的越南着想,为它的孩子们,它的人民,他们的前途着想。"

我们也可以看到,反战人士的思维出发点,和政治决策者的思维出发点,还是有很大的距离。这种距离其实反映了现实世界的许多无奈。这我们以后再聊。我们先回到艾尔斯伯格的故事。

这个时候的艾尔斯伯格,虽然是文职人员,工资却相当于一个将军。他的教育背景使他一旦认定了一个道理,就应该为这个道理去做事。他回到兰德公司不久,1967年下半年,由于他的专业训练、经历和才能,他以兰德公司雇员的身份,参与了越战历史专题组的工作。这个时候,他在工作中已经不再掩盖他的鸽派观点,他经常和人争论,经常参加各个层次的讨论会,在会上以自己的亲身经历,发表对越战的看法。这种反战的立场并不妨碍他参与越战历史专题组的工作。事实上,专题组为了达到麦克纳马拉要求的"包罗万象并且客观",故意地网罗了不同观点的人才,既有鹰派,也有鸽派。

1968年大选,艾尔斯伯格希望新当选的总统可以对越战决策作出重大转变。那年是共和党的尼克松当选，他上任以后新任命的国家安全顾问亨利·基辛格，要兰德公司分析一下美国对越政策的所有可能的选择。兰德公司的头头推荐了艾尔斯伯格。艾尔斯伯格为基辛格起草了一份方案清单，然后花了四天时间给基辛格

艾尔斯伯格

分析所有这些方案的利弊。这份清单因为要全面，就包括了所有可能想到的方案，从一个极端：向北越扔一个核弹；一直到另一个极端：美国单方面从越南全部撤出。艾尔斯伯格向基辛格推销的想法是，美国必须争取通过和平谈判来结束越南问题。基辛格把这个方案清单转交给国家安全委员会的时候，却剔掉了从越南全部撤出这一方案。

艾尔斯伯格还不死心。基辛格要求提供一份反映美国政府各机构，包括军方、中央情报局、大使馆等各路人马对越战的观点，艾尔斯伯格十分卖力地交给他一份报告，长达一千页。基辛格将艾尔斯伯格秘密召到首都，要他概述这一报告，以便向总统传达。可是，艾尔斯伯格的观点，像泥牛入海，无声无息。尼克松主政的美国，仍然深陷越战之中。

1969年春，艾尔斯伯格回到兰德公司，这个时候，五角大楼文件刚好完工，油墨未干，就送到了兰德公司。没有什么人对这样庞大冗长、枯燥零碎的文件汇集产生兴趣，却正中艾尔斯伯格的下怀。他原来就参与过这个计划，对文件有所了解，却没有读过全文。这些年来，他一直关注这个问题，并且具备透彻了解越战历史的经验和背景，更

重要的是，他深深地沉浸在为国家结束这个战争助一臂之力的使命感之中。艾尔斯伯格利用在兰德公司护送和保管五角大楼文件的机会，拿出学者的劲头，苦读这套文件。

对五角大楼秘密文件的研读，使艾尔斯伯格彻底完成了从鹰到鸽的转变，从此以后，他成为一个狂热的鸽派人士了。以前他对越战的质疑还集中在美国的国家利益，主要立论是美国在越南遭受挫折的军事卷入是不可能成功的，这是一系列错误的决策。现在，他的反战立场更多地集中在这场战争对越南和美国造成的人道灾难和社会问题。

这个一向自信的人，当然不会无所作为，他觉得自己应该有所动作。可是他能够做什么呢？最直接地向行政决策者发表观点，他已经做了，似乎没有起作用。他和兰德公司几个观点相近的鸽派人士谈起来，为此十分气馁。论关系，兰德公司是受政府部门的委托搞咨询研究，国防部是他们这些精英智囊人物的"客户"。可是现在，他们研究的结论似乎没有受到"客户"的注意。"客户"居然不重视他们。接下来怎么办？最简捷的办法，走向媒体。

他们一起联名向《纽约时报》写文章，明确表达了他们对越南战争的看法。兰德公司的头头预先了解他们的做法，兰德公司认为，只要他们是以个人的名义发表观点，而不是代表兰德公司，公司是支持的。他们的文章登载在《纽约时报》和《华盛顿邮报》上，但是他们的观点还是没有引起他们所期待的反应。在此期间，艾尔斯伯格多次出席反战会议，在会上发表他在越南的亲身经历和他的观点，给与会者留下深刻印象。他也和反战组织接触。美国国内的反战运动正在渐渐兴起。1970年，艾尔斯伯格从西海岸加州的兰德公司转到东海岸波士顿的麻省理工学院国际研究中心。

现在,怀着反战使命感的艾尔斯伯格,还能做些什么呢?谁也没有想到,在此以前,艾尔斯伯格已经出格地做了一件事,为迫不得已时采取一个大动作,做好了准备。

艾尔斯伯格向国防部和基辛格传递了他的鸽派观点,却没有得到一点期望的反应,而他又是一个有使命感的人,不愿意看着国家陷入越战而袖手旁观。他在报纸上发表文章,他的个人意见被淹没在各种不同意见的汪洋大海之中。要为国家改变对越政策有所作为,他的下一步能做什么呢?依据这个制度,他很自然地想到,要向国会喊话。

向国会表达自己的意愿,这是美国百姓都知道的,特别是在选举前,这种表达在达到一定人数以后,效果会体现出来。不过,每个人只有一张选票,所以每个人的表达也就只有一个人的分量。喊话的对象,通常是你手里的选票能影响到的人。比如,你所在的选区选出来的众议员。你对别的众议员表达意愿,就可能没有什么作用;还有本州的联邦参议员,对他州的参议员,你的意见就没有那么大的分量了。所以,对政府立法分支表达意愿,虽然是美国体制下民众可以用的手段,但是这种手段就像选票一样,是必须有一定的分量才会有作用的。

除非你手里有特别分量的材料。艾尔斯伯格就认为,由于他的特殊经历,他参与的兰德公司和国防部的计划,特别是他接触到的五角大楼文件,他掌握了这样重量级的材料,能够引起国会的重视,从而通过联邦政府立法分支对行政分支的权力制衡,来促使政府改变对越政策。

可是,怎样把这信息告之国会呢?

1969年，艾尔斯伯格花了八九个月的时间，利用他在兰德公司的研究机会，仔细地阅读和分析五角大楼文件。艾尔斯伯格在调阅和保管五角大楼文件的时候，按照兰德公司的规章，签署了妥善保管文件、不复制其中任何一部分的保证书。

他在阅读中，越来越怀疑美国介入越南事务的合法性。经过对越南问题历史的一番回顾研究，他的结论是，美国介入越南事务时的所谓北越入侵南越，不成理由。越南人自己会解决他们之间的分歧。如果美国不介入，越南就不会有这样一场战争。他认定，越南战争是一次入侵，是美国干涉了越南的事务。苏联和中国的干涉，相比之下都是次要的。

他从文件中读到的战争真相，特别是战争对越南造成的死亡和破坏，使他寝食不安，他感到了一种"个人责任"。他决定采取一个大动作。1969年9月，他在一个朋友的帮助下，向一位广告商租用了一台复印机。那个时代，复印机还是比较昂贵的设备，不是到处都有的。然后，每天晚上，在这个广告商的办公室，等所有人都下班离开以后，他从兰德公司把五角大楼文件带出来，在自己两个孩子的帮助下，开始复印这批高度保密的文件。

在复印的时候，他们用纸片遮盖住每份文件上都有的"机密"、"保密"或"绝密"的印章，使得复印件上不再有这样的字眼。复印以后，再把原件还归兰德公司档案。

手里有了这样的文件，在必要的时候就拿得出根据来，能讲清了。他开始寻找国会里有可能被他打动的人物。他的主要对象是联邦参议员J.W.富布莱特，当时的参议院外交关系委员会主席，是参议院的一个重量级人物，也是一个主张从越南撤军的议员。

参议员富布莱特

他选择富布莱特为喊话对象是有道理的。富布莱特作为国会外交委员会主席,在国会通过任何和对外关系有关的法案或决议上,起着至关紧要的作用:这种法案和决议通常是经过外交关系委员会递送国会表决的。1964年的东京湾危机(北部湾危机)期间,军方宣称美军舰只遭到北越攻击,国会因此通过了"东京湾决议"。而白宫和五角大楼就把这个决议当成国会同意对越宣战,这样就扫除了"只有国会有权对外宣战"的宪法限制,五角大楼因此"合法"地开始大规模轰炸北越,并向南越派出地面部队。

富布莱特为此非常愤怒。可是,限于美国政府的分权体制,作为国会议员的富布莱特,不能直接干预白宫行政分支的决策,更不能干涉军事。艾尔斯伯格在悄悄复印了五角大楼文件以后，就设法见了一次富布莱特，告诉他有这样一批五角大楼文件，并且告诉他，五角大楼文件证明，当年所谓北越攻击美军舰只，根本就是一场虚惊，北越并没有攻击美军舰只。也就是说，等于国会受了五角大楼和白宫的愚弄。

艾尔斯伯格建议富布莱特，通过国会公开五角大楼文件。他给了富布莱特一份他自己搞出来的五角大楼文件摘要，想说动富布莱特在国会公布这份摘要。

可是，老资格的参议员富布莱特却不会这样做，因为这涉及国防部定下来的机密文件。按照美国宪法和法律，议员在国会的言论有立法豁免权，随便说什么都可以，法律不能追究国会议员立法活动中言论的刑事和民事责任。于是国会的日常活动，如果不是涉及国防外交机密的闭门会议，就都是公开的，不仅向新闻界记者开放，也向民众开放。所以，国会议员在言论中，也有责任注意保守国家机密。国会议员违法泄密，也是要负法律责任的。那么，国会议员怎么判断哪句话是机密、哪句话不是机密呢，难道每句话都掂量一番吗？其实没那么麻烦。国会议员都知道，是看你讲的内容来路是不是符合规则，也就是说，看程序上是不是合法的。

所以，艾尔斯伯格敢偷偷复印绝密文件，富布莱特却不会在国会公布他拿到的文件摘要。他把文件摘要往国会办公室四楼外交委员会的保险柜里一锁，转身给新任国防部长莱尔特写了一封信，说他了解到国防部在麦克纳马拉指示下搞了这样的研究，有这样的一套文件。他相信这套文件对外交委员会考察越南政策问题有极大的帮助，请送一套来让参议院外交委员会一阅。

莱尔特马上表示收到了富布莱特的信,但是拖了一个月才正式回复。在回信中,国防部长正式承认有这样一套文件,但是随即说明,这套文件含有高度敏感、高度机密的原始资料,麦克纳马拉的出发点是将这套资料用于遥远将来的研究,所以,这套文件的使用是严格限制的。很多涉及总统和内阁人员的通信,在政府的分权结构中一向被看作是不受其他分支干预的行政特权;很多涉及个人的原始资料是在保密的前提下才用于编入文件的。所以,国防部长直截了当地拒绝了富布莱特的要求。

富布莱特立即再给国防部长写信,希望国防部长能够采取"更合作"的姿态。他告诉国防部长,参议院外交委员会能不能接触到这一套文件,涉及宪法所规定的立法分支和行政分支的权力平衡问题,特别是在外交政策方面。如果参议院要行使自己在对外关系方面的宪法责任,外交委员会就必须能接触到有关外交事务的背景资料,而这种资料只有行政部门才掌握。

这个道理,莱尔特难道不懂吗?当然不是。莱尔特在被任命为国防部长以前,自己就当过联邦众议员,他自己是从立法分支转到行政分支的。可是,现在国防部长的职位上,他自己也不愿多受国会的约束。他客气地给富布莱特回信,说以后再联系,然后就杳无音信了。

与此同时,艾尔斯伯格千方百计在背后推动富布莱特,想要参议员先生用五角大楼文件采取行动。在1970年年初,他一下子给富布莱特的助手送去了从二十五卷五角大楼文件中复印下来的三千页文件,有些他干脆直接就从邮局寄过去。因为反正美国的邮局是不检查印刷品内容的。

富布莱特有这么些文件在手里,他在考虑怎么做。参议员有参议员的思维习惯,他不会贸然公开这些文件。他后来说到,他知道可以用这些文件做一些文章,但是不经过官方的正式发布程序而公开文件内容,就在程序上留下了漏洞。这样做不仅可能使外交委员会招致攻击,而且破坏程序是对制度本身的伤害。他认为,他还是必须遵从合法的听证会的程序要求。作为国会外交委员会,他们以前也曾经要求行政部门送交保密文件,用于国会的不公开的会议。在保密规定上,只要有一个纽小的失误,行政部门以后就可以拒绝向国会递交同类文件。这是他无论如何必须避免的。

结果,富布莱特就处于一种十分微妙的状态:他知道有这样的文件,他甚至看过一些文件复印件,但是在任何公开场合或在听证会上,他不能提到五角大楼文件,更不能引用其中的内容,因为它们还没有正式发布。富布莱特再一次给国防部长写信,要求正式调阅五角大楼文件。这一次,他连回信也没有收到。

这个时候,艾尔斯伯格在另外想办法。他出席了一个有关审判战争罪的讨论会,在会上他向一些国际律师说明,如果国际上有对战争罪行的审判,那么他知道有这么一批五角大楼文件,他宣称这些文件对于审判的意义,相当于"二战"末的纽伦堡文件。他甚至向一些律师描述了五角大楼文件的内容,并且表示,只要有审判的机会,他个人可以作为被告,或者作为证人出庭,从而让法庭发出传票,强迫五角大楼交出文件。他甚至怂恿一些宪法律师发起民事诉讼,想用这个办法促使法庭发出命令,把五角大楼文件作为证据公布出来。

这条思路,就是走司法程序来公开秘密文件,尽管很困难,因为美国的法庭一向避免涉足国防和外交领域,这也是分权和制衡的结构决定的，但是并不一定走不通。美国的法庭有司法自制，对接受案件有明确的要求，但是一旦法庭认为有理由启动程序，别的政府部门通常尽量避免公开对抗法庭命令，这也是三权分立的游戏规则决定了的：法庭是平时权力最小的分支，一旦动起来，威力最大。

可惜，律师们没有被他说动，因为他们认为启动司法程序的条件还不具备，法庭还不会就这样接受他们的案子的。

1970年5月，美军入侵柬埔寨，国内反战运动风起云涌。在反战示威骚乱中，肯特大学的四名学生被维持秩序的国民卫队枪杀。我们多次看过当时的资料和纪录片。至今为止历史学家也难以搞清，在一片混乱之中，是怎么开起枪来的。很多大学为此停课。基辛格的一个助理，安东尼·雷克，愤而辞职抗议入侵柬埔寨。富布莱特召开外交委员会的听证会，艾尔斯伯格在听证会上作证。他指出，美国对越政策所依据的国家战略利益的内在逻辑严重不足，所以，要理解美国对越政策的连续性，必须考察这些决策的国内政治背景。他指出，历届行政分支对越政策有一个从不在正式文件上反映的动机，就是都想避免在自己手上遭受"失败的屈辱"，为此而长期在越南支持一个腐败的、不得人心的独裁政权。

富布莱特再一次向国防部长写信要求调阅五角大楼文件，国防部长回信，再一次明确表示拒绝。

富布莱特发现，他仍然无法摇动白宫和五角大楼的固执，机密在行政分支手里，而且他们一意孤行，而他自己在发表讲话的时候，还得小心不要在程序上破坏保密规定。1970年8月7日，富布莱特在参议院讲话谴责了国防部在五角大楼文件问题上的态度。他说："行政分支又一次让国会吃了闭门羹。"但是，他警告说："有一句老话，在华盛顿,没有什么可以长久保持秘密的。我希望第一个得到这套历史文件的记者,能够和我们委员会分享。"

国会这条路不通,下一条路就是新闻界了。

好了,下封信再给你聊五角大楼秘密文件走进新闻界的故事。

祝好!

林 达

柳暗花明找报纸

卢兄：

　　我接着把"五角大楼秘密文件案"给你讲下去。

　　艾尔斯伯格试图通过美国政府的正规途径发表五角大楼文件的努力，屡遭挫折。其根本原因，是国会议员们受严格的保密规则制约，即使是在特殊情况下，也不会越轨行动。因此，艾尔斯伯格试图发动立法分支来制约行政分支的努力，无法得到预想的效果，这是很好理解的。在这样的情况下，他自然想到要走的路，就是寻找更为民间的途径，这样的途径更为间接，但却是永远可以走的，而且这样的途径受宪法的保护，因为涉及言论自由。权力制衡的路不通，就走言论自由的路。这条路最有效的是新闻途径。

　　在这期间，艾尔斯伯格成为一个反战积极分子，多次出席民间会议，有些是反战组织的，有些则是学术界的。同时，他还继续给报刊杂志写信，发表他对越南战争的看法。在这一阶段，艾尔斯伯格的观点更加明确了。他不再相信很多人的观点,即美国是由于不了解情况,由于粗疏而在"二战"后误入越南的泥淖。通过对五角大楼文件的研究,他认为,"二战"后历届总统一步步踏入越战是有其主观原因的,他们有时明明知道决策会造成严重的后果,他们睁着眼睛往里走,其根本原因是国内的政治逻辑,谁也不愿意在自己手上认输,谁也不愿意在下一次大选前表现出失败。

艾尔斯伯格已经准备通过媒体把五角大楼文件暴露出来。既然国会议员们不公开五角大楼文件,那么只有找新闻界,看看新闻界有没有这个胆量。因为他知道,新闻界有"新闻自由"的宪法保护,或许胆量要大一些。可是,当他和一些律师朋友商量的时候,律师们无一例外地劝他还是走国会的路。因为只要找到一个国会议员愿意在国会公布五角大楼文件,那么至少这个国会议员由于立法豁免权的原因,还不至于进监狱,而他自己把文件捅到新闻界去,新闻界或许没事,他却免不了要吃官司的。

艾尔斯伯格感到,他已经没有别的路可走了,只有走向新闻界。主意一旦打定,然后就是找谁的问题了。他去找《纽约时报》华盛顿分部的尼尔·希汉。希汉是新闻界报道越战的一个名记者,当年为合众国际社派驻越南的时候,艾尔斯伯格刚好也在越南,他们在越南的时候就相识。希汉的反战观点和他对越战的报道是非常有名的。在亲临越战前线报道的西方新闻界,合众国际社的希汉、《纽约时报》的大卫·霍布斯坦和美联社的布朗,被记者们誉为"三无畏"。希汉在《纽约时报》的书评中指出,决策越战的美国领导人,根本就没有好好读过美国法律对战争权力的规定,也就是说,他认为,美国领导人在指导战争中的行为,是违反法律的。

1971年春天，艾尔斯伯格要希汉到麻省理工学院所在的坎布里奇，交给他几千页五角大楼秘密文件的复印件。

希汉拿到这批匪夷所思的秘密文件，立即向他的顶头上司《纽约时报》华盛顿分部主任福兰克尔通报。他们俩商量下来，认为有几点是必须考虑周到的。第一，当然是这批文件的真实性，即使它们是真的，它们是不是全面地、客观地反映了越战决策的真实历史？因为片面就不是真实。

第二，当时，尼克松总统已经开始逐步从越南撤军，在这样的时候，如果发表五角大楼文件，民众的反应将会是什么？

第三，希汉的消息来源，即艾尔斯伯格的动机是什么？他们必须确定，他们是在和怎样的一个人打交道，这是不是一个正直的人。美国新闻界的道德标准是，他们必须保护他们的消息提供者，为消息来源保密。这里不仅有新闻界利益的成分：你不为消息来源保密，久而久之就没有人敢冒风险向你提供消息，等于断了长远的消息来源。还有在新闻业成熟之后，有一种自我要求的文化和道德完整性：新闻报道是在做一件道义上正确的事，保护冒着风险提供消息的人，就是必然的道德要求。即使这种道德要求和法律冲突，也要去做。《纽约时报》记者考德威尔曾经报道过六十年代闻名的黑豹党，后来在加州的一件刑事案中，大陪审团要求考德威尔秘密作证，提供关于黑豹党的消息来源，考德威尔断然拒绝，宁可以藐视大陪审团的罪名无限期入狱。现在，同样，希汉和《纽约时报》明确约定，他将不公开五角大楼文件的来源，甚至连他的顶头上司也不告诉。

第四，用这一批五角大楼文件作为材料写的报道，是否能提供足够的反面意见，也就是说，《纽约时报》的规矩是，不愿意任何报道表现出自己有倾向性。这也是成熟的美国新闻业的行规。用他们的话来说就是：《纽约时报》写出来的东西，不能是苏联《真理报》的，不能一边倒。

对报纸的生存来说，当然是新闻性第一。希汉的顶头上司、华盛顿分部主任福兰克尔在读了希汉提供的部分文字以后，立即意识到，"这是一个金矿"。他马上向《纽约时报》的总编罗森塔尔等高层人员通报，说有庞大的阅读工作量，要求增援人手。

艾尔斯伯格告诉希汉，参议院富布莱特手里也有这套文件，他一直在促动国会公布这套文件，只是至今暂时还不成功。他还告诉《纽约时报》，关于五角大楼秘密文件的事情，他已经在一些学术界会议上提到过，有些民间反战组织也知道。这下，《纽约时报》更有了紧迫感，因为他们知道，如果他们不动作，那么其他报社可能很快就会得到这批文件。特别是他们的竞争老对手《华盛顿邮报》和《洛杉矶时报》。

美国新闻界"刺探"政府机密来做有新闻价值的报道，这有着长久的传统。新闻界受宪法保护的新闻自由权力，使得他们较少法律上的负担。他们主要是自己在新闻价值和客观影响之间作出衡量，一旦为泄密而闯了祸，政府很难让新闻界记者因泄密本身负刑事责任而入狱。政府能够抓的是那个把机密捅出去的家伙。而民众和新闻界在道德上的舆论则是，新闻界有义务保护消息来源，这种保护是道德的。提供消息的人也确实往往受到新闻界的刻意保护。很多重量级的记者，他们的主要力量就是在政府内部的一些内线关系，这是他们的饭碗、他们职业的资源。这样一来，有些政府官员也就利用新闻界，故意把一些机密捅出去。"泄密"有时候就成了一种政治游戏。

保护新闻来源，一直是一个大的题目，也是法庭和新闻界经常发生冲突的焦点。美国有将近三十个州有保护新闻来源的相关法律，但是规定各不相同，也不适合于以联邦法审判的案子。由于2004年，发生了几次相关的案子，从保护新闻自由的角度出发，最近又有参议员提出要制定联邦法保护新闻来源，以期一劳永逸地免除记者为保护新闻来源而坐牢的危险。可是，联邦能不能真的立法，仍然不那么简单。其原因是，这又是一个两难命题。

法庭要求记者交出新闻来源，往往是涉及对被告的证词。例如，某被告在法庭上，面对着记者宣称自己调查出来的证据时，依据宪法有权要求面对证人。这个时候，法庭为了维持公平的审判，就必定要求记者交出调查的来源。因为假如记者的来源是不可靠的，或是诬陷，就是侵犯了被告接受公正审判的权利。

因此，经常是法庭要求记者交出来源，记者站在新闻业利益和保护消息来源的道德立场上，就可能拒绝交出。这时，法庭就必须依法判记者为"藐视法庭罪"入狱。这样的事情经常发生。近期都有过好几次。一般来说，记者入狱的时间不会太长，一般审判结束，对证据的需要消失，也就放出来了。

《纽约时报》面对希汉手里的五角大楼文件，还有一些别的顾虑。虽然这些文件都是反映历史的老文件，但是它们却会揭开美国陷入越战的伤疤，可能触痛各方面。他们会有什么反应？社会的反应又会如何？另外，如此庞大的文件量，都是从国防部的机密中"盗窃"出来的，怎样用来报道才是妥当的？这也是一个问题。

《纽约时报》的外交新闻编辑格林菲特曾经在国务院工作过，比较熟悉政府部门可能的反应，他又是罗森塔尔的好友，罗森塔尔就要求他总体负责这个五角大楼文件的报道,定下一个名字:"X项目"。

格林菲特立即派他的助手高尔德前往首都华盛顿协助希汉。1971年4月5日,高尔德就在离白宫不远的十六大街的希尔顿饭店订了两个房间。他们俩关在房间里通读五角大楼文件,想从新闻报道角度理出一个头绪,怎样连续地报道这批材料为好。他们的初步想法是:在《纽约时报》连续报道,每天十到十二个版面。他们回到纽约向高层编辑汇报,高层编辑决定,以希汉为主继续准备报道,报社提供必要援助。

《纽约时报》的发行人索尔兹伯格一直到四月底才知道有这么回事儿。老板到底是老板,他和几位总裁副总裁一通气,首先想到的是,这里头有没有对付不了的法律上的麻烦。这批机密文件数量如此庞大,而且他们显然知道,这不可能是正经官方渠道来的,以后在法庭上会碰到什么问题,只有天晓得。再说,如果他们在报纸上公开这批秘密文件,公众是不是理解他们的苦心,会不会吃力不讨好,这也只有天晓得了。

这个项目如此大的规模和风险,索尔兹伯格一开始显然心里很不踏实。他对新闻部说,你们继续做起来,等到你们手里的东西成了文,可以登出来了,再来找我。到底登不登,必须我来决定。转身他就去找为《纽约时报》处理法律事务的LDL律师事务所咨询去了。

下面这帮人怎么做呢? X项目是围绕希汉进行的,希汉是资料的获得者,是未来报道的执笔者,文章将以他的名义刊登,他在读者中的名气是其他人、在幕后的人,都无法取代的。但是,围绕着希汉,有大量工作要做。

首先是,由于格林菲特在国务院工作过多年,甚至亲自出席过五角大楼文件里涉及的多次国防部会议,是一个了解一些内情的人,他的任务就是要站在政府部门的立场上来看这个项目。也就是说，他被派了一个扮演白宫和五角大楼的工作。他和罗森塔尔收集了国务院和五角大楼系统主要官员公开发表的著作，像梳子一样地梳一遍，看看这些高官在以往的著作中是不是已经公开了五角大楼文件里的内容。这一手很要紧，只要预先有了这方面的证据，将来给告上法庭，就可以拿这个来抵挡了：政府负责官员早就在书里公开了这个内容，凭什么说我们是泄密呢？他们发现，实际上关于越战决策的历史过程，在以往的公开出版物里，陆陆续续、零星地早就有所反映。政府高官在公开发表的著作中，常常透露所谓机密资料。所以，对于《纽约时报》的Ｘ项目来说，泄密的问题是程序性的。也就是说，这里的关键不是机密是否会损害国家利益，而是文件本身确实是定为保密级别而偏偏是偷出来的。

同时，《纽约时报》动员了很多人力，将以往十年来的《纽约时报》全部整理一遍，把十年来《纽约时报》对越战问题的报道和五角大楼文件进行比较，也就是说，要看看十年来的陆续报道和现在打算拿出来的重磅炮弹是不是一致，如果不一致的话，是什么原因，怎么解释。这也非常重要，涉及《纽约时报》的形象，它必须对自己的报道负责。报道不可能一点不出错，但是出错也要有根有据，新闻业的中立和客观原则不能动摇。

《纽约时报》还动员人力仔细查找，将要发表的内容里是不是有涉及国家安全的东西，比如战场计划、武器计划、正在进行的外交谈判等等。这样的东西也必须剔除。

Ｘ项目一开始在靠近时报广场的《纽约时报》大楼里进行，后来为了安全原因，租了纽约希尔顿的几套房间。《纽约时报》派去了自己的保安。每个房间里任何时刻都必须有人。并且调兵遣将，把《纽约时报》在世界各地报道战争和国际事务的能人，都调集到了 X 项目。

参与 X 项目的所有人都得到警告，只能利用五角大楼文件本身和报社的其他资料，不能打电话向任何人核实。所有人都要保存自己的交叉参考记录，也就是说，将来发表的每一句话的出处，都要立即能查到。根据报社新闻性的原则，他们决定，希汉的系列报道不是顺着时间次序进行，而是根据新闻价值来报道。第一期将是约翰逊总统关于轰炸越南北方的决定是怎样作出来的。这显然是美国政府行政分支在越战中最重要也最有问题的一个决策。

另外，《纽约时报》专门调了一个图片编辑，整理了一套越战照片资料库，虽然后来发表五角大楼秘密文件系列报道的时候，一张照片也没有用上。

就在这准备的过程中，《纽约时报》内部对于要不要发表五角大楼秘密文件，发表是否会损害国家利益的问题，产生了分歧和争论。

哈定·班克罗夫特是《纽约时报》实际权力仅次于索尔兹伯格的第二位人物。他像格林菲特一样，有长期为政府工作的背景，是"二战"中的海军军官，后来是国务院的官员，在杜鲁门总统时代是美国派驻联合国的副代表，是日内瓦国际劳工组织的法律顾问。他在《纽约时报》的地位是索尔兹伯格的直接副手，当发行人索尔兹伯格不在的时候，他就顶替这个位子。班克罗夫特反对发表五角大楼秘密文件，他认为，公开发表五角大楼秘密文件，会使美国的外交谈判代表处于不利。他的意见和 LDL 律师事务所的意见一样，而这个事务所的律师中包括艾森豪威尔时期的美国司法部长。他们一致告诉《纽约时报》，打消公开五角大楼文件的主意，发表如此秘密文件毫无疑问会引起政府方面的强烈反弹。

可是,《纽约时报》的执行编辑们还得听听自己的法律部的意见,这个法律部头头是一个三十八岁的人,叫郭代尔。他原来是通过 LDL 律师事务所介绍到《纽约时报》工作的。他把自己看作是一个新闻从业人员,而不是律师。他也有政府工作的经历,曾经在陆军做过情报分析工作。对于新闻法规,他有自己的一套看法,他的观点是:到你手上的无论什么消息,总是可以有一种合适的方式印出来的。也就是说,新闻是没有禁区的,但是,对于负责任的新闻业来说,有一个方式方法问题。

郭代尔给编辑们做了一个详尽的备忘录,关于怎样保证发表五角大楼文件在法律上的正当性。

在《纽约时报》最高层,副总裁 J. 莱斯顿是坚决主张发表的。莱斯顿曾经是《纽约时报》声誉的标志。他在 1954 年从国务院得到雅尔塔会议文件,为《纽约时报》挣得了极大名声。可是在 1961 年中央情报局策划入侵古巴猪湾事件时期,莱斯顿和当时的发行人不顾其他编辑的愤怒反对,决定把美国政府涉入此事件的消息压下来,不予披露。可是后来猪湾事件成了美国政府的丑闻而暴露,读者们对《纽约时报》为何没有及时报道事件真相而不满。连肯尼迪总统都说,也许《纽约时报》是"过分"保护国家利益了。他甚至还说,如果《纽约时报》及时披露它得知的消息,猪湾入侵很可能就此取消。言下之意是,美国就不必为此出丑了。莱斯顿为此非常懊恼。

不过莱斯顿还是主张首先要区分什么是正在进行的国家机密事务,公开这些机密会直接影响正在展开的国家利益;什么是已经成为定局的历史机密,公开这些机密已经不会对现在正在为国家工作的人带来不利。后者是民众有权知道的,新闻界有权发表的。

怎样发表这些文件,也是一个需要考虑的问题。《纽约时报》内部比较保守的人主张,为了避免政府方面的反弹,可以只在报道中介绍文件的内容,或者摘引一些词句,最多引用一些段落,而避免全文发表政府列为高度机密的文件本身。但是多数编辑认为,这样做损害了《纽约时报》的声誉。

最后,一直到《纽约时报》发表有关五角大楼秘密文件系列的前两天,发行人索尔兹伯格才最终决定,搞一个连续十天的系列,每天六个版面,由著名记者希汉的文章打头,然后是选择发表的五角大楼关键性文件。

1971年5月13日,星期天,《纽约时报》开始连续刊载五角大楼文件。

《纽约时报》的五角大楼文件系列,选在星期天刊登第一期。周末,政府官员都在家里,政府部门的反应就慢了一拍。当年参与五角大楼文件的人,比如盖尔伯,看到五角大楼文件竟然在报纸上以通栏标题登出来,吃惊得几乎昏过去。当然,国防部立即就警觉起来,可是它什么也做不了。今天的美国政府和老百姓都认为天经地义的规矩是,国防部是对外国防,不能对国内的事务随便说三道四,更不能动武。哪怕是派一个兵去抓一个人,也是违法的,不管你抓的是什么人。

那么,国防部怎么办呢?国防部得先通知司法部,告之利害,让司法部来对付这件事情。司法部是管国内治安和起诉罪犯的。偏偏司法部以前对五角大楼文件一无所知,大概隔行如隔山,也不感兴趣。所以,司法部的副部长罗伯特·马甸星期天读到《纽约时报》,并没有什么反应,想一切等星期一上班再说。

司法部长米歇尔

　　星期一,《纽约时报》登出了以希汉的报道打头的第二批五角大楼文件,大标题是:研究证明,轰炸北越的决定在1964年大选前就已作出。马甸上班后看到《纽约时报》,打电话给司法部长米歇尔。这个米歇尔看到《纽约时报》报道,也没有什么反应。这时候,国防部长莱尔特来电话了,这位国防部长下午要出席参议院外交关系委员会的听证会,他知道记者们一定会追问他对五角大楼秘密文件的报道怎么看,他必须和司法部长通气,因为政府方面的一切,要由司法部来决定怎么做。

　　这时候,司法部长米歇尔对五角大楼秘密文件到底是什么,还摸不清门。国防部长应他的要求,赶紧令人写了一个备忘录,解释五角大楼文件是什么、什么人参与的、最终的十五套文件都到什么地方去了等等。这个备忘录立即就定为最高机密。但是,国防部长一下子也找不到一个完全熟悉五角大楼秘密文件的人,事实上以前除了盖尔伯和还在幕后的艾尔斯伯格,谁也没有去研读过整套文件。所以这个备忘录还只能是非常简单的介绍。司法部在周一下午拿到备忘录,立即研究是不是要采取法律行动。因为,看《纽约时报》的这个劲头,明天就要出第三批文件了。

与此同时,华盛顿的共和党政治家们也忙碌起来。他们看到,这批文件的暴露,揭了联邦政府行政分支的丑,实际上对共和党却是有利的,因为这批文件研究的阶段,特别是越战陷入很深、决策过程大可置疑的阶段,是在约翰逊总统和前任肯尼迪总统期间,而这两个总统都是民主党的。现任共和党的总统尼克松当政期间,没有包含在五角大楼秘密文件涵盖的时期里面,也就伤不到他。所以,有些共和党人就敦促尼克松和他的班子,不要采取法律行动阻止《纽约时报》。取这一观点的包括共和党全国委员会主席杜尔。

尼克松总统从第二年即将到来的大选出发,也倾向于这种意见。反正揭的都是民主党的短,有何不好。但是最后的决定却是相反的,关键是基辛格。

因为这个时候,1971 年的 6 月,可以说是美国外交史上最微妙的时候。基辛格正在巴基斯坦政府的帮助下,安排秘密访华,并策划尼克松的访华,同时,基辛格还在巴黎与越南北方当局展开秘密谈判。这一切都是高度机密的,不仅美国民众不知道,立法的国会议员们也不知道。基辛格要尼克松总统想想,如果五角大楼秘密文件在报纸上公开刊登,政府连这点秘密也保不住,人家中国人是不是会有所顾忌就不和你谈了?尼克松一直很自豪的是他和苏联关于限制战略武器谈判的成功,而且深知谈判成功有赖于保密做得好。

因此,在这里我们也可以看到,事实上民众的知情权是一件非常复杂的事情。战争、军事行动、政府的外交,都可能在一个阶段里有确需保密的必要。可是另一面,保密又可能是政府遮盖错误的危险外衣。

星期一整整一天，司法部和国防部之间来回商量，到晚上，司法部长米歇尔和副部长马甸凑在一起，先给《纽约时报》发了一份电报。这份电报是以司法部长个人的名义发的，说根据国防部的通报，你们这两天发表的五角大楼文件中，含有对国家安全至关紧要的高度机密资料。发表这样的文件，是违反了美国刑法中《反间谍法》的某某条某某款，继续发表将严重危及美国的国防。所以，请你们停止发表这一类文件，并且告之你们将怎样把文件归还国防部。

在晚上七点半，马甸决定把电报内容用电话告诉《纽约时报》的发行人索尔兹伯格，可是索尔兹伯格到英国开会去了，现在是班克罗夫特当家。在电话里，马甸把司法部的警告告诉了班克罗夫特，班克罗夫特答应过一个小时打回来，他得回去商量一下。结果，过了两个多小时他才回电。这两个多小时，他干了些什么呢？

《纽约时报》这时候已经闹翻了天。一派坚持不理睬司法部，此时马上就得给明天的第三期定稿付印了。但是还有一些人认为，在司法部如此警告以后，继续发表后果将无法预见。处于中间立场的人则一方面担心《纽约时报》遭到更大的法律麻烦，另一方面担心，如果停止发表，则给公众以《纽约时报》在政府压力下屈服的印象，这是报人们都不愿意看到的。

班克罗夫特打电话给LDL律师事务所咨询，对方回话说，应该服从司法部长的要求，立即停止发表五角大楼秘密文件。这时候，罗森塔尔坚持认为，只有发行人索尔兹伯格才能最后做决定，必须通知发行人。

索尔兹伯格这时候在伦敦的旅馆里，半夜给电话从睡梦中叫起来。罗森塔尔对索尔兹伯格说，我们不能停止发表，《纽约时报》的前途付不起这个代价。索尔兹伯格沉思良久，随即发出继续发表第三期的决定。《纽约时报》的编辑迅速地起草了一个声明，发还给司法部，并且向公众发表。声明说，《纽约时报》拒绝司法部长的要求，并且相信，坚持民众对此系列报道资料的知情权，是符合这个国家人民的利益的。至于司法部决定要法庭发出禁止发表的禁令，《纽约时报》声明说，《纽约时报》将服从"最高法庭的最后决定"。这个项目的发起人、前国防部长麦克纳马拉虽然认为这套资料应该用于今后的历史研究，而不是马上公布；但是，他却鼓励《纽约时报》继续发表。在他的建议下，《纽约时报》将声明中服从"法庭的最后决定"改为"服从最高法庭的最后决定"，避免了一个对自己不利的错误。

6月15日，星期二，《纽约时报》发表了希汉的系列报道第三期：《越南档案——研究揭示约翰逊怎样秘密开辟通向地面战争的道路》。但是在这篇报道的后面还有一篇报道，标题却是："米歇尔要求停止发表越南系列，《纽约时报》拒绝"。

罗森塔尔在几个月以后提到这件事情的时候说：想一想这对于美国新闻史意味着什么。要是那文章的标题是"司法部要求停止发表越南系列，《纽约时报》服从"，美国新闻业的历史就此将完全不同，因为游戏规则就变了：前者等于是报纸说，你有你的要求和利害，但是我说了算；后者则是，我有我的打算，但是规则是你说了算。

《纽约时报》不知道司法部将采取怎样的法律行动，但是既然司法部长的电文里提到了《反间谍法》，这是一个线索。《纽约时报》的法律部主任郭代尔已经准备了一个备忘录，但是他自己的水平和力量还不足以在法庭上完成辩护，他立即打电话给LDL律师事务所。LDL

经过一番通话研究以后回答，由于从一开始 LDL 就反对发表五角大楼秘密文件，而《纽约时报》对此事的处理完全没有听从 LDL 的意见，所以 LDL 从明天早晨开始不再代表《纽约时报》出庭。

郭代尔在半夜十一点得知这个回话，顿时惊呆。面临着一场法庭较量的关键时刻，正是最需要律师的时候，律师却不干了。郭代尔万般无奈的时候，突然灵机一动，想起了耶鲁大学的法律教授亚历山大·比盖尔。比盖尔是一个宪法专家，他当天午饭时恰好见过比盖尔，比盖尔当时表示他支持《纽约时报》发表五角大楼秘密文件，并且认为《纽约时报》有权发表。

可是，明天很可能一早就要出庭，必须在出庭前找到他。他只能半夜里先打电话找到比盖尔以前的一个学生，通过这个现在纽约律师事务所工作的学生，找到比盖尔。

比盖尔同意为《纽约时报》出庭，立即约了这个以前的学生，半夜两点在办公室见面，通宵准备一个法庭陈述。早上九点半，他们拿着十页纸的法庭陈述出现在郭代尔的办公室。几乎同时，电话铃响，联邦检察官打电话通知，《纽约时报》代表必须在半小时内出席位于弗利广场的联邦法庭。

司法部方面，鉴于必须立即阻挡《纽约时报》继续发表，这种阻挡又必须满足法庭的一套手续和文件要求，所以也是忙得不亦乐乎。司法部副部长马甸所提供的调查报告就像证词，按规矩必须公证。马甸只好半夜里开车出去，找到附近的警察局，为文件盖章公证。可是，司法部对五角大楼文件实在是无所知，他们读到的就是已经发表在报纸上的那些，所以，提出"继续发表将危及美国的国防外交"，理由在什么地方，他们也说不出来，因为他们根本就不知道还没有发表的文件是些什么,而法庭却是要证据的。另外,到开庭前,司法部发现,他们在陈述文件中引错了《反间谍法》的条款,得重新来过。这样一拖两拖,终于拖到午后才开庭。

法庭辩论是简短的。司法部的代表赫思指控说,这样发表国防部秘密文件,会严重伤害我国的外交关系和国家利益,所以,至少法庭应该命令《纽约时报》稍微延迟发表,等法庭进一步听证以后再做决定。《纽约时报》代表比盖尔则反对这种说法,说这是一个经典的"预检"措施。我以前介绍过,就是美国新闻自由的规则是,对媒体是不能做"预先检查"的。

比盖尔还说,在国会通过《反间谍法》的时候,根本就不是用来针对报纸的。他反对延迟的命令,"报纸生存就是发表,而不是服从美国政府的发表日程"。

法官在简短地和助手商讨以后作出了决定。他对案件双方的对错不做任何判断,但是同意发出一个法庭禁制令,认为《纽约时报》延迟发表所可能带来的伤害,比不上继续发表秘密文件可能对美国政府造成的伤害。但是法官拒绝了司法部关于没收《纽约时报》拥有的五角大楼秘密文件的要求。法官要求双方都回去做准备,星期五上午再开庭听证。

这个禁制令,是美国历史上第一次,一份报纸在法庭命令下搁置发表一篇特定的文章。

我们以前聊起过,新闻业的权利和政府的保密,两者之间如何平衡,这始终是一个问题,特别是在危机时期。在历史上,报纸都具有地方性,所谓报纸,都是地方上的报纸。由于地方自治的传统,报纸就天生有一种欧洲自由城镇的文化基因,说什么是无所顾忌的。我在以前的信里已经讲到过，美国现代新闻业是逐步建立起来的，所以在报纸和政府相处的早期，游戏规则更不正规，冲突就更多了。南北战争期间，北军的谢尔曼将军就曾经命令把纽约的《先锋报》记者抓起来当间谍毙掉，还幸亏林肯总统的干预才救了这记者一命。

1942年6月，芝加哥的《论坛报》发表了一篇文章，详细描述了美军在中途岛战役的胜利。问题是，对懂行的人来说，这文章的描述透露了美军最近成功破解了日军的密码。军方说，如果日本人知道这个消息，必然会全部变换密码，美军在往后的军事行动中就失去了这次破解密码获得的行动优势。在海军部的要求下，罗斯福总统的司法部长展开了大陪审团调查。为了避免沾上政治斗争的嫌疑，司法部长甚至任命了原来共和党执政期间的司法部长来担任此案的检察官。调查结果，大陪审团不同意起诉。幸亏，很多年以后得知，当时日本人根本没有注意到这篇文章。

美国新闻制度的游戏规则是，如果媒体触犯法律，确实泄密而损害了国家利益，政府是可以起诉追究法律责任的，但是，这必须是在媒体确实发表了违法泄密的东西以后。这是一种事后追诉惩罚的制度。但是政府不可以有禁止报纸发表消息的动作，不可以搞"预检"。道理很简单，事后追诉是由法庭来作出判断，法庭只有在犯罪行为发生以后才可能接受指控、立案审理；而政府行政部门没有权力来确立新闻标准，所以事前"预检"在制度上不能存在。但是，这并不是说，预先禁止某个特定文章的问世绝对不可能。

由于技术的发达，对现在发展的电视直播的实战军事报道，就自然有种种限定。在最近的伊拉克战争中，随军记者的摄像镜头的方向等等，要遵守军方的一些规定。我们看到，一些其他国家的新闻从业人员表示不理解，说有这样的规定，美国还有什么新闻自由。其实，军事行动必定有秘密，这是常识。电视不光是你看，对方军队也在看啊。

《纽约时报》刊载五角大楼秘密文件的特点是，它是系列报道，已经发表了一部分，还有一部分即将发表。司法部要寻求的是，让法庭发布禁制令，来阻挡《纽约时报》继续公布政府秘密。这就相当于"预检"或"预禁"的措施。

1931年，联邦最高法院在"尼尔对明尼苏达"一案的裁决中，对政府阻挡报纸发表某文章的权力，规定了极为严格的条件。

尼尔是明尼苏达州城市明尼阿波利斯的报纸《星期六新闻》的发行人。这是一份反犹太人的报纸。检察官指控这份报纸主要刊登恶意的和诬蔑、诽谤的文章，造谣说一个犹太黑帮操纵了明尼阿波利斯和圣保罗市的赌博、私酒和讹诈等黑市交易，而当地的民选官员都已经被犹太黑帮收买。检察官向法庭起诉要求禁止报纸发表这样明显是恶意诽谤的文章。此案经过激烈的司法较量，政府检察官最后在州最高法院赢得了支持，尼尔败诉，上诉到联邦最高法院。

联邦最高法院作出了5：4的裁决。首席大法官C.E.休斯代表法庭多数意见写的裁决书说，明尼苏达州法律里关于阻止报刊文章发表的条款"即使不是独一无二，也是很不平常的，它提出了一个超越此案在当地之意义的极其重要的问题"。休斯承认，"言论的自由，以及新闻的自由，并不是一种绝对的权利"，滥用言论自由和新闻自由，政府是可以予以惩罚的。但是，他谴责了明尼苏达州法庭对尼尔的裁决是一种"事实上的预检"。休斯大法官补充说，即使是那种专门恶意地搜罗炒作丑闻的人，也有"新闻自由的保障"。在休斯大法官起草的裁决书里,有一段话成为后人唯一可以看作是衡量"预先禁止令"合法性的话,他说:"没有人会反对说,政府可以阻止报道那种实际上会妨碍征集军队,或者有关出征日期、部队人数和地点(的消息)。"

有四个大法官反对尼尔一案的裁决,他们在反对意见里指出,对"预先禁止令"施加如此狭窄苛刻的条件,将把社区之和平与良好秩序及个人之私人事务置于某些报刊发行者的无穷无尽的恶意骚扰之下。可以想象,这样的警告不是没有道理的。这个裁决同意和反对意见的接近比例,以及双方意见都具有的合理性,可以使我们体会到,许多问题都面临着两害相权取其轻的选择。作出一个选择之后,往往是要支付代价的。

但是,休斯大法官的那段话,还是成为后人对"预检"或"预禁"的要求标准。报纸文章的"泄密"必须到了就像公布军队行动日期、人数和地点那样的程度,政府才有"预禁"的合法理由。这就是所谓尼尔标准。

到1971年,尼尔标准已经实行了四十年。在《纽约时报》的五角大楼文件案前一个月,最高法院首席大法官W.E.波格还在一件案子的裁决中重申了尼尔标准,重申对任何企图预先禁止新闻的合宪性,必须施加严格的限定。

可是,这个案子的法官的判决显然是有一定的理由的。事关国防部绝密材料,他没有立判禁止,而是判了延迟发表,还是一种很合理也很谨慎的做法。

美国新闻界和联邦政府的关系,集中在政府方面的行政分支,新闻界方面的几个大报和电视新闻网之间,是一种亦友亦敌、互相依赖又互相警惕的关系。这种关系的好坏，决定于国家所处的状态。一般地说，在危机状态，比如战争状态，政府和新闻界的关系就比较好。同时，也在很大程度上受到新闻从业人员对政府行政官员个人好恶的影响。

这种关系时好时坏，人们记忆中最好的时候是"二战"时期，新闻记者们就像拿着笔杆子和照相机的士兵一样，和政府配合得非常好。一个经典的故事是，罗斯福总统是一个轮椅总统，但是他不愿意让民众知道他们的总统是一个不能站立的健康不佳的人，他要求新闻界帮助他保持这个秘密。新闻界配合默契，从来没有透露他的瘫痪状态，从来没有刊登过一张他坐着轮椅的照片。特别是在电视直播的就职仪式上，他在大群政府高官和家人的簇拥下慢慢"走"出来，其实是被后面扶着的人托着"架"出来的，周围的人用自己的身体遮挡住总统瘫痪的下半身，电视和新闻记者们把镜头拍得一切正常。难的倒不是记者们居然能做到这一点，难的是，所有的新闻记者都一致地来做这一点。现在想来，简直匪夷所思。那也是表现了"二战"期间美国人的同仇敌忾吧。后来的总统再也不会有如此好的新闻人缘了。

一般地说，新闻从业人员由于职业和见识的缘故，总体上比较自由开放，比较关心下层民众的疾苦，对政府的权威抱一种挑剔的态度。在两党之间，民主党比较容易和新闻界建立良好关系。当然这和总统、副总统、内阁成员，以及他们的新闻发言人的个人风格也很有关系，毕竟，政府的新闻是他们给出来的。行政官员和新闻记者，就像天天要见面的店员和顾客一样。

在一般情况下，政府要让民众理解他们的政策，须得利用新闻界的报道和分析解释，因为政府自己没有媒体。法律禁止政府用纳税人的钱在民众中搞宣传，推销自己的主张。所以，搞好和新闻界的关系是十分重要的。新闻界也需要保持和政府的良好关系，特别是在白宫从事报道的大媒体机构的常驻记者。但是，他们和政府意见太贴近的话，是一种不符合专业形象的事情，他们必须形象上保持中立，在行动上显示客观，并且取一种批评的态度，这样才能获得读者或观众的信任。

　　双方对这种关系的性质其实都很清楚。所以，一般情况下，总统是尽可能地避免批评新闻界的。

　　尼克松当政期间，是美国政府行政分支和新闻界关系最不好的时候。尼克松历来和新闻界关系不好，他特别不满意新闻界在他几次竞选时期对他的报道。偏偏尼克松还摊上了一个和新闻界关系更糟的副总统阿格纽。

　　阿格纽这个最终因丑闻先于尼克松辞职的人，对几家大报如《纽约时报》、《华盛顿邮报》和一些有自由派名声的报纸，在1968年大选期间对他不利的报道耿耿于怀。他甚至说要到法庭去控告《纽约时报》诽谤，说了好几次，最终却没有行动。因为谁都知道，他这样的公众政治人物，要告动一家报纸诽谤是非常难的，几乎不可能。以后，阿格纽在整整两年的时间里，经常地持续不断地抨击美国新闻业。我们现在熟悉的一些左派人士对美国媒体的攻击，三十年前这位右派阿格纽其实都说过了。

　　他指责美国大媒体操纵在一小撮人手里，比如《华盛顿邮报》公司除了拥有这家大报以外，还拥有四大电视台之一，拥有华盛顿的一个新闻电台，以及《新闻周刊》杂志。他攻击说，这些媒体是四个巨大的声音听命于一个老板,即著名的《华盛顿邮报》女老板凯瑟琳·格雷厄姆。他指责美国媒体由于并购而集中,形成庞大的媒体集团。这是事实,但是他对媒体因此导致舆论统一的批评却不是事实。所谓"听命于一个老板"的四大媒体,其作业是独立的,其声音并不一致。凯瑟琳·格雷厄姆回忆说:"当我第一次听说他的断言,即公司所有的分支机构都要对我负责时,我对他如此缺乏了解感到目瞪口呆……我仍然坚持我们公司各部分不要'在同一评论路线上走'。相反,每个分支机构都有其自主运作的权力,他们相互激烈地竞争,甚至在许多问题上都持有不同看法。"

　　根本的原因是,美国读者和听众不在乎报纸的老板是谁,他们却在乎舆论是不是一律,他们不信任一律的舆论,不管这种舆论是不是说了他们喜欢的话。听到总是有不同的声音,他们就比较放心。所以,老板即使做得到让手下的各种媒体舆论一致,他(或她)也犯不着这样做,这样做长远来说不合算。更何况,根本就做不到,因为作业是各自独立、互不干扰的。

　　阿格纽指责媒体的"一小群精英"滥用自己对公众舆论的影响,可是他找不到证据。他指责说,电视评论员"眉毛一抬,或者嗓音一转,在广播过程中插入的一句挖苦话,都能在成百万民众心中造成对公共官员能力或政府政策智慧的怀疑"。这话不能说一点没有道理,但是作为一个副总统,对媒体的指责到了这个地步,就给人不遗余力的印象了。

　　阿格纽在全国各地,对他所认为的坏报纸展开攻击。美国的新闻界并不是铁板一块。报纸和电台始终是地方性的,电视网在政治倾向上也不尽相同,但是面对阿格纽的攻击,反而都有同舟共济的反应了。

《纽约时报》总部

有些记者认为，阿格纽的攻击太过分，干脆不要理他，让他自己表演，民众不难看清事情的本质。但是，也有人担心，如果新闻业不做出适当的反击，阿格纽毕竟是副总统，久而久之，民众就会相信阿格纽说的话，就会怀疑宪法第一修正案对新闻自由的保护是不是非要不可，就会认为新闻界不是在反映社会的问题，而是在制造社会的问题。假如阿格纽的人把媒体单位告上法庭，会对媒体造成更大的干扰。至少，法庭在听证的时候，会要求媒体单位提供证据，这些证据涉及消息来源，往往是媒体不愿公开的。法庭在这种情况下，会发出传票，强迫媒体提供，如果媒体不从，就犯下了"藐视法庭罪"。这样的麻烦会对媒体造成震慑。从 1969 年 1 月到 1971 年 7 月，CBS 和 NBC 就拿到过一百二十二张法庭传票。

位于曼哈顿的联邦法庭法官古尔芬的禁制令是命令《纽约时报》暂停刊登五角大楼文件，等待进一步听证以后决定。由于是暂停而不是禁止，《纽约时报》服从了法庭禁制令。1971 年 6 月 16 日星期三的

《纽约时报》,在原来要刊登第四期五角大楼文件的地方,刊登了一条新闻,大标题是:"应美国政府申请,法官下令《纽约时报》停止刊登越战文件,等待听证"。这一事件立即成为全国性的一大新闻。在星期二法官宣布这一延迟发表禁制令的法庭上,挤满了记者。在美国,政府对新闻的案件,不论大小,从来就是戏剧性的。

好了。明天再给你写。

祝好!

林 达

《华盛顿邮报》

卢兄：

《纽约时报》发了三期五角大楼秘密文件后，就被法庭禁制令限令延后发表。戏在这个舞台演不下去了，就转到了我以前提到的那个尤金·梅耶创办的《华盛顿邮报》。

禁制令下来，最急的是那位幕后者。艾尔斯伯格看到《纽约时报》的新闻，感到极为失望和愤怒。他倒不是对司法部愤怒，也不是对法官愤怒，他是对《纽约时报》失望和愤怒。司法部和法官的反应，他都是能够预料的，他也理解，作为司法部和法官，他们都会各司其职地作出这个职位上的人会作出的反应。他是觉得，《纽约时报》如此屈服过于简单。要把这套政府秘密文件轰出来，他的目的是造成影响，让公众在知道真相的情况下形成压力，从而迫使政府结束越南战争。为了这样一个大目的，对于理想主义者的他来说，作出一些个人牺牲是理所当然的。他本人当然愿意作出这种牺牲，他认为国会议员和《纽约时报》,如果必要也应该愿意作出牺牲。他曾经对参议员说过,只要能结束战争,你们应该不惜坐牢。面对法官的禁制令,他认为《纽约时报》没有挣扎就屈服,太轻率了。他们即使不敢公然违抗这个禁制令,也应该表示不服抗议;即使不敢公开谴责法官的命令,至少可以在报纸上留空白开个天窗,表示不满。这种"开天窗"的做法,他在越南的时候,看到越南报纸做过。艾尔斯伯格似乎忘记了,美国历史上从来没有过"开天窗"的做法,你就是开了天窗,美国的读者都不一定看得懂是什么意思。

艾尔斯伯格知道,《纽约时报》对司法部的这个案件,早晚会走到联邦最高法院。最高法院会怎么判,这很难说。他估计,判决禁止发表偷来的政府机密文件,也完全是可能的。不管怎样,这都得至少好几个星期。而时间这么一拖,发表五角大楼秘密文件的冲击力就会大大降低,对于结束战争所起的作用也就不大了。这是他非常不愿意看到的。在这样的情况下,他决定再找其他媒体单位。

下一念头是电视。电视当然是影响非常大的媒体方式。可是,电视不可能大批地发表五角大楼文件,如果《纽约时报》等报纸发表了,电视会作为新闻跟踪。现在,《纽约时报》不能刊登,如果电视台手里自己有了一套五角大楼文件,它们会不会发这个新闻呢?法庭禁制令是禁止报纸全文刊登五角大楼文件,并没有禁止电视发表新闻和评论。所以他想试试和电视台联系。

第一家是NBC,全国广播公司。选这家公司是因为他在电视上看到NBC董事长古特曼曾说,他支持《纽约时报》发表五角大楼文件。这给他留下了深刻印象。他跟古特曼联系,古特曼在半个小时里就回话表示拒绝。

第二家是ABC，美国广播公司。他与ABC副总裁联系。这一次，回应来得比较慢。ABC开了一整天的会讨论这个事情，犹豫再三以后表示拒绝。

相比之下，第三家CBS，哥伦比亚广播公司的态度要好一些。CBS最终也没有接受艾尔斯伯格的五角大楼秘密文件，因为这个当口，国会众议院正打算表决一个议案，指控在国会的调查中，CBS不肯交出以前有关五角大楼的一些原始影带，是一种藐视国会的行为。艾尔斯伯格还是通情达理的，他理解CBS的难处。CBS也确实花了最长的时间来考虑艾尔斯伯格的打算。也正是根据这个反应，艾尔斯伯格后来答应接受CBS的采访，出现在CBS著名主持人克朗凯特的"晚间新闻"节目中。

电视网的反应，其实是在情理之中的，这是出于电视业和报纸在接受政府管理上的不同。报纸历史悠久，是自由城镇内公共空间的一部分。所以，西方的报纸，打着地方性和城镇自治的胎记。所谓报纸的新闻自由，其实是在这个根基上长出来的。国王不能干涉自由城镇的公共事务，也就没有干涉报纸的规矩。

报纸的地方性，使得欧洲报纸的新闻自由不要说没有国王或中央政府的干预，甚至也没有城镇外部的干预。虽然在过去的几十年里，由于技术的进步，为数不多的大报终于成为"全国性报纸"，但是它们不受干预的传统在全国性的过程中没有丢失。

电台和电视，出现得比较晚。它们和报纸有一个明显的不同，就是必须接受频道和波长的管理。在美国，出书办报，几乎到了你想出就可以出的地步，你要考虑的只是钱和市场的问题：怎么印出来，怎么卖出去。而电台和电视不同，必须有秩序地瓜分电波空间。在一定的技术水平下，这种空间是有限的。简单地说就是，办电台和电视台，必须先取得政府管理部门的许可证。这许可证每年要复审，每年要重新登记颁发。这样，就有了政府拿你一把的机会。

这也就使得电台电视台比报纸更拘谨、更胆小。倒不是怕政府来查封电台电视台，司法部和联邦通讯管理局还没有这个权力，但是司法部和通讯管理局可以根据管理电波的种种法令来控告电台电视台，迫使你上法庭打费时费力费钱的官司。这就够麻烦的了。

在这短短的几天里，最受震动的是《纽约时报》的竞争对手——《华盛顿邮报》。这时候，尤金·梅耶已经去世，报纸的当家人是尤金·梅耶的女儿凯瑟琳·格雷厄姆，她结婚后从了夫姓。

《纽约时报》在发表五角大楼文件之前精心保密，防的主要是竞争对手。报纸的声誉和独家报道的质量很有关系。当《纽约时报》开始刊登五角大楼秘密文件的时候，由于是星期天，官员们都在家度周末，并没有看到方方面面跳起来。只有《华盛顿邮报》是真正地被惊动了。

可是，他们手里没有五角大楼秘密文件，他们在这个较量中，看来注定是要输给《纽约时报》了。按照报界和通讯社早已有的规矩，各家报纸在版式排定付印的时候就要发一份给美联社。其他报纸可以从美联社取得别的报纸的样本，而不必等到报纸在印刷机上印出来、送到街头报摊上才能买到。《华盛顿邮报》唯一可以做的是忍辱负重，在美联社尽早取得《纽约时报》的样报，然后根据《纽约时报》发表的系列五角大楼文件，再加上自己掌握的背景资料，"改写"成自己的报道，以满足自己的读者群对这一消息的知情需求。

这种常规做法，在外人看来也可以了，重头内容不多不少，只是晚了一天时间。自己的读者那儿是交代过去了,在报业同行看来,却无异于承认自己沦为二流。这种状态,对于《华盛顿邮报》的编辑同人来说,真是奇耻大辱。可是他们又不得不这样做,你不可能回避这个新闻。就像《华盛顿邮报》的一位执行编辑不无夸张地形容的:"我们一边做,一边抱头痛哭。"

《华盛顿邮报》一开始的运气真是不好。艾尔斯伯格除了将五角大楼秘密文件给了富布莱特参议员,也还部分给了一些反战的学者,所以,民间其实还有其他一些途径是可以通往艾尔斯伯格的。星期一早晨,也就是《纽约时报》发表了第二期五角大楼秘密文件的时候,《华盛顿邮报》的社论版编辑接到一个波士顿朋友的电话,说他理解《华盛顿邮报》目前所处的被《纽约时报》占了上风的形势,而他可以帮助《华盛顿邮报》得到一批五角大楼文件摘要。这位编辑激动地连忙安排会面时间。一个小时不到,有一位不告知姓名的女士步入此编辑的办公室,无言地留下一包资料,转身离去,消失无踪。

这是一包直接从五角大楼文件中抽取的复印件。可惜的是,《华盛顿邮报》必须派内行专家来研读判断。他们白天接着晚上赶着分析,等到得出这是可靠的真文件的结论,《纽约时报》的样报到了。大部分内容将在下一天的《纽约时报》上发表。《华盛顿邮报》的失望,可想而知。

《华盛顿邮报》只能继续寻找可能的来源,也搞到同样分量的文件或消息。在《纽约时报》遭到法院禁制令暂停发表五角大楼文件的时候,《华盛顿邮报》不仅没有松懈,反而是加强了寻找来源的努力。他们看到,一方面这给了他们一定的时间,如果他们能找到文件,他们可以发表《纽约时报》没有来得及发表的部分,在新闻报道上扳回一点分数；另一方面，他们知道现在新闻业遭受到了对新闻自由的挑战，新闻业在这一点上同命运，他们可以在新闻自由这一点上扳回一点分数。

作为一家大报，他们的记者编辑也不是孤陋寡闻的人。《华盛顿邮报》的副总编巴迪坚是媒体评论出身，熟悉新闻界的人事。他是在写了一篇尖锐批评《华盛顿邮报》的文章以后给招募进来的。他以前认识艾尔斯伯格，那时候他们都在兰德公司工作。当《纽约时报》出现五角大楼秘密文件的时候，他就想到了这个曾经在国防部工作的热情的反战派研究者。

巴迪坚立即开始设法联系艾尔斯伯格，奇怪的是，总也找不到。电话没人接，艾尔斯伯格好像是失踪了一样。一直到6月16日星期三晚上，巴迪坚接到自称艾尔斯伯格的朋友的电话，但是什么也不说，要求巴迪坚到外面找个公用电话打回去。

巴迪坚自然理解这是为什么——怕窃听。他们在谈论的毕竟是国防部失窃的机密文件。巴迪坚在黑乎乎的马路上找了个投币电话打过去，明确表示《华盛顿邮报》对发表五角大楼秘密文件有兴趣。对方就又给了他另一个电话号码，要求他换一个公用电话以后，打这个号码去。

这回，终于和艾尔斯伯格说上话了。巴迪坚在电话里再一次向艾尔斯伯格表示，《华盛顿邮报》只要拿到文件，就会利用这些材料发表报道。然后，艾尔斯伯格做了一个复杂的安排，像地下党接头一样。他要巴迪坚当夜从华盛顿飞波士顿，"别忘了带一个大箱子"。

巴迪坚立即回到报社。执行总编布莱德利那天不在，当家的是一个叫帕特森的总编。他们俩并排坐着商量，装得若无其事的样子，怕惊动了其他人。巴迪坚问：如果我今夜弄到一捆五角大楼文件，我们会不会在星期五就发表？这时候是星期三的夜里。

帕特森是一个行事谨慎的人。他沉思良久，开口答道：会！去弄来！

不过他们又一致同意，夜里打个电话给头头布莱德利，要布莱德利通过。

巴迪坚立即起身。报社所有在场的人都知道，一定有什么事在进行。但是照新闻业的规矩，谁也没有吭声儿。

巴迪坚赶往机场，可惜，头一班飞波士顿的班机赶不上了，要等下一班。在机场等着的时候，他打电话给布莱德利。布莱德利是当时报纸的执行总编。他的回答是：如果《华盛顿邮报》不肯发表，就请他们另外找一个执行总编吧。

这一态度，在此后的四十八小时里成为《华盛顿邮报》，也成为其他涉及此案的所有新闻业编辑和记者的共同声音：在新闻自由上绝不妥协。

巴迪坚还从没做过这种地下式的活动，所以他买机票还是用的真名。半夜下了飞机，经过一段复杂的接头和转换，他终于拿到了艾尔斯伯格打算给他的东西，那是一大堆复印的纸，没有装订，也没有顺序，甚至没有页数号码。这些纸装在一个大纸板箱里，巴迪坚带来的一个手提箱根本没用。巴迪坚临时向旅馆柜台要了一根拴过狗的绳子，把纸板箱好歹捆一捆，马不停蹄地打道回府。

艾尔斯伯格在向第二家媒体交出这批偷来的国防部机密文件的时候，条件是：第一，《华盛顿邮报》的报道和《纽约时报》不打架，由于这是涉及三十年的历史文件，两家可以在报道的内容上岔开；第二，不把这些文件弄成轻描淡写的小新闻，而是展开持续的系列报道，造成影响。

巴迪坚这次化名在机场要了两个头等舱座位，一个自己坐，一个放那个破纸板箱。哪知道一上飞机就碰到一个熟人，这人是个中国问题专家，以前在《华盛顿邮报》工作的时候还是上下级的关系。他来找巴迪坚聊天，感觉非常奇怪的是，巴迪坚居然不把纸板箱挪开请他坐。他忽然恍然大悟似地说："啊，你弄到它啦！"巴迪坚也装得一脸无辜："弄到什么了？"接下来是两个人心照不宣的沉默，再也不提。

这一天，是艾尔斯伯格转入地下生活的第十二天。也就是在这一天，联邦调查局发出通知，泄露五角大楼秘密文件的人，叫艾尔斯伯格。

对《纽约时报》和《华盛顿邮报》来说，即使有时候要和法律发生冲突，为消息来源保密还是理所当然的职业规范。最早公开在报纸上宣布艾尔斯伯格泄密的是一个叫锡安的杂志记者。他原来为《纽约时报》工作过，熟人很多。他想探出到底是什么人有本事偷出这些文件，结果探到了这个名字，忍不住自己的发表欲，在杂志上公开了艾尔斯伯格的名字。艾尔斯伯格本人并没有生气谴责，他说他一开始就打算对自己的行为承担所有责任，而且，这一事件很快就成为妇孺皆知的事情，谁也不再回想，一开始这是多么秘密的一件事。锡安的名字却被新闻界同人牢牢记住，受到各方谴责。锡安以前在《纽约时报》的同事说，这家伙再也别想把脚踏到《纽约时报》社来。

这些都是后话了。

再说巴迪坚回到华盛顿，已经是6月17日星期四的凌晨，他在机场就打电话给当家的总编布莱德利，告诉他，东西到手了。布莱德利非常激动,要巴迪坚直接到他家里来。同时,他也把报社的一批能人召到家里。他们要在这里讨论,怎样处理这批文件。

布莱德利还把为《华盛顿邮报》提供法律服务的 RKW 律师事务所的律师也请来了。

在这儿,《华盛顿邮报》的编辑们对要不要发表五角大楼文件产生了分歧,产生激烈争论。

巴迪坚带回来的破纸板箱里,有大约四千五百页机密文件复印件。《华盛顿邮报》面临的法律问题在于,纽约的联邦法庭已经对《纽约时报》发出了暂停发表的禁制令。如果《华盛顿邮报》坚持发表,可能被解释为对抗法律,不尊重法庭。但是反过来说,正因为有了这个禁制令,《华盛顿邮报》参与发表文件,就在捍卫新闻自由的抗争中走到了前列,有利于报纸"树立形象"。这里,既有新闻职业的利益,也有风险。

《华盛顿邮报》还有一个问题必须考虑的,就是它有一些涉及公司法的顾虑。《纽约时报》是一个大报业集团,《华盛顿邮报》却是所谓媒体集团的龙头老大,这种媒体集团一直受尼克松及其手下人的攻击。媒体集团一大,它下属的单位接受政府法律管制的地方也就多,政府要找碴儿就比较容易。

就在这样争论的同时,布莱德利已经安排了一干报道越战问题最出色的记者在另一个屋子里写稿子,另外一班人在对那一大堆文件进行归类分析阅读。

律师事务所来的法律顾问坚决反对发表政府机密文件。他们提出,在现在这样的局面下,他们必须等待纽约的联邦法庭对《纽约时报》一案的结论出来,等待那儿的法庭对新闻自由问题作出裁决以后,再来决定怎么处理五角大楼文件。

也有反对发表的人提出,《华盛顿邮报》根据五角大楼文件的内容撰写自己的新闻报道,甚至可以说这些新闻来源于五角大楼文件,但是不直接引用五角大楼秘密文件,更不全文照发地公布五角大楼文件。

巴迪坚后来回顾这次争论的时候说:"全国所有的报纸,不应该感到自己受政府对《纽约时报》采取的行动的束缚。我们要作出我们自己的决定,我们的手里有着对公众利益至关紧要的信息。我们有最出色的记者正在撰写报道,他们在这个领域从事报道十年到十五年了,有足够的能力来判断什么对国家是危险的,什么是不危险的,他们每天都在处理这一类的新闻。他们熟悉这一类的文件。这个问题涉及新闻自由,发表五角大楼文件是非常重要的,因为如果我们不发表,就会显得好像我们不支持《纽约时报》。"

巴迪坚说出了一句代表了记者编辑心声的话:"坚持报纸有发表权利的唯一办法就是发表。"

整整一天下来,到傍晚的时候,律师和编辑似乎要达成一个妥协,就是延迟两天,不在星期五,也就是第二天发表五角大楼文件,而是给司法部长发个通知,来个先奏后斩:"我们得到了五角大楼文件,正在准备,将于星期天发表。"

就在这个时候,在书房里起草稿子的记者们饿得半死,出来找吃的,听说这个妥协,顿时大哗。记者们说,这是这辈子听到的最混蛋的主意。《华盛顿邮报》德高望重的记者罗伯茨指责编辑和律师"匍匐在司法部长面前"。他说,如果《华盛顿邮报》不发表五角大楼文件,他就将立即辞职,离开他工作了一辈子而且还有两个星期就退休的《华盛顿邮报》，他还将发表一个公开声明，和《华盛顿邮报》的决策撇清。

巴迪坚凑到他的顶头上司、执行总编布莱德利面前："你如果不发表，整个报社就要反了天了。"他低声地求他的上司："你别忘了，你答应过我发表的。"

布莱德利脸色越来越发灰，终于决定，打电话给《华盛顿邮报》发行人、董事长凯瑟琳·格雷厄姆。格雷厄姆的家其实就在几个街区之外，但是至今为止还没有惊动她。现在，只好请《华盛顿邮报》的女老板亲自拿主意了。

在汇报了两派的意见，把这个困难的决策提出来以后，这些见多识广的编辑记者和律师，等待一个女人作出决定。

凯瑟琳·格雷厄姆，尤金·梅耶的女儿，这个时候已经在历经生活沧桑之后，接下了父亲和丈夫留下的《华盛顿邮报》。六十年代的战争和社会变革、动荡，在美国造成的观念的分裂，也进入了她的家庭。她的三个儿子，一个在越南战场服役，一个在街头反战，一个在家里吸毒。

越战开始以后不久，《华盛顿邮报》就开始刊登读者辩论，对战争发表不同的意见。凯瑟琳·格雷厄姆原来和约翰逊总统有着很好的私人友谊，可是，报纸和政府立场的不一致，也影响了这样的友谊，他们之间变得疏远了。

凯瑟琳·格雷厄姆不仅坚持她父亲的办报原则，也坚持主编负责制。假如这次不是牵涉到违反法庭禁制令这样的大事，一般来说，报纸的立场完全不必听从凯瑟琳·格雷厄姆的意见。有一次，一个试图调解总统和凯瑟琳·格雷厄姆的关系的朋友，对约翰逊总统说，报纸

《华盛顿邮报》的老板
凯瑟琳·格雷厄姆

的立场并不是凯瑟琳的指使。总统回答说,"天哪!假如我拥有那家讨厌的报纸,我就会让我的手下人做我要他们做的事情。"凯瑟琳·格雷厄姆事后说,这就是政治家对一个出版商的想象,"也许每个政治家都相信,出版商会坐在办公室对记者发号施令,甚至告诉他们写什么、什么时候写"。

凯瑟琳·格雷厄姆说:"总统永远无法真正理解——就像大多数人不理解一样——编辑应该有自主权,这是必要的。这样才能办好报纸。我习惯于把它描述为自由,而不是许可。我那时感到,现在也是这么想,我从没有反对过林顿·约翰逊,我只是在根据自己的理念办报。"

尼克松上台以后,对《华盛顿邮报》可以说是怒气冲冲。据凯瑟琳·格雷厄姆回忆,尼克松"曾经两次生气地取消订阅我们的报纸"。

现在,凯瑟琳·格雷厄姆作为老板,她必须考虑的事情当然比雇员要多。两天前,1971年6月15日,《华盛顿邮报》集团公司恰好在两天前上市,假如现在违反法庭对《纽约时报》作出的禁制令,刊出五角大楼秘密文件,很可能公司就是犯了刑事罪。证券市场就有一套现成的制度来干预,认购者完全有权退出合同。如果被判为刑事重罪,

凯瑟琳·格雷厄姆
和她的执行编辑们

公司拥有的经营电视台的执照就可能被吊销。公司正在进行的高投资就可能出大的问题。因此,虽然看上去大家在冒风险,而事实上,最终的分量全压在凯瑟琳·格雷厄姆身上。如她事后回忆,"在这个决策上,我是冒着毁掉整个公司的危险"。接到报社的电话,她向律师咨询。律师并不支持她,但是对她说,现在是你自己作出决定的时候了。

电话的另一端,编辑们在等着她作出决定。她手执话筒,不由自主地感觉压迫和紧张。

终于,她对着话筒说:做下去吧,我们把它登出来!

这时候是半夜十二点二十五分,离报社的截稿还有最后五分钟。

第二天,星期五,《华盛顿邮报》发表著名记者罗伯茨的报道,通栏大标题是:"五角大楼文件披露美国在1954年企图推迟越南选举"。在大标题上面是小字:"系列报道第一期"。

《华盛顿邮报》在星期五开始刊登五角大楼文件的报道,动作不可谓不快,在《纽约时报》掀起不大不小的波动。《纽约时报》的总编罗森塔尔后来回忆说:"我像一个疯子一样地跳来跳去。"他们的心情是双重的。一方面,他们毕竟是先于《华盛顿邮报》而报道五角大楼文件的,他们为此而骄傲,现在法庭禁止他们继续刊登,而《华盛顿邮报》的报道等于是在为他们伸张正义；另一方面，《华盛顿邮报》是他们的竞争老对手，他们现在眼睁睁地看着对手要走到他们前面去了。

对于希汉等几个月来为此而准备的记者编辑来说，他们最担心的是，他们的心血要付诸东流了。等禁制令解除，如果大部分内容人家已经发表过，《纽约时报》还能干什么呢？编辑们只好安慰他们说，即使到时候人家已经发表了，我们已经准备好的十期五角大楼文件专刊，还是按原计划照登不误。

星期五这一天，《纽约时报》里的气氛是，报社应该违抗法官古尔芬的禁制令，把五角大楼秘密文件的系列报道继续登出去。

可是，稍一冷静下来，从纯粹的竞争心态里脱出来，《纽约时报》的人都为《华盛顿邮报》的行动感到高兴。事实上也是如此。法官古尔芬的禁制令并不是说《纽约时报》有什么不对，并不是肯定了司法部的指控，而仅仅是说，这事情的可能的后果事关重大，所以须得进一步听证。而如果有几家不同报纸参加到报道和刊登的行动中来，这本身在法庭上就非常有力：我们认为这是新闻自由，而不是危及国家安全的泄密。没有什么比这更有力地捍卫新闻自由了。几家报纸的一致行动等于向法庭表态：不能只听司法部的说法，新闻就是新闻，报纸就有权发表新闻。

《华盛顿邮报》那一头，正在马不停蹄地准备第二期系列报道，报社里充斥着一种兴奋和担心。他们知道现在也站到和司法部对抗的位子上，他们等着司法部采取什么行动来对付他们。《纽约时报》的案子已经成为全国关注的大新闻，如果司法部不把《华盛顿邮报》也拖到这场司法对抗之中，《华盛顿邮报》的人几乎会感到一种失望。可是奇怪的是，《华盛顿邮报》发表了第一期的这个星期五，司法部并没有采取行动，似乎是把《纽约时报》和《华盛顿邮报》区别对待了。如果说区别对待有什么理由的话，那就是《纽约时报》全文照登地刊登了五角大楼规定是机密的文件，而《华盛顿邮报》只是在报道中引用了文件，没有照登文件全文。政府的面子上好看一些。

《华盛顿邮报》所属的新闻周刊总部在纽约市的麦迪逊大道，《华盛顿邮报》公司在注册中把华盛顿市和纽约市都列为"主要办公地点"。所以，如果司法部要采取行动，最简单的办法是把《华盛顿邮报》也列为《纽约时报》案的被告，这种情况下，法官古尔芬几乎肯定会同意把禁制令也用于限制《华盛顿邮报》。可是，出于某种策略上的考虑，司法部并没有这样做。其原因大概是，《纽约时报》案的司法较量是"制定游戏规则"性质的，法庭要回答一些过去没有明确答案的问题。在这种情况下，司法部希望看到的是，自己的对手有较多可以攻破的地方，而不是一个强大的防卫集团。相比之下，《纽约时报》公开地全文刊登国防部机密文件，这比《华盛顿邮报》的报道，更有法律上可质疑的地方。

星期五下午三点，《华盛顿邮报》执行总编布莱德利接到了司法部副部长兰奎斯特的电话。这位兰奎斯特是一个保守派知识分子型的律师，被喻为"总统的律师的律师"，后来他被尼克松总统提名为联邦最高法院大法官，至今还是最高法院的首席大法官。

兰奎斯特的电话是传达司法部长的通知，其内容和语句一字不差地重复了几天前司法部给《纽约时报》的电报。

《华盛顿邮报》其实是在等这样一份通知到来。和《纽约时报》的情况不同，《华盛顿邮报》的律师知道有一场司法较量在等待他们，他们答应为《华盛顿邮报》辩护，并且已经着手准备，尽管他们原来坚决反对发表。

《华盛顿邮报》的总编室里，发行人格雷厄姆女士和报社的高层人员都在，大家无声地听着电话另一端兰奎斯特读完了司法部长要求《华盛顿邮报》立即停止公开国家机密文件，并且把失窃的国防部文件归还的通知。布莱德利回答说："我相信，你一定理解，我不得不恭敬地拒绝你的要求。"

然后，他又在电话里拒绝了兰奎斯特提出的暂时中止发表，等待《纽约时报》案作出听证和裁决的要求。也就是说，《纽约时报》归《纽约时报》，《华盛顿邮报》将照发不误。

兰奎斯特挂了电话以后就打电话给《华盛顿邮报》的律师，通知他们下午五点在首都的联邦法院和司法部的法律代表见面。

司法部民事分部的负责人，叫约瑟夫·汉侬，他已经给招来负责对《华盛顿邮报》的起诉。在联邦法院里，即使是星期五的下午，仍然做好了接受重大案件的准备。

那个年代，围绕着越南战争，美国民众意见分裂，所有的人都卷入了争论，也包括那些法官。虽然，法律和法官的职业要求法官们中立地行使职权，但是法官个人对国家和世界形势的看法，对越南战争及其反战运动的看法，仍然使人感觉不可能完全不影响法官对案件的判断。而法官里头，有些是保守派，有些则是自由派，他们的价值观念在侧重上是有所不同的。所以，大家就很关心案子是由哪个法官来负责主持听证。

为了公正，除了一些特殊的案件，华盛顿特区的联邦法院在法官中分配案件采取抽签的办法。

下午五点十五分，代表政府的司法部七个律师步入联邦法院书记室,呈递了对《华盛顿邮报》的指控,被告包括《华盛顿邮报》报头栏里的所有人,再加上文章作者罗伯茨。根据《反间谍法》,这项指控说,被告知道,或者有理由相信五角大楼文件是会危及国家安全的机密文件,然而明知故犯,将这样的情报公布在报纸上。

下一步,当事双方都在场,抽签决定由哪个联邦法官来主理这个案件,结果抽出来的是法官格赛尔。汉侬不禁皱了一下眉,而《华盛顿邮报》的人则暗暗庆幸。格赛尔在华盛顿的法院里名气很大,备受尊敬。他年轻的时候为《纽约时报》做过半职的通讯员,始终熟悉美国新闻界的情况。

等书记室的这一套例行手续办完,法官格赛尔马上召集两造律师在法庭会面。格赛尔要求《华盛顿邮报》自愿同意暂停发表五角大楼文件的报道,等待两三天,让法官来衡量考虑这个案件怎么做。《华盛顿邮报》的律师罗杰·克拉克当场拒绝。他说,《华盛顿邮报》认为,坚持新闻自由的原则比其他一切都重要。

法庭里挤满了旁听的人,包括《华盛顿邮报》的发行人格雷厄姆和报社的其他编辑,还有很多听说以后赶来的好奇的看热闹者。大家都想看看,法官是不是会当场决定给《华盛顿邮报》一个禁制令。

接下来一个多小时,是双方陈述理由。这个时候,《华盛顿邮报》关于五角大楼文件系列的第二期已经开始发排。法官格赛尔一脸严肃。他纠正了司法部律师的说法,说《华盛顿邮报》应该知道这些文件危及国家安全,因为"美国政府这么说"。司法部律师坚持说,政府将文件分类定为秘密,这种分类和定位应该受到尊重,并且说明,本案涉及的问题实质不是对新闻的事前检查,不是宪法第一修正案禁止的"预检",而是这样一个问题:报纸是否允许发表政府机密文件?

司法部律师请求法官格赛尔至少发出禁制令,使《华盛顿邮报》暂停发表,等到《纽约时报》案听证结束,法官古尔芬作出进一步裁决以后。法官格赛尔承认,两家报纸是有竞争的,这里头有一个公平地对待这两家报纸的问题。但是他说,他的决定不取决于这项考虑。

《华盛顿邮报》的律师克拉克请求法官完全根据宪法第一修正案的新闻自由来作出决定,他强调,《华盛顿邮报》认真地检查过文件的内容,确信即使发表它们,国家安全也是得到妥善保护的。他指出:"这个案子涉及新闻界和政府之间关系中的一个重要原则。两百年来,我们国家就是在新闻自由的制度下运作的。现在我们面临两个选择:要么我们继续这样下去,要么我们让法庭介入这种关系。"

当两造辩论处于胶着的时候,克拉克警告说:"大堤正在漏水。"五角大楼文件不可能长期瞒着公众。你不可能永远保持秘密,公众总有一天会知道。

然后,法官格赛尔退到他的法官室里,和他的助手去考虑起草一个决定。这一过程持续了四十五分钟。《华盛顿邮报》的律师和司法部的代表则紧张地在法庭走廊里等待。

晚八点零五分,法官格赛尔回到法庭。他公布了一份六百个词的雄辩的法庭意见。引用了休斯大法官在尼尔一案中的判词以后,法官格赛尔宣布:美国的历史支持宪法第一修正案保障的完全彻底的新闻自由。他批评司法部误用了《反间谍法》,因为《反间谍法》的本意从来也不是要提供一种对新闻界实行"预检"的标准。他指出,法庭没有看到有任何证据证明发表这些文件会危及国家安全。

法官格赛尔表示了他的遗憾,他没有更多的时间来仔细审查这个争议。他警告《华盛顿邮报》说,你们可能会面对严重的刑事指控,但是他说,他不能发出禁制令,尽管这些文件的公开无疑对政府是难堪的,但是不经过法庭详细的听证和检查证据,法庭不能发出禁制令,或者作出判决。

随后,司法部代表紧急要求法官暂时不要公开这个决定,以便司法部向上一级法庭作出紧急上诉。遭到法官格赛尔拒绝。

从《纽约时报》和《华盛顿邮报》在对待发五角大楼秘密文件的再三斟酌中,从法官格赛尔对《华盛顿邮报》的警告中,我们再次看到,美国新闻自由的理念,并不是"无边的自由"。它是有约束的。这种约束,首先来自新闻工作者的职业道德的自律,他们必须自我判定,自己的行为在新闻自由的范畴,还是在伤害国家、等同于伤害民众的刑事犯罪的范畴之内。美国法律为保障新闻自由,规定不能对媒体预检,但是,也不意味着,对于真正伤害国家和民众的违法行为,就不予以惩罚。只是,它是在事后惩罚。而判断的标准,并不是政府的行政分支来制定,也就是说,并不是行政分支在所有不愿意让民众知道的文件上,只要盖上"保密"、"绝密"的印章,就成为法律的依据了,就可以把民众的知情权关在门外,就可以以此惩罚公布它的人了。而是需要独立的司法分支,来对文件本身的内容进行判断。假如这些"保密"、"绝密"的图章,只是行政分支在滥用职权,那么,媒体公布这些信息是合法的。

司法部立即向联邦上诉法院上诉。联邦上诉法院在这个星期五晚上要召集三个法官组成上诉庭,需要一小时四十五分钟。等到联邦上诉法院的法官赖特、罗宾逊和罗勃来到,辩论在晚上九点四十五分开始。《华盛顿邮报》的律师告诉上诉庭,再过四十五分钟,新的一期《华盛顿邮报》就从印刷机上下来了,一旦到了读者手里,"就不是我们能控制的了"。辩论听证进行了四十五分钟。从一开始就很明显,上诉法庭的三个法官,特别是赖特和罗勃,在这个问题上是有分歧的。他们要决定的是,到底是不是应该推翻法官格赛尔的裁定,让司法部有一个机会在下级法庭的进一步听证上证明他们的理由。司法部代表强调,《华盛顿邮报》是"非法占有"五角大楼文件,并暗示法官格赛尔是"滥用裁定权",他要求上诉法庭给政府一个机会。而《华盛顿邮报》的律师则赞扬法官格赛尔的决定是"充分地认识到宪法第一修正案的广泛性"。

三位法官随后退到他们的会议室去商议。而《华盛顿邮报》当天的出报稍微耽搁了一下,在十点四十三分第一份报纸送到了街头。在这期报纸上,报道了根据五角大楼文件而披露的约翰逊总统关于暂停轰炸的决策是怎样出来的。美联社电讯稿也有了《华盛顿邮报》的这一报道,也就是说,几分钟之内,全国几百种报纸都可以得到这一报道了。

而在关起门来的法官室里,三个法官正争论得不亦乐乎。关键是第三个法官罗宾逊的态度。

上诉法院的三个法官里,赖特是一个久负盛名的支持民权的法官,常常被外界评论为"激进法官",罗勃则是一个保守派法官,而第三个法官罗宾逊则是一个温和中立、深思熟虑、小心翼翼的法官。他在上诉庭通常投票支持自由派,和赖特比较一致,但是这一次,他却多了一种顾虑,这种顾虑是程序性的。他觉得,如果司法部没有得到和《纽约时报》案中一样的听证机会,这在程序上就有了疑问。他的犹豫就使得投票无法立即进行,就在这时候,《华盛顿邮报》的星期六版正在印刷机上一份一份地下来。不过他们保持着和法庭记者的电话

《华盛顿邮报》总部

联络,看上诉法庭会作出什么样的裁定。

最后,夜间一点二十分,法官罗宾逊决定投罗勃的票,2∶1推翻法官格赛尔的决定,立即命令《华盛顿邮报》暂时停止。

消息立即通过电话通知《华盛顿邮报》。《华盛顿邮报》新闻室里顿时一片寂静。印刷机开始改版,把五角大楼文件的系列报道的版页换掉,并且重做第一版。

《华盛顿邮报》的律师,这段时间一直在法庭上,也时刻保持和《华盛顿邮报》的联系,现在他们立即意识到,上诉庭的裁决有一个纰漏。因为在上诉庭耽搁的这一段时间里,已经有几千份《邮报》印好并随即送上了街头,这些送出去的报纸是收不回来的。你不可能向读者说,对不起,刚才你买的报纸不算,请退回来。这时候,律师的水平和作用就表现出来了。他们立即向上诉庭发出一个紧急请求,要求对裁决作出澄清:你们说的"立即停止发表"到底是什么意思。

法官们只好马上作出澄清:既然第二期已经上街,这个命令适用于《华盛顿邮报》第二期以后要发表的报道。《华盛顿邮报》的印刷机重新开动,同时把上诉法庭的裁决作为紧急新闻刊登在了头版上。结果是,6月9日星期六的《华盛顿邮报》头版是一种自相矛盾的消息:右边是一条消息说联邦上诉法庭命令停止发表有关五角大楼秘密文件的报道,左边就是一篇这样的报道。

第二天,星期六,三位上诉庭法官略为休息一下以后,要起草正式的法庭意见,为昨晚的裁决作出说明。罗勃和罗宾逊的法庭意见中说,"新闻自由确实重要,但并不是无限制的",既然法庭没有对五角大楼文件做过最起码的检查,怎么可以断定发表这些文件不会危及国家安全?所以,裁决书要求法官格赛尔在下星期一主持一次听证,检查政府一方提出的证据。

法官赖特在反对意见中指责他的同事使这一天成为"美国悲伤的一天"。他尖锐地批评说,美国政府行政分支利用司法程序来压制我们最宝贵的自由。他指责司法部对所谓危及国家安全的说法过于模糊:"仅仅因为有些政府官员把一些资料定为不适合美国人民知情,他们就要求我们向宪法第一修正案背转身去……通过一套官僚分类制度就允许政府压制言论自由,这种做法把我们的传统出卖得实在太贱了。"

就在星期五这紧张的一天,纽约的联邦法庭里,法官古尔芬的法庭从早到晚在为《纽约时报》案听证。这星期,这个法庭已经开了几天,包括关门的秘密听证。法官古尔芬先是要求《纽约时报》把手上的五角大楼文件交给法庭,《纽约时报》的律师坚决反对。法官转而要《纽约时报》提供一份清单,说明手上有哪些五角大楼文件。星期五一开庭,《纽约时报》的律师比盖尔就指出,现在《华盛顿邮报》也开始刊登五角大楼文件的报道,局面已经有了重要的变化,继续禁止《纽约时报》发表报道已经没有意义了。

此话一出,司法部的律师显然一惊,他们不知道《华盛顿邮报》在这一天开始报道五角大楼文件。司法部在华盛顿的人居然就没有通知他们。而《纽约时报》是分分秒秒注视自己竞争对手的动态的,消息分秒不误。

《纽约时报》律师和司法部代表的诘辩从晚上九点五十分开始。双方到这个时候同意,在某些情况下,如果事实证明必须的话,对出版物实施某些约束是可以允许的。但是,《纽约时报》的比盖尔强调,"证明的负担在政府一边",政府必须证明这种危机、这种紧急性,而至今为止政府没有做到这一点。他指出,《纽约时报》决定发表五角大楼文件,这是它的日常操作。

《纽约时报》的华盛顿分部主任福兰克尔用自己几十年的新闻生涯指出,如果绝对不能使用政府规定的"秘密",那么民众就得不到他们想知情的外交、军事和政治报道,"我们的政府和人民之间就不会有一个成熟的交流系统"。他举了大量例子来证明,在美国的新闻报道中,记者极力地搜罗和报道所谓"秘密",政府各部门,军队各军种,甚至总统和国会,都曾经有目的地透露"秘密"给新闻界。这是美国新闻业的正常作业环境。如果政府一标上"秘密",新闻界就不能碰,一碰就要受法律制裁的话,美国的新闻业就不存在了,民众的知情权就名存实亡。

法官古尔芬和他的助手在辩论后连夜起草法庭意见。星期六凌晨两点四十五分，长达十七页的联邦法庭意见公布，完全支持《纽约时报》的行动。在裁决书中，法官古尔芬就像是在给政府上课：

> 国家安全并不是关在堡垒里能得到的。国家安全还依赖于我们这个自由制度的价值。为了保障表达的自由和民众知情的权利，一个不受压制的顽强的无所不在的新闻界，必然会遇到权势方的刁难……宪法第一修正案不仅仅保护社论作者或者专栏作家的意见。宪法第一修正案保护的是信息的自由流动，从而公众可以了解政府及其作为。当今正是困难时期。没有什么是比表达自由更好的安全阀了。在我们的历史上，这是我们制度的守护神。这是我们国家区别于其他形式的政府和国家的主要特点。

法官古尔芬指出，在秘密听证阶段，政府没有提供令人信服的证据来证明这些文件会危及国家安全。针对《反间谍法》，法官指出，《反间谍法》禁止传播国防情报，但是并没有把新闻报道包括在内，《反间谍法》根本就没有提到新闻报道。

与华盛顿的法官格赛尔不同，法官古尔芬仍然延长他的禁制令，给司法部一方有时间去上诉法院上诉。

星期六，上诉法庭只能找到法官考夫曼。法官考夫曼以往是宪法第一修正案的坚定捍卫者，但是他在简短的听证以后说，鉴于"制度性的考虑"，上诉庭一般得由三个法官组成，所以他把禁制令延长到6月21日星期一。

这样一延,《纽约时报》和《华盛顿邮报》就在同时处于几乎相同的位置了。

在华盛顿,法官格赛尔对于上诉法庭把案子又踢回给他、叫他重审很不痛快。本来他想干脆周末就连轴转开庭,却由于周末法院大楼的空调维修,没法用。他和两造律师联系,星期一早早开庭,他本人五点四十五分就到了法院。正式辩论八点开始。

这一次,司法部把一整套五角大楼秘密文件用小车推进了法庭,不过在整个过程中并没有机会去引用其中任何部分。法官格赛尔要司法部把当初将五角大楼文件列为最高机密的人带来,让他来说明为什么这么定。可是司法部代表不得不承认,现在他们找不出当初是谁定的了。不过这一次他们请来了政府和军队部门的证人,来证明五角大楼文件不应公开发表。他们要求这个听证关门秘密进行。法官勉强同意了,但是法官也决定,在随后的秘密听证会上,《华盛顿邮报》的所有被告和几位专门记者可以出席。凯瑟琳·格雷厄姆也出席了听证会。

秘密听证会上,司法部的证人有军队的军官、情报专家等。不过,司法部的官员还是小看了新闻界的记者。每次这些证人举例说明五角大楼文件的哪部分可能涉及国家安全,在场的《华盛顿邮报》的人就飞快地递给他们的律师一张纸条,上面写着哪本书哪一页,或哪本杂志哪一期,这一情报早就为公众了解了。《华盛顿邮报》的律师后来说,他们那天深受教育。

在一名前中央情报局人员作证,证明发表这套文件情况将多么严重之后,法官格赛尔表示他不相信,他要求负责美国作战计划的将军前来法庭作证。他说:"假如有人以为这是我们的作战计划,我真心希望人家这么认为,因为这些东西早就过时了。"

《华盛顿邮报》的记者在听证会上作证,用亲身经历告诉法庭,他们的职业生涯里,所谓"秘密"是怎么来的,他们是怎样来处理这些"秘密"的。他们告诉法庭,记者和编辑对"秘密"的性质作出的判断,比之政府官员对文件的分类更符合实际。真正危及国家安全的"机密",其危险状态通常只有几个小时或者几天,过后虽然还被看作"秘密",但是实际已不会危及国家安全了。著名记者罗伯茨说:"在新闻界和政府之间,有一种,从来就有一种,而且始终必须有一种内在的冲突机制。这是我们制度中的一种制约和平衡机制。"

到傍晚五点以前,法官格赛尔稍事思考以后,带着一个讲话提要,发表了十二分钟口头裁决。他指出,没有证据证明,发表五角大楼文件会破坏外交关系,会引起武装攻击美国,会引起武装攻击美国的盟国,会引发一场战争,会毁坏军事或防卫计划,会破坏情报作业,会破坏科研或技术资料。他说,司法部可能忘记了,"公众的利益和政府的利益紧密不可分割。公众的利益是要求发表这些文件的"。

法官还指出,和政府活动相比,"宪法第一修正案高于一切"。

到下午四点四十分,法官格赛尔告诉司法部的代表,你们还有二十分钟提出上诉。上诉庭的法官还在楼上。

这名格赛尔法官曾经是《华盛顿邮报》老板夫妇的朋友,当时的老板还是凯瑟琳·格雷厄姆的丈夫菲尔·格雷厄姆。格赛尔在困难的时候,菲尔·格雷厄姆解雇过他。他们后来一直没有来往。多年以后,在格赛尔法官退休之后,他对凯瑟琳说,假如我要在自己的墓碑上刻点什么的话,我可以说,在听证过"五角大楼秘密文件案"的二十九名法官中,我是唯一的一个,一分钟也没有禁止报纸出版。"作为唯一的一个,我有点自豪。"

司法部的代表立即冲到楼上上诉法庭。两个小时以后，上诉法庭发布一条决定，定于明日下午两点，上诉法院的全体九个法官将听取两造辩论。在此以前，《华盛顿邮报》禁止发表五角大楼文件。

与此同时，纽约的联邦第二巡回法区上诉庭三位法官决定，《纽约时报》案将于星期二下午两点由上诉法院的全体八名法官听证。在此以前，临时禁制令仍然有效。

就这样，美国新闻界的两大报纸，将由十七位联邦上诉法院的法官，在纽约和华盛顿两地，同时举行听证，以决定它们和政府就新闻自由与国家机密的对抗，谁胜谁负。

下次再把这个故事讲下去吧。

祝好！

林　达

终于到达最高法院

卢兄:

我再接着讲下去。

就在两大报这场风波开始的时候,其他报纸也在蠢蠢欲动。他们的想法其实和《华盛顿邮报》是差不多的。他们不甘被同行甩在竞争的后头。

《波士顿环球报》是一家历史悠久的报纸。波士顿是美国历史最为悠久的城市,有哈佛大学和麻省理工学院等名校。艾尔斯伯格是以波士顿为基地活动的,因为这儿有着他所需要的自由派气氛,"知音"比较多。《波士顿环球报》最早从艾尔斯伯格的谈话中得知五角大楼秘密文件的事情,也是最早在他们的报纸上公开提到这套文件的。但是他们做梦也没想到,艾尔斯伯格会复印这套文件,自己就有这么一套,而且愿意让媒体把它捅出来,所以他们从没有下工夫去从当地的艾尔斯伯格那儿弄这套文件。首先报道五角大楼秘密文件的,是纽约和华盛顿的报纸而不是波士顿的报纸。没有"近水楼台先得月",这让《波士顿环球报》的编辑记者们耿耿于怀。

等到《纽约时报》和《华盛顿邮报》都开始五角大楼秘密文件系列报道,《波士顿环球报》疯了似的开始找艾尔斯伯格。可是这个时候,艾尔斯伯格知道联邦调查局迟早要来找他,已经转入地下,不知去向了。《波士顿环球报》的记者在一切可以联络到他的地方留下口信。终于,艾尔斯伯格回应了。又是通过小心翼翼的复杂安排,完全像职业间谍一样,《波士顿环球报》终于得到了一千七百页五角大楼文件复印件。

文件送到《波士顿环球报》的时候是6月21日星期一下午五点,《波士顿环球报》已经决定立即开始报道。当夜的版面截稿时间是夜间十一点,也就是说,只有六个小时了。《波士顿环球报》组成了突击专题组,其中有刚从越南回来的战地记者V. 斯托林。在用这些材料准备文章的时候,他们仔细地阅读了内容,小心地删掉了一两个细节,以防止发生危及"国家安全"的事情。在这整个过程中,《波士顿环球报》内部没有为应该不应该发表的问题产生过任何分歧,发表是大家一致同意的。不过,编辑部还是预先把自己的律师招来,以防任何可能的问题。

《波士顿环球报》的报道正在印,主编读到合众国际社的一篇电讯,说联邦调查局正在坎布里奇调查五角大楼文件可能的隐藏地和复印的地方,吓得他们把所有资料打成一包,放在一辆汽车的后座厢里。他们估计,报社办公室是早晚会被联邦调查局光顾的。

果然,清晨五点,《波士顿环球报》总编室接到联邦司法部副部长的电话,问《波士顿环球报》是不是还会继续发表五角大楼秘密文件，回答是肯定的。几个小时以后，司法部长米歇尔亲自打电话给主编。对话是非常客气的：

司法部长：看来你们《波士顿环球报》也在行动？
主编：是的，您可以这么说。我们确实把它印出来了。
司法部长：《波士顿环球报》是不是可以"在自愿的基础上"，暂停发表五角大楼文件呢？
主编：不。我们不能这样做。

软的不成，司法部长只好来硬的，告诉《波士顿环球报》，司法部将把《波士顿环球报》告上法庭。

6月22日上午，《波士顿环球报》的律师和司法部代表都被招到位于波士顿的联邦地区法庭。联邦法官朱里安问《波士顿环球报》的律师，如果《波士顿环球报》拿了五角大楼文件而几年之内不发表，对《波士顿环球报》有什么伤害没有？律师回答说："没有伤害，但是发表不发表，事关原则。"

法官认为，鉴于发表五角大楼文件有潜在的危险，下令《波士顿环球报》把五角大楼文件交给法庭保管，在星期五法庭进一步听证以前，暂停发表。

这个命令叫《波士顿环球报》大为震惊。《纽约时报》和《华盛顿邮报》从来没有接到过法庭这样的命令，从来没有交出过一页他们拥有的资料。而交出这些复印件，就可能暴露资料的来源。尽管艾尔斯伯格自己是打算早晚坐牢的，但是新闻界暴露资料来源是一件对名誉伤害极大的事情。《波士顿环球报》拒绝这样做。他们到法庭据理力争。法官最后同意他们不交出来，但是命令他们把文件复印件放在银行保险柜里，只有两个主要负责人掌握钥匙。

在五角大楼文件风波的全过程中，《波士顿环球报》受到的法庭命令约束是最重的，《波士顿环球报》在此后的司法程序中没有站到聚光点上，因为《纽约时报》和《华盛顿邮报》对司法部的案子，正在迅速展开，早晚会由联邦司法分支的最高法院作出裁决。

与此同时，在另一个大城市芝加哥，同样的事情也开始了。当地报纸的传统是，日报的第一版在前一天黄昏时分上街，而晚报的第一版则在当天上午上街。所以，6月22日星期二傍晚，23日的《芝加哥太阳时报》上街，报道了五角大楼文件。《芝加哥太阳时报》也想联系艾尔斯伯格，弄一套五角大楼文件，但是始终没有成功。在没有一套正宗文件在手的情况下，他们作出了自己的调查和资料搜索，利用已经发表的，公开途径可以得到的资料，独立地报道了五角大楼秘密文件的内容。

此外，位于波士顿的《基督教科学箴言报》以及其他十几家报纸，都加入了发表五角大楼秘密文件的行列。从而使得五角大楼文件一案不再是《纽约时报》和《华盛顿邮报》与司法部的对峙，而是美国整个新闻界对政府的一场总体对抗。

1971年6月22日星期二下午两点，在华盛顿、纽约两地，联邦上诉法院同时开庭，两地上诉法院全体法官到齐，听取《华盛顿邮报》和《纽约时报》与司法部的辩论听证。

这成为全国最引人注目的新闻。司法部方面自然能感觉出来，尽管越战还在进行，民众的情绪却不在他们这一边。所以他们摆出的姿态就是，他们是在尽自己应尽的职守。

在纽约的联邦第二巡回法区上诉法庭,司法部的西慕尔代表政府一方,向法庭递交了陈述。他说,本案向上诉法庭提出的问题其实就是一个:"报纸得到了失窃的对国家防卫至关紧要的高度机密文件以后,是不是就可以随心所欲地自由发表它们?"或者说,问题就是:"出于保护国家机密的目的,是否可以禁止报纸发表这样的军事和情报机密?"

而《纽约时报》则反驳说,本案涉及的根本不是这样性质的问题。本案提出的是,报纸在宪法第一修正案之下的特权"高于国会,高于行政当局,也不受司法的剥夺"。

司法部代表西慕尔则强调,有国家就有机密,美国从一诞生就有机密,而保护这种机密是政府的责任。他引用了休斯大法官的尼尔标准,禁止报纸发表涉及"军舰起航日期和目的地"的新闻,而这就是"机密",机密是存在的。他说,政府方面的证人在法官古尔芬的法庭上已经证明,五角大楼秘密文件中有一些信息是会危及国家安全的。

他批评法官古尔芬没有认真对待这一点,没有能够彻底检查文件里的信息是不是可以发表。也就是说,批评法官没有彻底检查司法部提供的总共四十七卷五角大楼秘密文件。

《纽约时报》的律师比盖尔递交了八十三页长的陈述,以及一份备忘录,用来证明在法官古尔芬的法庭上,政府方面的证人没有能够证明五角大楼文件里的任何部分是不可发表的。比盖尔引用了最高法院大法官伯格的话,"一个自由、开放的社会选择承担风险来保证表达不受禁止"。

《纽约时报》的陈述还在技术性的用词上做文章,说《纽约时报》并不拥有失窃的政府财产,它手里只有"从不公开的途径得到的文件复印本"。《纽约时报》还指出,《反间谍法》从来就只针对通常意义的间谍案,从来没有用于针对新闻和出版。举例来说,前总统约翰逊就在某年某月某日的电视实况采访中谈了一个问题,读了一段政府文件里的话,而这份文件现在就包括在五角大楼文件里,并且毫不例外地列为高度机密。难道你能用《反间谍法》来指控约翰逊总统吗?

《纽约时报》的陈述还回顾了 1917 年国会通过《反间谍法》的情况。原来的法案文本中有一条,是授权总统在战时有权禁止发表和交流被认为能被敌方利用来危及国家安全的消息。这一条在国会通过以前给删除了,因为国会认为这一条款就相当于政府有权对新闻界施加"预检"。在 1953 年和 1957 年,有人想把《反间谍法》扩大到新闻界,都遭到了国会的拒绝,认为这是宪法所不能接受的。因此,《纽约时报》指出,"司法部的检察官没有权力做国会拒绝的事情",因为司法部只是执行机构,只有国会有立法权,司法部应该而且必须依法行事。

在法庭上,还有一些民间组织出席并向法庭提供被称为"司法之友"(amici curiae)的陈述。这是美国上诉法庭和联邦最高法院的常用做法,就是在一项有争议的案件辩论以前,邀请民间中立的专家学者,就此法律问题提供意见,让法庭尽早掌握这一冲突背后的法律问题及其来龙去脉,以便作出最"聪明"的判决。

这一次,提供司法之友陈述的全部是站在《纽约时报》一边的组织:美国公民自由联盟,全国紧急公民自由委员会等等。他们的陈述说,政府的权力不能超越宪法第一修正案对新闻自由的保护。下级法庭的临时禁制令已经伤害了美国人民的利益,因为这个阶段国会正在辩论反战提案,美国民众没有得知他们有权知道的信息。

在法庭辩论阶段,西慕尔表现出他的雄辩能力,他侃侃而谈且通情达理,引着八位法官的思路跟着他走。他说,在他担任这一辩论任务的时候,他知道这份工作不得人心,他能感觉法庭里的记者们明显的敌意,在走进这个上诉法庭的时候,他听到了人们的嘘声。他请求法庭考虑,五角大楼文件是失窃的政府财产,是通过政府雇员的违法失信才来到《纽约时报》手里的。

西慕尔提出,政府方面愿意组成一个专题组用四十五天时间来检查五角大楼秘密文件,以确定什么是可以公开发表的,什么是不能公开发表的。然后,在法官的鼓励下,他提出了一个程序,说如果《纽约时报》要发表这套文件,应该的做法是:向国防部申请发表五角大楼文件的许可;或者发表文章敦促国防部将文件解密;或者根据《联邦信息自由法》要求国防部递交特定文件给报社发表。

《纽约时报》的律师比盖尔运气似乎不太好,上诉法庭的首席法官富莱特利(Friendly,英语意思是"友好")似乎对《纽约时报》并不"友好",时时打断比盖尔的话,要求解释。比盖尔尽可能地为《纽约时报》辩护,他的最有力的依据很简单:这是一件涉及宪法第一修正案的案件。

《纽约时报》一方,看着法庭的听证过程,根据法官们的态度,预感到此案裁决前景不妙。

在华盛顿哥伦比亚特区联邦上诉法院辩论《华盛顿邮报》一案,形势刚好相反,看上去对《华盛顿邮报》有利。在上诉法院的九个法官中,自由派法官只是微弱多数,但是这个上诉法院位于首都,是接触这类涉及联邦政府当事人的案子最多的上诉法院。考虑到此案在首都的重要性,司法部长亲自点兵,要联邦总检察长格列斯沃特亲自担任司法部一方的代表。

格列斯沃特的职位就是代表联邦司法部在重要司法程序中出庭。如果上诉到最高法院的案子中有一方是美国政府行政分支，通常就是由这位格列斯沃特做代表。所以，他肯定是一个善辩的人。同时，他还是一个十分注意举止和细节的人，是一个十九世纪式的老派人物。当他接到司法部长电话的时候，离开庭只有三个小时。根本来不及准备，但他还是临危受命。他只有时间给妻子打一个电话，要妻子立即送一套黑西服黑皮鞋和深色领带到办公室，以便符合上诉法庭出庭的气氛。

《华盛顿邮报》和司法部在上诉法庭的陈述，双方的理由几乎和纽约的对阵一模一样。政府方面坚持，新闻界手里的五角大楼秘密文件是"失窃"的政府财产，而政府没有义务来证明什么是应该保密的。而《华盛顿邮报》方面则坚持，新闻界得到新闻，能不能发表，是不是会危及国家安全，由新闻界自己来判断，而不是政府方面说了就算。否则，政府方面大笔一挥，文件都盖上保密章，新闻界就无可奈何的话，新闻自由就没有了，民众的知情权就被剥夺，而这是违反宪法第一修正案的。

《华盛顿邮报》的律师还告诉上诉法庭，在美国，政府方面想这样单方面保守秘密，不仅不合法，而且是做不到的。报纸得到消息就有权发表。事实上，就在这些日子里，全国大大小小的报纸都在报道这个案件，也在报道五角大楼秘密文件的内容，政府不可能让这些报纸全部封嘴。

司法部代表格列斯沃特则坚持，政府方面有权保护行政工作的完整性。他举了一系列例子来说明，并不是拿到东西就有权发表的。比如海明威失窃的手稿，如果你发表了那就是违反了版权法；英国维多利亚女王的照片也不能随便发表。他也提出了政府方面的提议，给政府四十五天时间来决定什么是可以发表的，什么是不可以发表的。

《华盛顿邮报》的律师坚决反对这种"一切都经过政府的手"的规矩。他说，"新闻界必须可以自由地用它们认为最好的办法来探明真相"，"现在是让新闻的机器重新转动起来的时候了"，如果照政府的规矩办，那么民众不到战争结束是不可能知道战争真相的。

经过两个小时的公开听证，法庭转入秘密听证，以听取涉及机密内容的证据。到晚上，华盛顿和纽约的联邦上诉法院不约而同作出继续延长禁制令到明天的决定。

第二天，华盛顿的联邦上诉法庭继续开庭听取证据。然后法庭休庭长考，准备裁决。两地法庭做过一次不寻常的联系，约定在差不多同时公布法庭的意见。不过，到底是什么意见却是无法约定的，因为两地上诉法庭都必须经过法官个人投票来决出最终的意见。

两个地方的联邦上诉法院的十七位法官，知道自己身上责任重大，在下判断的时候都有点犹豫。上诉法庭比起下级法庭来，更多地考虑程序性问题和合宪性问题。根据他们对宪法及其修正案的理解，他们都不愿担当"预检"和压制媒体的责任，他们知道从理论上讲，在美国的法律传统下，新闻业是有特权的。消息到了报社手里，那就是报社的事情，政府要保密，只能小心管住自己的文件。但是，他们从直觉出发，又觉得五角大楼文件是从政府那儿"偷盗"出来的。

在这样的情况下，保守派的法官倾向于在这个具体案例里，对新闻界实施禁制令；而自由派法官则倾向于解禁，即肯定下级法官古尔芬和格赛尔已经作出的裁决。

在纽约的第二巡回法区上诉法院的八个法官中，保守派和自由派法官是一半对一半。如果投票结果是 4：4，按照程序将自动认可下级法官古尔芬的裁决。可是，自由派一方的曼斯菲尔特法官却对此结果感到不够妥帖。他在法官中沟通，最终达成一项妥协。第二巡回上诉法院以 5：3 作出一项法官们个人不签名的意见书。这意见不是对《纽约时报》发出禁制令，而是将案子退回古尔芬，要求古尔芬举行新的秘密听证，审查司法部一方提出的证据，以再次确定到底有没有什么信息确实是发表了会危及国家安全的。意见书说，到 6 月 25 日星期五，除了司法部一方在古尔芬法官的法庭上提出禁止发表的文件以外，其余任何部分，《纽约时报》可以随意发表。这个裁决肯定了至今仍有效的对《纽约时报》的禁制令，其含义对政府一方是有利的。

首都华盛顿的联邦上诉法院的九个法官，他们在裁决中经常发生严重分歧，这已经是家常便饭了。可是，这一次却相当一致地支持下级法官格赛尔所作出的对《华盛顿邮报》有利的判决。他们在裁决书中指出，司法部提出的理由，按照尼尔标准的衡量，不足以证明对报纸的禁制令是正当的。但是，上诉法院的裁决中同意将现有禁制令再一次延长，以便司法部有时间向联邦最高法院上诉。

6 月 24 日星期四，《纽约时报》向联邦最高法院提出上诉，要求审查第二巡回法区上诉法院的裁决。几乎与此同时，司法部也向联邦最高法院上诉，要求推翻华盛顿的联邦上诉法院的裁决。

联邦最高法院一反常态，迅速作出了反应。6 月 25 日，经由五位大法官提议，联邦最高法院宣布将接受这两个上诉案，回答所有人都关心的新闻自由对国家安全的问题。

当 6 月 25 日星期五最高法院宣布接受这两个上诉，两案并一案来作出裁定的时候，正好也就是上诉法庭所裁定的时间线，即由司法部提出五角大楼文件中不可发表部分清单，然后报纸可以发表任何其他部分。

这时候，《纽约时报》和《华盛顿邮报》就面临着一个十分棘手的问题：他们要不要按照这一要求，照着司法部提出的清单，剔除清单中列出的任何内容，然后继续发表五角大楼秘密文件中余下的内容？

对《纽约时报》来说，还有一个实际操作的问题。因为他们是经过几个月的准备，十期五角大楼文件报道已经全部完成，现在他们就得逐字逐句地检查，报道里是不是有哪句话、哪个说法，是包含在司法部提出的清单里的。而这样的检查不仅费时费力，而且还十分危险，弄不好就真的是"泄密"而且讲不清了。

如果不接受这个条件，那么两家报纸在法庭上说的，公众利益要求立即发表他们得到的新闻，不应该拖到事件结束之后，这样的诉求就显得言不由衷了。既然在法庭上表示急着要发表，现在为什么不发呢？

尽管上诉法庭的裁决说得很清楚，这是针对五角大楼秘密文件所作出的临时方案，就事论事，下不为例。可是，这个困难的决定仍然涉及此案一个最关键的问题：媒体在得到一件新闻或资料的时候，它是不是危及国家安全的机密，是不是能够发表，应该由谁来说、来判断。这是政府一方和报社一方真正的分歧。而此案的意义在于，这是一个开先例性质的案子，这个案子的结局就是将来媒体面临如此问题时的游戏规则。

如果接受这种安排，无异于说，机密不机密，政府说了算。尽管现在司法部将提供一份清单，也许只是这套文件中的一小部分，很多盖着机密或绝密章的文件不在清单里，允许发表。但是将来，当媒体得到一条新闻或一份内部消息的时候，并没有这样的清单可供参考，那么它唯一能够遵循的就是政府部门对此信息的保密分类,如果列为机密,你就不敢发表了。也就是说,这个安排无异于立下了新闻发布由政府说了算的规矩。

这样的安排,从美国人的政治传统眼光来看,就是一种"预检",就是由政府单方面地无可抗争地确定了什么不可发表。

而原来报社方面一直坚持的是,能不能发、该不该发,媒体有权自己判断,媒体也有能力自己判断。从媒体和美国民众的角度来说,政府对自己的文件的保密分类,是为了政府自己的运作,他们可以根据这种保密分类来控制信息在政府内部的流通,控制信息传达的范围。这可以,这是政府内部自己的事情。但是用这种保密分类来约束民众的知情权,这就超越了宪法规定的政府权力和民众权利的分野。

所以,这个时候的决定,看上去只是退一小步,其实却等于把整个诉求完全推翻了。

《纽约时报》的罗森塔尔看到了这一点,坚持"原则",表示拒绝。他说,《纽约时报》永远不会接受由政府官僚来选择什么可以印在报纸上这样一种规矩,即使这是一个暂时的规矩。罗森塔尔声明:"有条件地发表新闻,我们不会这样做。"

《华盛顿邮报》一方一开始觉得,既然司法程序还在进行之中,最后的游戏规则还有待最高法院裁决,既然这是一种临时安排,那么要是在符合司法部清单的条件下,报社仍然可以发表五角大楼秘密文件中具有实质性内容的报道,鉴于公众有权知道这些内容,报社应该认真考虑接受这一安排。

谁知道,星期五下午五点,在规定的时间内司法部把这份清单交给两家报纸的律师的时候,这个困难的问题很容易地就解决了。

司法部以政府部门一以贯之的态度开出了一份庞大的保密清单，这份清单等于向美国人民证明：如果一切由政府说了算，一切必须经过政府鉴定才可以发表在报纸上，那么，新闻自由就确实是完了。

司法部的这个清单是如此庞大繁复，覆盖了五角大楼秘密文件的大部分内容。《纽约时报》已经准备好的十期报道，如果按照这份清单的话，就会被割得所剩无几，除了一些妇孺皆知的鸡零狗碎，剩下的都是禁止发表的。

更糟糕、也是更意味深长的是，司法部规定这份清单是机密的，只有以前由于工作需要而通过了国防部背景调查的记者编辑才能够看到这份清单，当然更禁止发表这份清单了。一般记者编辑根本不被允许了解这份清单的内容，也就不能参与下面的工作。

原来还打算和政府合作的《华盛顿邮报》的布莱德利，在和三位律师商量以后，不得不宣布："这样一份庞大的清单，使得我们在时间允许的条件下，就算我们愿意印，事实上也没有能力去决定什么是可以印出来的。"

这两家报纸居然都不合作，而且都责备司法部。司法部的反应是恼怒。司法部发表声明说：司法部曾经一再地要求报社向法庭公布他们手上有哪些五角大楼文件，这两家报纸都予以拒绝。如果他们向法庭公布他们手上有什么文件，他们打算发表什么文件，那么，我们司法部会负起这个重担，来逐条告诉他们什么是可以发表的，什么是不能发表的。可他们不肯公布，现在又反过来责备，说是司法部让他们的工作没法做。

在这个具体冲突上，最集中地表现了政府和报社对于民众知情权的理解有多大的差距。看起来好像大家都同意，危及国家安全的机密是不应该公开发表的,然后双方都要求由自己来判断什么是机密。而对机密的判断,政府方面和媒体方面的着眼点完全不同:政府方面是,只要有可能是机密就一定是机密,只要有一部分是机密就全是机密,只要有一刻是机密就长久是机密;而媒体方面是从民众的眼睛来看的,只要民众知道了不会出大事的就不是机密,民众有权知道的就不是机密,需要保密的那一刻过了就不是机密。

问题在于,所谓保密分类标准在政府体制中到底是怎么一回事儿,只有弄清了这个问题,才有可能考虑民众和新闻界对这样的保密分类尽什么义务、受什么约束。

在美国明确要求人们接受约束的,只有法律。而根据美国政府权力体制的三权分立原则,只有立法分支国会才有权立法,而对法律的解释和强制执行标准的解释,由司法分支即法庭通过判案来进行。在日常生活中执行法律的人,也就是政府的行政分支,是没有权力立法的。立法和执法分开,是一个非常重要的原则。如果执法者也立法,双重权力集于一身,万一滥施权威,民众就没有活路了。

而政府部门的保密分类标准,从来也不是国会确立的,也没有经过法庭来鉴定判断是否合理。保密分类标准在历史上是通过总统的行政命令确立的。1953年11月5日,艾森豪威尔总统发布行政命令10501号,命令对行政分支下属机构的文件实行保密分类。

由于这种保密分类是行政分支内部的作业,不受立法分支的制约,也不受司法分支的制约,很快就在行政分支的官僚权力机构里滋长成一种惯例性的规则,分类越来越广、越来越严、越来越官僚气。人们为了避免负责任,为了自己的小算盘,在种种难以避免的心态下,几乎把一切文件都列为保密。而且,这是一个方向的倾斜,工作人员互相之间借鉴保密趋严的榜样,没有人会开先例放松标准。保密最过分的是军事系统和情报系统。国防部下属的军事人员,甚至不信任上级文官,不信任政府的律师,经常企图向他们保密。在要求军人严格服从文官政府的美国,这种保密观念是违反美国人的国家权力观的。

所以可以说,行政机构内的保密分类制度是行政分支自己发展出来而没有受到制衡的一种内部用权。

政府行政官员的保密观,和美国政治生活中的开放性、司法程序中的公正性必然产生冲突。在五角大楼文件案的过程中,司法部一边在法庭上辩论保密问题,一边继续用自己的保密惯例和新闻界发生冲突。

最有戏剧性的一幕是6月20日星期天夜里,《华盛顿邮报》的律师格林顿向司法部索取第二天司法部将出示法庭的证言。按照法庭的规矩,任何一方向法庭提供的证据、证言和证人名单,必须预先告之对方,以便对方有准备做反诘。证据向对方公开,这是美国人妇孺皆知的司法规则。可是这次司法部却说不行,因为他们的证人写的证言里有机密内容。格林顿只好向法官格赛尔提出来,格赛尔立即命令司法部向对方律师公开证言,否则这些证言法庭不接受。司法部没办法,就要格林顿到司法部来,在办公室里阅读这些证言,但是不能把证言带出房门。他读的时候,有联邦调查局的两个彪形大汉在一旁看着。

格林顿打算妥协,不带就不带,但是他要做一点摘记。突然,助理司法部长马甸冲进来,说不允许做摘记,因为这是保密的。格林顿说这不行,不做摘记我没法记住,没法做反诘准备。马甸却坚持阻止他做笔记。最后,格林顿只好用打架来威胁了,他对助理司法部长说:"这笔记我是非做不可,而且做了一定带出去。这位特工先生比我高大,比我年轻,他一定会来阻止我,我一定会跟他打起来,我一定给打个鼻青眼肿。明天,我将包着绷带站在法庭上。我将把我今天的经历如实告诉法庭。我将告诉他们,司法部把我这个辩护律师打了一顿!"

这个威胁起了作用,因为如果真的发生这样的事情,司法部的官司就不用打了。助理司法部长最后还是派助手来,要格林顿以个人名义担保,不泄露摘记中的国防部机密。

连法官格赛尔本人也遇到类似情况。他在读这套文件时,两个穿着制服、配着枪的人来取材料。说他这里没有安全措施。法官没有给他们,说你们要守在这里一个晚上可以,我反正不给你们文件。结果,那两个人还是走了。

在最高法院开庭前,司法部提供的关于五角大楼文件中不能公开的机密清单,是如此庞大广泛,连准备代表司法部出庭辩论的格列斯沃特也感到过分,而且对这种过分的保密分级表示厌恶。

格列斯沃特担心,这样广泛而庞大的保密清单会让他在最高法院的辩论中很被动,辩不赢,所以在做准备的时候他打算亲自过问这件事,亲自来检查删改这份保密清单。他要求助理司法部长送一套五角大楼秘密文件到他的办公室。他马上发现,他不吃不睡也得要十个星期才能把这四十七卷文件读一遍。他只好命令把司法部制订清单的人叫来,向他说明,司法部交出去的清单是怎么定的。

结果就来了三个负责官员,轮流向他逐项解释,为什么这些文件必须阻止新闻界发表,发表了会有什么后果。

格列斯沃特发现,根据他的判断,其中大多数文件,如果发表了的话,会引起政治上的为难,也就是说,会让美国政府行政当局面子上不好看，但是可以肯定，并不会危及国家安全。格列斯沃特认为，显而易见，五角大楼文件在保密分类的时候是过分了，而司法部在制订清单的时候也过分了。他不顾司法部长的反对，坚持削减清单，把四十一项减少为十一项。

最有讽刺意味的是格列斯沃特在为最高法院法庭辩论做准备的时候，先和自己方面的保密官员干上了。国防部安全保密官员提出来，格列斯沃特的秘书保密级别不够，不能接触他写的陈述。他们说，格列斯沃特不能让他的秘书为他打字，他们会另外找一个人为他打字。格列斯沃特是一个特别讲究绅士风度的人，这下也气得对保密官员大叫"滚出去"，并且通知保密官员的上司说："美利坚合众国总检察官办公室将不接受你们的指导。"

可是，保密官员还是形影相随地盯住他们认为的机密。当格列斯沃特按照法庭程序把自己的陈述交给最高法院书记官的时候，他们竟想冲过来阻止，因为在他们的眼睛里，这书记官只不过是又一个保密级别不够的人。在格列斯沃特的助手把陈述交给《纽约时报》和《华盛顿邮报》一方的律师的时候，他们又几乎要冲上来阻止了，因为在他们的概念中，这些律师几乎就是"敌方"，怎么可以把机密交给他们。

事实上，这些保密官员确实是尽心尽责。后来，最高法院法庭辩论一结束，保密官员们就冲到双方律师分别坐的地方，企图把桌子上的文件抢到手，因为这些文件是绝密的，应该妥善保护。

不过，最高法院对此可没有这种感觉。6月26日星期六早晨，在最高法院开庭以前，格列斯沃特代表司法部向法庭提出动议，鉴于此案涉及国防部和司法部的机密，要求最高法院闭门进行秘密听证。这个动议在提出以前没有告诉《纽约时报》和《华盛顿邮报》一方,因为他们认为提出这个动议也是保密的。不过,大法官们不管这一套。最高法院一开庭,首席大法官伯格就宣布,司法部要求秘密听证的动议,已被最高法院以6∶3否决。

最高法院开始听证了。

在最高法院出庭辩论的律师,代表《纽约时报》的是比盖尔,代表《华盛顿邮报》的是格林顿,代表司法部的是格列斯沃特。

四十六岁的比盖尔是一个学者型的律师,他在哈佛大学和耶鲁大学都学习过也教学过,是一个数得上的宪法学专家,而对于他这样的宪法学专家来说,能够出庭最高法院辩论一个宪法问题,是职业生涯中的一件大事,就像一个军人有了一次真刀真枪打仗的机会一样。当《纽约时报》被自己原来的律师事务所拒绝辩护、万般无奈找到他的时候,他就知道这案子早晚是要打到联邦最高法院的。而最高法院已经让他给研究得透透的了,他的专业就是这个。所以他后来会说:"我在最高法院比在任何其他法庭都感到自在,因为那儿就像我的家一样,我的一生就和最高法院紧密相连。我知道它的历史,我知道那里的人。最高法院是我对这个制度最关心的地方。"

同样,代表司法部的总检察官格列斯沃特也是一个学者型的老牌法律专家。当他今天的对手比盖尔才九个月大的时候,格列斯沃特就已经进入哈佛大学法学院了。他担任过哈佛法学院院长长达二十年,在这二十年里,比盖尔曾经是哈佛大学法学院的学生。也就是说,他们还是师生关系。六十七岁的格列斯沃特在法学界德高望重,拥有二十一个荣誉学位,是美国民权委员会的成员,是法学界公认的最出色的宪法第五修正案专家。他是政府官员,但是他以正直出名。他在司法部的任务就是代表政府行政分支出庭。但是，他也曾经有几次，出于自己的法律专业的原则，不认同政府的立场和观点，拒绝在政府一方的案件陈述上签字，拒绝代表行政分支出庭辩论。

相比之下，代表《华盛顿邮报》的格林顿出身于美国小镇，是一个风格大众化的律师，凭着勤奋努力一步步进入纽约最著名的律师事务所。他在法庭上的风格是直截了当。

在书面的陈述中，三方重复了他们各自在上诉法庭的理由。

格列斯沃特在陈述中承认，现在司法部不像几天前在低级法院那样，要完全阻挡新闻界发表五角大楼秘密文件，现在只要求法庭发布一个相当狭窄有限的禁制令。特别有意思的是，他第一次公开让步说，这些资料的保密分类和新闻界是怎么弄到手的，这些问题已经不是法庭要决定的至关紧要的因素了。也就是说，司法部承认，保密分类是政府行政机构内部的事情，新闻界不受这种单方面分类的约束，不是你盖一个保密章，我就无可奈何不能发表了。并且，报纸是怎么弄到这些保密资料的，是偷来的还是捡来的，这个问题和报纸能不能发表也没有关系。这不能不说是一个很大的让步。

格列斯沃特还承认，在这个领域里，版权法不适用。政府行政机构不能独占这些用纳税人的钱编制的文件的"版权"，也不适用古老英国法中皇室专用版权的法律。

但是，格列斯沃特指出，此案中涉及的文件，存在对国家造成巨大伤害的可能，所以以往禁止对报纸实行"预检"，政府只能在报纸发表以后寻求事后惩罚，这样的规则对此案没有意义。因为事后即使政府寻求惩罚，对国家的伤害却已经造成。政府必须防止这种伤害发生。

《纽约时报》的陈述主要是根据宪法第一修正案对"事前约束"

的概念提出强烈质疑。比盖尔指出，总统和行政分支在文件保密上有权建立和实行内部规则，有权指挥调动政府的资源来保护政府的秘密，但是，国会从来没有立法让行政分支用"事前约束"的办法来对付新闻界，用"事前约束"新闻界来防止泄露秘密。比盖尔承认，在极特殊的情况下，事前约束是可能的，那就是在发表某些新闻必然会造成灾难的情况下。这种情况必须是，可能性非常大，几乎是确定无疑会发生，发表和灾难之间的因果联系必须是直接的。可是，他接下来就指出，两个低级法庭的法官，和两个上诉法庭，都没有在五角大楼秘密文件中发现这样的特殊情况。

比盖尔指出：新闻界和政府之间，是一种奇怪的互相依赖的关系，有时候合作有时候对抗，在以往历史上一直是这样。这种关系不是非常清晰有秩序的，没有成文的游戏规则，甚至没有明确的规则，这方或那方常常会不满意。而在这种双边关系中，政府是强大的，而新闻界只有宪法第一修正案所保证的力量。要保持这两者的平衡是不容易的。对新闻界的压制和削弱，最终必然伤害到宪法第一修正案。

《华盛顿邮报》的陈述直截了当地揭示了司法部的失误，指出司法部在此案进行中的立场和诉求不断在变，一开始甚至要引用《反间谍法》，而国会在1950年对《反间谍法》的修正案中，明确点明，不能用此法案来限制和"预检"新闻界。

最高法院的听证过程虽然不经电视或电台转播，却从来就是公开的，公众不论什么身份，都可以去旁听，一百七十四个旁听席，按照先来先占的原则分配。6月26日星期六早上六点，最高法院大楼前已经排了一千五百个人，都想有机会进去一睹这个历史场面。连一直在最高法院门口摆摊卖明信片纪念品的妇女，也放弃这个做生意的好机会，排到了队伍里。

最想亲眼目睹这一历史场面的人，其实是此案的始作俑者艾尔斯伯格，可这个时候他还不能出现。他已经转入地下生活，他在五角大楼秘密文件泄露中所起的作用，早已不是秘密。联邦调查局在找他。他并不想永远地逃避联邦调查局，他从一开始就打算承担自己"个人的责任"。艾尔斯伯格才是个狂热的爱国者，他认为为了结束越战，为了改变国家的对越政策，坐牢是值得的。他只是在等待一个合适的时机出现在公众面前。

全国很多报纸报道了艾尔斯伯格在"五角大楼秘密文件案"中的故事，他的照片出现在杂志封面上，但是人在什么地方呢？没人知道。

在地下生活中，他吃惊地看到，此案涉及新闻自由的分量，已经远远超出了对五角大楼秘密文件内容的重视。此案成为全国最大的新闻，不再是因为它涉及美国的对越政策，而是因为它涉及报纸的新闻自由。他唯一的希望就是此案会激发公众对文件本身的好奇心，当禁制令解除的时候，更多的民众会去读这些文件。于是，他接受了CBS电视台的采访。

6月23日星期三，CBS著名主持克朗凯特在波士顿的一个秘密地点独家采访艾尔斯伯格。为了躲开联邦调查局的耳目，采访经过一番复杂而机密的安排，才得以成功。艾尔斯伯格在采访中说，美国人民将痛心地从五角大楼文件中读到，他们尊重的、信任的、选出亲的管理国家的人，却轻蔑地对待人民。他回顾了自己对越南战争看法的转变。克朗凯特问道，你是否在这战争过程中看到过美国的英雄？艾尔斯伯格只提到一位下级军官，他在闻名于世的梅莱惨案中，试图阻止军人向平民开火。艾尔斯伯格谴责说，美国政府要为过去二十五年中

CBS 主持人克朗凯特

越南战争的死亡负主要责任。他说:"我们国家的人民不能让总统随心所欲地管理这个国家。"

与此同时,司法部的检察官文森特正在洛杉矶主持一个紧急大陪审团,调查艾尔斯伯格在兰德公司工作期间,造成五角大楼秘密文件泄露的事件。6月25日星期五晚上,也就是联邦最高法院开庭前夜,洛杉矶的联邦法庭正式发出了逮捕艾尔斯伯格的逮捕令。

第二天,也就是最高法院开庭听证的当天,艾尔斯伯格的律师举行记者会宣布,艾尔斯伯格将在6月28日星期一向波士顿的联邦检察官自首。

最高法院的辩论是非常简短的,一般各方都只有半个小时的时间,还包括大法官们随时打断律师的话,节外生枝地提出问题来。有意思的是,到辩论的阶段,三方都表现出一种温和而中庸的立场。

听证在下午一点就结束了,然后大法官们将退到后面去作出他们的裁决,什么时候宣布,谁也不知道。到第三天星期一,首席大法官宣布,原来按日程要闭庭休假的最高法院,现在无限期推迟,一直推迟到此案作出裁决的时候。在这一段时间里,国会开始有机会接触五角大楼秘密文件,而全国其他的二十来家大小报纸,也在利用各种可能披露五角大楼秘密文件的内容,而《纽约时报》和《华盛顿邮报》却在继续等待最高法院的裁决。

6月28日星期一,上午十点,艾尔斯伯格坐出租车到达波士顿市区的邮局大楼,大楼里有联邦法院和联邦司法部的办公室。大楼门口,大量的倾慕者和记者在等候他。他告诉人群,他在1969年就将五角大楼秘密文件交给了参议员富布莱特,后来又交给了《纽约时报》。他说,他这样做,知道将把自己置于困境,他打算承担因此而引起的一切后果,包括对他个人的影响和对他家庭的影响。他说:"为了能结束这场战争,难道你会不愿坐牢吗?"他说,他的"唯一的遗憾"是没有能早一点让五角大楼秘密文件公之于众。

他走到检察官办公室,正式办理逮捕的手续。联邦调查局的探员给他拍照、取指纹,然后两个人一人一边抓住他的胳膊,送到法庭进行取保候审听证。这是被逮捕的人要求审讯期间不住在拘留所里必须经过的第一道法庭程序。

司法部检察官说艾尔斯伯格还会躲起来,所以要求十万美元保费。艾尔斯伯格的律师则表示反对。几个来回讨价还价以后,法官裁定艾尔斯伯格可以取保候审,五万美元的名义保费不必现交,只要保证下一次法庭程序一定出席。

当天,远在西海岸洛杉矶的大陪审团发出对艾尔斯伯格的正式刑事指控，指控他非法拥有涉及国家安全的政府机密文件，用于个人目的，并且拒不归还政府。

6月30日上午，消息传出，下午两点半，最高法院将宣布它的裁决。

最高法院裁决下封信再给你写，留个悬念。

祝好！

林 达

报纸为什么赢了

卢兄：

是宣布最后判决的时刻了。

下午两点三十四分，除了一位大法官请假以外，最高法院的八位大法官在法官席上落座。首席大法官伯格简短地宣布了一个未经签署的最高法院命令，这是一个对新闻界有利的命令，宣布解除对《纽约时报》和《华盛顿邮报》发表五角大楼秘密文件的禁制令。

最高法院并没有对这个案件发出一份裁决书，而是每个大法官各自写下了自己的意见，这样等于有了九篇意见书，其中六篇的意见是对新闻界有利的，而另外三篇是对政府的立场有利的或者是拒绝发表意见。

大法官波特·斯图尔特的意见，表达了最高法院在"预先约束新闻界"这一点上的共同立场。他在意见书里列举了总统和行政分支的无可匹敌的强大权力，然后指出，唯一真正能够对这样强大的行政权力有所约束的是，经过启蒙的、获得充分信息的公民大众，只有获得充分信息的持批评态度的大众意见，能够保护民主政府的价值体系。所以，警觉的、无所不晓的、自由的新闻界本身，对实现宪法第一修正案的目的是最为重要的。他说："没有一个自由的、获得了充分信息的新闻界，就不可能有脱离蒙昧的人民。"

对于政府行政机构的保密措施，斯图尔特大法官说，政府机构有责任考虑必要的保密措施和保密分类，这种措施和分类应该有道德的、政治的和实际的考虑，但是不能变成为自己而过度保密。他警告说，样样都保密就等于什么也不保密。

最激烈的主张立即撤销禁制令的是雨果·布莱克大法官。他说，对《纽约时报》和《华盛顿邮报》的禁制令，每拖延一秒钟都是对宪法第一修正案的冒犯。他说，国父们在宪法里建立的新闻自由，其目的是"为被统治者服务，而不是为统治者服务"。他说："只有一个自由的、不受约束的新闻界，才能揭露政府的欺瞒。"他本人厌恶美国参与越战，但是身为大法官，他不能公开批评行政分支的政策，他必须受司法分支职责范围的约束，所以他只能说："自由的新闻界的重大责任是防止政府任何一个部分欺骗民众，把民众送到遥远的异国，死在外国的热病、外国的枪炮之下。在我看来，《纽约时报》和《华盛顿邮报》对越南问题的报道，不仅不应受到指责，而是应该为他们做了国父们曾经看得如此清楚的事情而受到表彰。这两家报纸揭露政府怎样把国家引入越南战争，恰恰是出色地做了国父们希望他们做，而且信任他们做的事情。"

最后，他抨击了政府机构的保密观念。他说，"国家安全"这个词过于宽泛、过于模糊，是不能进入以宪法第一修正案为基础的法律的,"以牺牲代议制政府知情权为代价来保护军事和外交秘密,这种做法不会为我们共和国提供真正的安全"。

大法官道格拉斯留下他的意见就回乡度假去了。在他的意见书里,他说,发表五角大楼秘密文件可能会造成很大的冲击,但是这不是对新闻界实行预先约束的理由。"宪法第一修正案的首要目的是防止政府压制新闻界,约束信息流通。"他回顾历史说,国父们确立宪法第一修正案,就是为了防止有权势的人,利用早期反颠覆、反诽谤的法律来惩罚信息的传播。他说:"政府内部的秘密性,本质上是反民主的,是在维护官僚系统的过错。对公共议题的公开讨论和争辩,对我们国家的健康,至关重要。"

大法官布列南认为,对《纽约时报》和《华盛顿邮报》发出的临时禁制令就是错误的。他在自己的意见书中表示,下级法庭和上诉法庭的总共十九个法官,在处理这个案子的过程中,几乎都判断失准。他为以后的判断提出了这样的标准:在以后的类似案件中,政府必须证明,发表这样的新闻将"不可避免地、直接地、立即地"造成这样的灾难,相当于使已经在海上的船只遭遇灭顶之灾,否则,就没有理由发出禁制令,即使是临时的禁制令。根据这样的标准,他说:"在本案中发出的所有禁制令,不管是什么形式的,都违反了宪法第一修正案。"

大法官哈兰、布莱克蒙和首席大法官伯格投票反对最高法院多数意见。他们说,最高法院处理此案的时间太急促,宪法第一修正案对新闻自由的保障不是绝对的。但是,一个星期后,伯格在对美国律师协会的讲话中说,在新闻界拥有宪法第一修正案保障的新闻自由这样一个基本问题上,最高法院其实没有分歧。

最高法院6∶3的裁决,在全国新闻界引起了难以言说的激动,因为这是他们的立身之本。不管是在此之前有没有参与报道五角大楼秘密文件和越南战争的新闻从业者,现在都为最高法院的裁决欢呼。即使是最胆小的报纸也开始刊登关于五角大楼秘密文件的电讯稿,通栏大标题到处可见。

在《华盛顿邮报》新闻室,等待最高法院公布裁决的时候,办公室一片寂静。只看到总编室的编辑帕特森从电报室冲出来,跳上桌子,向同事们大喊:"我们赢了!"顿时一片欢呼。编辑们记者们眉开眼笑地互相偿付这几天为此打赌的赌金。《华盛顿邮报》发行人凯瑟琳·格雷厄姆发表了一个公开声明:"我们无限感激,不仅是为了报纸,也是为了政府,为了有一个好政府,为了民众有知情的权利。"

格雷厄姆和她的执行主编一起庆祝胜利

7月1日星期四的上午版,《华盛顿邮报》开始继续刊登五角大楼文件的系列报道。

在《纽约时报》里,最高法院宣布之前,《纽约时报》新闻室对外界关闭半小时。报社同人们聚集在一起等待最高法院消息。当消息传到,新闻室里先是持续的寂静,人们难以相信这是真的,大家不约而同地被这个消息镇住了。然后,突然爆发出掌声和欢呼声,同事们互相拥抱,又跳又叫。《纽约时报》总编罗森塔尔说:"这是光荣的一天。我们赢了,我们赢得了发表的权利。"《纽约时报》随后在记者招待会上说,这是一个里程碑式的案件。接着,已经准备好的五角大楼秘密文件系列报道,终于又开始继续刊登了。

在波士顿,《波士顿环球报》的五角大楼秘密文件资料,还奉法庭之令,存在银行保险柜里。报社在等待最高法院公布裁决的时候,作出安排,一旦最高法院宣布解禁,他们就可以在银行下班关门以前把资料取出来。报社的一个助理编辑就站在银行保险柜门前等着。消息传到,他立即把资料从保险柜里取出。报社负责报道消防队新闻的记者,有一辆带警灯的车,他带着资料,亮着警灯,飞速把资料送往报社,准备继续发表关于五角大楼秘密文件的报道。

就在最高法院受理和裁决《纽约时报》案的日子里,马路对面的国会大厦,围绕着五角大楼秘密文件,出现了一个小小的插曲。这个小插曲富有戏剧性,却能让人意识到,人们对于政治和政治人物行为的惯常看法,都有可能出现特例。

这个插曲的主人公是一位参议员,叫迈克·格拉弗尔。格拉弗尔在英语里是铺路的"砾石"的意思。粗糙和强硬,是砾石的特点,也是这位参议员的特点。砾石参议员来自美国最北面,面积广大寒冷而人烟稀少的阿拉斯加州。他是法裔加拿大人和印第安人的儿子,从纽约的哥伦比亚大学毕业后,就到阿拉斯加州去谋前途。他在房地产业上干得很成功,但是最想参与的是政治,所以就弃商从政,先被选为州议员,后来成为联邦参议员。

参议员每州两人,全美国一共是一百个。在美国立法分支的国会两院里,相比由选区按人口比例选出的众议员来,参议员是更为精英的政治人物。这位民主党参议员在国会里是资历最浅的,他在参议院里管的也是最不重要、最不引人注意的涉及建筑和土地的分委员会。在参议院投票的时候,他基本上是一个自由派倾向比较明显的人。

美国参议院的程序中,有一个十分奇怪的程序,叫 filibuster(无限制讲演)。这个程序的意思是,在一个议案预定要表决以前,某议员可以要求发言,在他还有话要说的情况下,表决只能推迟进行。这个议员就可以继续说,一直说到预定的最后表决时间过期,或者参议员们决定不再表决,放弃这个议案。

显然,采用这种手法的都是想阻挡该议案通过的少数派。这种奇怪的程序在历史上用得并不多,它几乎是一种反常的让个别议员拼体力来破坏正常程序的做法。1955 年,得克萨斯州参议员科尔宾为了封杀一个征税法案,在参议院讲台上实行 filibuster,连续讲了二十六小时十五分钟。1957 年,南卡罗来纳州的斯特罗姆·瑟蒙德(他是美国国会著名的老寿星,当了四十几年参议员,于 2002 年年底在九十九岁上退休。最后的那些年,这位老态龙钟的参议员连走路都是副手们扶着。奇怪的是,南卡罗来纳州的老百姓还是六年一次地选他,似乎是为了要打破一个纪录),为了对抗民权法案,连续讲话二十四小时十九分钟。这可是相当不容易的,因为在这段时间里,不仅不停下来吃东西,也不能上厕所。因为你一走开,参议院就可以开始表决了。那么,这几十个小时里讲些什么呢？这倒是无所谓的,因为你是在启动一个程序,人们不再关心你讲什么。这位南方来的参议员就一度为了省力气,干脆念电话号码本。历史上,有一位意大利裔的参议员,启动 filibuster 以后,为了免于枯燥,就在讲台上引吭高歌。

这个看上去荒唐的程序一直让人们大惑不解。我想,它在原来设置的时候,可能是为了避免发生国会多数派通过令少数派绝对无法接受的法案。因为,民主政治最危险也最棘手的情况是,多数派认为是好的事情,却有可能是少数派绝对不能接受的事情,而多数和少数有时候不过是百分之五十一和百分之四十九的区别。如果百分之五十一用合法的民主程序来强迫百分之四十九接受他们绝对不能接受的东西,其结果往往是危机、分裂和暴力。所以,必须有一种机制让少数来表示,虽然你们多数想这样做,虽然我们只是少数,但是这是我们绝对不能接受的东西。民主制度必须有一种程序来避免陷入僵局和危机。于是就在国会参议院有了这种程序。这样,少数派就可以用 filibuster 这个"最后的抵挡",来阻挡法案,避免通过让少数派输了以后就无法忍受的法案。人们很少使用这种"绝招",一方面,除了出现政治危机,国会很少出现这样少数派"绝对无法接受"的提案；另一方面,参议员们通常是比众议员们更为精英的政治家,也已经有足够的政治智慧,会避免在一般情况下轻易动用这样绝对的方式。

这个方式很"绝",它只存在于参议院的程序,众议院是不可以用 filibuster 的。参院资历最浅、来自阿拉斯加州的这位砾石参议员却很早就注意到了 filibuster 这种不大常用的程序。在参议院企图改革这个程序的时候,他投了反对票。因为他意识到,这是让一些像他那样的来自偏僻地方的议员,能够拼命阻止多数派损害自己选民利益的唯一机会。他对参议院将要更新的征兵法案非常不满,因为阿拉斯加州居民的年龄构成比较轻,征兵法案对阿拉斯加的影响比较大。他由于资历浅,对参议院的复杂议事规则不熟,有几次失去了在参院力争的机会。现在他学聪明了,花了力气研究参议院议事规则。他已经公开宣称,他要用 filibuster 来阻挡这个征兵法案。

就在《华盛顿邮报》发表第一次五角大楼秘密文件报道的当天,他接到一个电话。竟然是那位企图促动国会公开五角大楼秘密文件而没有成功的艾尔斯伯格打来的。艾尔斯伯格问,既然你要启动 filibuster,你要读至少几小时,甚至几十小时的材料,那么,你是不是愿意读读五角大楼秘密文件呢?如果你愿意,我给你一套。

艾尔斯伯格在此以前已经试了好几个参议员、众议员,可是这些国会议员们有他们循规蹈矩的一套,都不愿意承担公开国防部机密文件可能带来的责任风险。这使艾尔斯伯格非常沮丧和愤怒。激进的他无法理解议员们的谨慎有他们考虑的合理部分,他只觉得,自己为了阻止越南战争连坐牢都愿意,可是这些国会议员居然不愿意拿自己的职位冒风险。谁知道,还有这位砾石参议员,是第一个愿意干的。

艾尔斯伯格接下来就又要安排复杂的秘密接头办法了。可是砾石参议员连连摇头。这位参议员在五十年代曾经在军事情报部门工作过,在欧洲从事过反谍报工作。这种鬼头鬼脑穿着黑大衣的老派间谍形象,对如今这个民选参议员来说,他认为是不合适的。他说,咱们要干就正大光明地干,放到台面上来。他来安排会面,其中有一次,就安排在国会大厦门口的台阶上会面。

等到艾尔斯伯格准备好给他的那套五角大楼秘密文件,砾石参议员就开着他的私人汽车,汽车上的特殊牌照表明他是来自阿拉斯加的联邦参议员。车子开到五月花号旅馆。他让两个助手在车子边上看着,他自己亲自从艾尔斯伯格手里接过一个大纸板箱。助手们按照预先的计划,只看不动手,这样就在理论上没有接触过国防部秘密文件,以后万一有事也就不用被牵进去。他呢,就是一个这样性格的人,他反正豁出去了,而且他有议员豁免权,多一层保护。

砾石参议员当然不是莽夫,在他脑子里,这是国防部机密文件,是非常要紧的东西。所以,他拿到这个纸箱以后,东放西放都不放心,最后决定还是拿回家。晚上就放在自己睡的床底下,白天拿出来读、分析,晚上放回去,躺在上面才放心。

一开始,他只告诉了自己的妻子,然后,为了准备 filibuster,他必须让自己在国会的助手们知道。他把自己的十来个助手都请到家里,告诉他们这是什么,要他们为他阅读分析。他说,这样做对他们有什么法律上的危险,他并不十分有把握。虽然他是打算冲出来的,但他毕竟是国会议员,有宪法给予议员的豁免,而助手们是没有的。所以,他请助手们自己做决定,如果愿意就留下来帮他干,如果不愿意,他就给他们几天假期,让他们回家度假,只要别说出去。

所有的助手都留了下来。

他的决心更加坚定了,但他还是悄悄地请教了两位大学法学教授,这两位教授是宪法专家,特别精通国会豁免权问题。星期一晚上,他把所有助手和几位挚友请到家里,宣布他将启动 filibuster。由于国会程序都是公开的,不仅媒体公开报道,民众也可以公开旁听,所以,他在 filibuster 程序中读五角大楼秘密文件,等于亲自将此机密文件公之于世。

所有的人都劝他不要担这个风险。他毕竟是一个立法机构的成员，而他要公开的是国防部列为高度机密的文件，这会带来怎样的法律上的问题，谁也不清楚。他说他知道。他想过，此举也许就会让他丢了他的参议员位子，那么只好回到阿拉斯加去干他的老本行房地产了。这样钱倒是可以多赚了，但是对他来说非常糟糕，因为当参议员是他的人生理想。可是他说他已经下了决心了，他愿意支付这个代价。因为道理很简单，"我们正在越南残杀无辜，正在从事一个没有道理的杀人的战争，这个战争并没有让美国更安全"。他说，我们每个人应该为制止战争做自己可以做的事，为此，他很钦佩艾尔斯伯格。

他在参议院的好友、一位加州参议员得知此消息，也劝他别干。他写信回答说：

> 我所读的五角大楼秘密文件让我确信，我们国家今天处于困境无法自拔的首要原因，是我们偏执地恐惧共产主义……我今天要做的事是为了我们所热爱的伟大国家……人民并没有失去对这个国家的领袖们的信任，可是五角大楼秘密文件显示，美国政府里的领袖们却不信任美国人民。在我们的民主制度下，这样是错误的。

星期二一天，砾石参议员在家里做准备。他看了医生，以保证能连续不断地读三十个小时。他还要在裤子里准备好一个小便器，这样他在这期间就不用上厕所了。

下午五点五十五分，在参议院议程暂停下班以前，他来到参议院大厅，宣布他要发言，并且将启动 filibuster。这样，有些工作人员就必须留下来陪着他了。

美国国会的议事大厅，平时国会议员发言的时候，其他议员是不一定在场的，其他议员或许就在同一栋楼里自己的办公室里，或者根本就是在别的地方。但是，议事大厅里的工作人员会通过各种设备和议员们或他们的办公室保持联系，通过点名使得议员始终知道议事大厅里正在进行的是什么程序，特别是不要错过了投票。

这次，砾石启动 filibuster，他并不想让任何一个议员陪着他，并不指望议员们来听他读五角大楼秘密文件，但是他知道，工作人员是没有办法的，只好陪他熬夜了。作为对这些工作人员的礼貌，他要求做一次形式上的点名。也就是说，并不要求议员们真的到场回答点名，只是一个形式。他的意思是对工作人员表示一个姿态：我是打算叫议员们都来的，不是有意只亏待你们工作人员。

这是他不慎所犯的一个致命错误。

当时还在主持会议的来自密西根州的共和党参议员格里芬，他根据自己的会议主席的职权范围，命令把这次形式上的点名做成实质上的点名。也就是说，要求通知到的参议员到场，多数参议员到场以后才能开始程序。而这在当时已经是不可能的了。

到晚上七点，只有二十一个参议员回答点名，其他的人都不知在什么地方。砾石不甘心，坚持到九点半，一遍一遍地点名，但是仍然只有三十来个参议员回答点名。

参议员不到，程序就无法启动。砾石精心策划的 filibuster 竟这样黄了，气得他都要骂人了。

在这里，我们其实可以看到，即便在国会议员里也会出现一些特别容易冲动的人。这样的议员在众议院里就更多了。因为众议院是每一小片民众中选出一个,就看这一小片民众喜欢什么样的人了。

因此,filibuster 也可能被个别的议员滥用,虽然这样的情况很少。最近,在小布什总统连任之后,他将有机会任命一批法官,民主党担心他任命过多的保守派法官,导致他们无法接受,就已经扬言,假如发生这样的情况,他们将动用 filibuster 的程序。可是,现在美国参院的 filibuster 已经经过改革,就是假如百分之六十的参议员反对启动这个程序的话,就不能启动。这实际上是一个折中的做法,是把原来通过法案的门槛降低了一级。原来是多数通过,门槛是百分之五十一。现在,在需要启动 filibuster 的非常特殊的法案中,门槛是百分之六十。既留了一个绝对抵挡的可能,又防止因个别人的反对就通不过法案。

这位砾石参议员在这个时候,关注的重心已经转移到了这套五角大楼秘密文件案上去了。他拿出了以防万一的第二套方案。

他不是参议院里一个不起眼的建筑和土地分委员会的主席吗?在这个分委员会里,开会是他的权力。既然在参议院的 filibuster 黄了,他当即宣布,他负责的分委员会立即召集听证会。晚九点四十五分,这个分委员会的听证会开始。通常听证会开始,首先是主席有一段介绍。这次,他的介绍持续了几个小时。他的会议和建筑、土地全不相干,他只是要找个机会念文件。

这个听证会虽然是半夜召开,虽然基本上是他在唱独角戏,但是,由于一些反战组织的帮助,听证会的会议室里挤满了记者和来看热闹的人。

砾石参议员对着电视台的摄像机说,他手里现在有五角大楼秘密文件,他打算选一些公开宣读。在电视摄像机的沙沙声中,他开始读。读到半夜一点,会议室里仍然挤满了记者和听众,他读到文件中描述的越南战争实况,讲到战场上被枪炮打断的人的肢体的时候,他终于悲愤难抑,放声大哭起来。

随后,由于这个分委员会只有他一个成员在场,所以他命令说,经分委员会会议一致决定,当然也就是在场的唯一成员、他的决定,五角大楼文件读到这儿为止,但是他手上的所有文件都将作为这次听证会的文件记录下来。

由于这种国会听证会是公开的,听证会的记录也是公开的,所以一旦他宣布他手上的五角大楼文件已经作为听证会记录,这就意味着,每个记者,每个人,都可以索取听证会记录。

所以,听证会一结束,在场的记者马上向听证会工作人员要求复制记录。五角大楼秘密文件立即送到复印机旁开始复印。可是国会的复印机太老式,慢得很。记者们齐心合力,每印出一张,立即送到《华盛顿邮报》的记者室,那儿的复印机是高速的,立即再印,每个记者都有一份。这里面也包括美联社。第二天,美联社就根据这份复印件,把五角大楼文件的大部分都做成了电讯稿。

所以,当联邦最高法院裁决,解除对《纽约时报》和《华盛顿邮报》的禁制令的时候,事实上,几乎所有大报社和通讯社手里都有一份五角大楼文件,都在准备报道了。

在这里,我们其实可以看到另一面,就是美国的秘密文件是多么容易泄露。像这位砾石参议员这样行事的人,不会是空前绝后的孤例。政府的行政、立法分支,都是由人在运作的,而人都是有自己的特性,都是有可能失误的。在面对一份他根本不可能全部看完的具体文件时,一个参议员的判断,可能是对的,也可能是错的。但是,不论对错,他要公布的话,没有一个机制能够阻挡他。

不知你是否注意到，最高法院的判定，只是不能在事先禁止报纸发表；判定下级法庭发出禁制令是违宪的。可是，并没有说，假如政府的行政分支确有证据，认定报纸已经发表的东西危害国家安全，就不能对报纸作出刑事起诉。事后惩罚是可以的。因此，在最初的兴奋过去之后，《华盛顿邮报》在一段时间里，仍然担心司法部诉诸刑事起诉，带来麻烦。不过，即使行政分支欲图事后惩罚，仍然必须通过独立的司法审判。所以，事后惩罚也不可能是政府报复性的任意行为。因此，报社的担心最后被证明都是多余的。

只有那个艾尔斯伯格，他盗窃联邦政府财产，属刑事重罪。他的下场又如何呢？

在美国，"罪与非罪"是尽可能界限清楚的。退一步来说，就算所有的人都同意，他的行为整体来说有利于国家和民众，是爱国之举。可是，偷东西就是偷东西，不因其"政治正确"而改变。因此，最高法院对新闻界的裁决，并不能改变艾尔斯伯格受到的控罪。

所以，艾尔斯伯格自己完全是以一种殉道者姿态，口口声声准备坐牢的。但是，他却意外地逃脱了惩罚。不知你是否还记得，几年前，我给你讲"水门事件"的时候，曾经提到过他的。

"五角大楼秘密文件案"之后，紧接着就是"水门事件"。在对"水门事件"的司法调查中，法庭发现，尼克松总统由于无权调动政府的调查人员进行调查活动，就私下组织了几个人，干了一些违法的事。其中包括他们夜晚闯入艾尔斯伯格的心理医生的诊所，试图偷取艾尔斯伯格的个人资料，以找出他的更多问题。这些人虽然没有得手，当时也没有败露，可是，在"水门事件"审理中，这些零零碎碎的事情却被牵了出来。

结果，正在审理"艾尔斯伯格案"的法庭，得到这些政府曾经用非法手段试图加罪于艾尔斯伯格的证据之后，就宣布政府有利用权力非法陷害被告的行为，案子因此被撤销了。

报纸赢了，它们为什么赢，却不是那么容易回答的。

还是下次再聊。

祝好！

林　达

今夜没有星辰

卢兄：

你问我，为什么说，并不那么容易回答呢？

还记得多年前，第一次给你写美国故事，就讲过在"五角大楼秘密文件案"之后，还有一个1979年的"氢弹秘密案"。你一定记得，在一份美国杂志要公布氢弹秘密的时候，政府的行政分支也曾经试图阻止，结果美国政府和新闻界又打了一场官司，最终也是新闻界取得了胜利。

在谈到那个氢弹案件的时候，记得那时候还对你说过：

"你也许注意到了，我说的是'迄今为止'，美国人在安全与自由面前，依然选择自由。谁也不知道，在这个变得越来越无法预测的世界上，恐怖主义还会如何发展，还可能使用一些什么样的武器……东京地铁案，向全世界暗示了恐怖主义的升级。我想，事实上，核武器发展至今，它对于整个人类的真正潜在危险并没有显露出来，我们假设有朝一日,当核技术不再那么神秘,恐怖分子也能够顺手抄上一个两个的时候,真不知道美国会做什么样的选择,人类又会做什么样的选择。"

我之所以在这里对你重复一遍,是因为那是写在八年之前,写在"9·11"事件发生五年之前。从"9·11"事件开始,这个世界已经发生了本质的变化。恐怖活动质变为恐怖战争,这已经不是忧虑中的、可能的未来,而是已经发生的、天天要面对的现实了。

2001年9月11日,美国纽约市世界贸易中心两座大楼,遭到恐怖分子劫持的民航客机的攻击,同时受到攻击的,还有位于美国首都华盛顿市的美国国防部大楼,也就是我们刚刚讲述的"五角大楼秘密文件案"的那个"五角大楼"。

所以,假如看到恐怖分子使用核武器的可能变成现实,现在再发生类似的"氢弹秘密案",人们是否还会作出同样的反应?我真的不知道。

在不同的历史阶段,面对不同的情况,人们遇到的问题将是不同的,对于支付代价的承受能力也是不同的。也就是说,新闻自由、个人自由其实都是非常脆弱的东西,对自由的威胁却总是很强大。因此,人们才需要小心地保护它。

美国在制宪会议的时代,还是一个贫穷的农业国家。此后,经历了内战和两次世界大战、经历了工业革命和经济几乎崩溃的大萧条时期,如此等等。一开始,它只有一个宪法框架,没有制度细节。制度对政府的约束能力还很差。所幸的是,当时政府的规模非常小,能力也很差,常备军也非常有限。直到建国整整一百五十年的1939年,希特勒进攻波兰的时候,刚刚上任为美国陆军参谋长的马歇尔将军,手下还只有十七万四千名装备极差的士兵。美国军队当时在世界上的排名是第十七位，落后于保加利亚和葡萄牙这样的国家。

从民众一头来看，美国民智开启的过程和美国民主化的进程，也是缓慢同步推进的。在这个过程中，民众和政府都还不清楚各自应该挑多少分量的担子。例如，只有在工业革命之后，有了劳资冲突、有了经济萧条、有了大规模的工伤事故，政府和民众双方才渐渐理解，除了劳资双方，还有政府必须承担起很重的责任来。在这个过程完成之前，美国民众对政府并没有这样急迫的期待，政府也并不很清楚自己责任的界限在哪里。这条路是逐步走来的。当它走在半道上的时候，民间自己消化了许多艰难困苦。可是，不论有多少反复和弯路，宪法在支持民间社团、保障了民间力量的同步壮大。等到企业强大到跨国集团，劳联产联这样的工会组织也已经声壮势威，政府的相应机制对劳资关系的协调也已经很成熟。

所以，美国的社会发展、政府能力的提升和制度的完善，都是相对自然缓慢的。美国归根结底是一个自然发展的社会，始终不是靠一个威权在强行操作社会。由人性本身弱点导致的社会问题，美国样样都有，很自然会暴露出来。正因为是自然发展，该发生的问题都发生过，也遇到种种危机，美国社会也在两百多年前制定的宪法原则下，自然顺应地以完善制度来应对。可是这种同步的自然、缓慢的进程，化解了许许多多危险，回首望去，真是很悬。假如不是这样，假如制度完善的速度，远远落在政府的能力强化的速度后面，也就可能约束不住，政府就可能成为一匹脱缰野马，擅行其道。

再仔细一想，一些制度转型较晚的国家，面临的就是类似的危险。政府的发展先行一步，待开始制度转型，政府本身的规模已经是巨无霸了。制度转型需要漫长的时间,可是,在新制度完善之前,政府能力却已经非常强大、制约很困难了。也就是说,社会失去了一个制度生长、政府生长、民间社会生长,三者同步生长和磨合的过程。在转型开始的时候,各方力量同步壮大的平衡已经被打破,劳工和民众不仅是极弱势,另一方面,他们也不会像一百年前工业革命刚刚开始时的民众那样,认为自己理所当然地应该吞咽一切苦果。

两百多年前,美国站在一个起点的时候,那其实是一个很特别的起点。当时的美国,还是一个相对封闭的国家状态。然而,对一个国家制度的检验,除了我们聊到的那几根轴线之外,还有整个世界大势的走向在对它发生影响。

美国在开始的时候,建国者们就是站在一个有点奇怪的起点。一方面,他们非常自然地理解到,新生的美国是世界贸易系统中密不可分的一部分。可是另一方面,他们又看烦了欧洲由利益争斗而起的、连绵不断的战争,他们要和这个世界当时的主流——欧洲,拉开距离。所以,华盛顿总统在他著名的告别演说中说,欧洲的利益冲突和美国没有关系,欧洲频繁的争议和冲突的原因与我们关心的理念很不相同。所以,美国应该保持对所有国家的善意和正义,和所有国家和睦相处。在这样做的时候,最忌讳的是一面反对某个国家,一面又和另外一些国家过于亲近。我们应该对所有国家都一视同仁,最重要的规则是,尽可能扩大贸易关系,尽可能避免政治结盟。华盛顿总统在那次告别演说中,给美国人留下的一句名言是:"避免与外部世界任何部分的永久结盟。"所以,美国在世界上曾经是长期以"孤立主义"出名的一个国家。

美国的不结盟、自顾自的方针,坚持了将近一百五十年以上。可是,就像人躲不过命运一样,国家也躲不过世界大势的裹挟,而世界大势的走向自有它自己的规律。这种"自我孤立"的坚持几经冲击,最后被二次大战彻底打破。不管你愿意不愿意,世界各国由于交流(战争也是一种交流方式吧),在无可抑制地越走越近。你再也不可能像美国最初一百多年中那样,"孤立"地在自己的国家范围里调整和修正自己的制度。

对美国来说,最明显的例子,大概就是今天的状态了。在"9·11"以后,恐怖战争开始了。随着技术的发展,个人攻击的能力,甚至能够超过传统战争的破坏能力。"9·11"本身,就是二十来个恐怖分子,造成了比"二战"日本军队对美国珍珠港袭击更大的人员伤亡和经济损失。这还只是一个开端。技术正在以加速度发展,"9·11"以后,美国本土至今为止,还没有再次遇到大规模的恐怖袭击,可是大概没有一个人敢保证,这样的袭击,甚至更严重的袭击不会再发生。当然,这不仅是美国一个国家正在面对的问题。

所以,不仅是美国,整个世界都站在一个新局势面前。

美国建国先贤们,他们站在一个国家的开端,站在制宪会议上,并不能预料所有这一切,他们不会料到今天甚至和核威胁相连的恐怖主义。他们只是相信,对于自由的渴望,是人与生俱来的本能,是和人的生存共存的。任何事情都无法从根本上改变这一点。

这种思维的出发点,顺应着人的天性。人从诞生的第一天起,每个人都是赤条条的亚当、夏娃,每个人都是一样,一样自由的生命,这是平等的起源。因此,社会管理概念不是从上层权力切入,而是从人的自然权利切入。这样的平等概念,也隐含着一个简单道理:人也都是有弱点的,不论是英雄还是智者,无人幸免。在社会管理中,他们注重制度对人的弱点制约，在他们眼中，政治上层不仅不是天使集中的地方，而且可能是人性弱点的集合、并且被威权催大的地方。所以政府是首先需要制约的地方。

这种思维方式在这里融化在每一个生活细节中，成为一种根深蒂固的东西，人们或许就把它称为文化或者生活方式。今天恐怖主义的威胁，是世界遇到的一个新难题，站在这个难题的开端，每一个人，不论他赞同怎样的应对方式，其实内心都是困惑的。在美国的"9·11"之后，在英国和西班牙的地铁大爆炸之后，在印度尼西亚的大爆炸之后，不论这些国家的反应如何，本质都是一种应对的探索。从总统到平民，都仅仅是在寻找一条应对的道路，而不是已经确信无疑地找到应对的方式，更何况，事态还在迅速发展之中。

在这里，人们仍然有一种信念，他们相信，他们可能要走一段弯路，可能有一段倒退，可是任何威胁只能阻碍人们追求自由的道路，却不可能堵死它。也许今夜没有星辰，可是，他们相信，在云霭之上，依然有群星在太空闪亮。

祝好！

林　达

资料来源

《杰斐逊集》，三联书店一九八四年版

《辩论：美国制宪会议记录》，麦迪逊著，尹宣译，辽宁教育出版社二〇〇三年版

Decision in Philadelphia: The Constitutional Convention of 1787, by Christopher Collier and James Licoln Collier, Bllantine Books, New York, 1986

Miracle at Philadelphia, by Catherine Drinker Bowen, Little, Brown and Company, 1966

The Genius of the People, by Charles L. Mee, Jr., Harper & Row. Publishers, New York, 1987

Jefferson & Madison: The Great Collaboration, by Adrienne Koch, Oxford University Press, 1950

The American Political Tradition and the Men Who Made It, by Richard Hofstadter, Vintage Books, New York, 1989

The Papers & the Papers, by Sanford J. Ungar, E.P.Dutton & Co., Inc., New York, 1972

John Adams, by David McCullough, Simon & Schuster, 2001